西南财经大学2018年度中央高校基本科研业务费项目
"四川省'多点多极支撑'战略下新型城镇化、工业化对城乡收入差距的影响研究"（JBK1804016）

四川省"多点多极支撑"战略下 新型城镇化、工业化

对城乡收入差距的影响研究

Sichuan Sheng Duodian Duoji Zhicheng Zhanlüe xia Xinxing
Chengzhenhua Gongyehua dui Chengxiang Shouru Chaju de
Yingxiang Yanjiu

张红历 董春 著

西南财经大学出版社

四川·成都

图书在版编目(CIP)数据

四川省"多点多极支撑"战略下新型城镇化、工业化对城乡收入差距的影响
研究/张红历,董春著.—成都:西南财经大学出版社,2019.11
ISBN 978-7-5504-4209-2

Ⅰ.①四… Ⅱ.①张…②董… Ⅲ.①城市化—影响—居民收入—收入差
距—城乡差别—研究—四川②工业化—影响—居民收入—收入差距—城乡
差别—研究—四川 Ⅳ.①F126.2

中国版本图书馆 CIP 数据核字(2019)第 244895 号

四川省"多点多极支撑"战略下新型城镇化、工业化对城乡收入差距的影响研究

张红历 董春 著

责任编辑:李晓嵩
责任校对:杜显钰
封面设计:墨创文化
责任印制:朱曼丽

出版发行	西南财经大学出版社(四川省成都市光华村街55号)
网 址	http://www.bookcj.com
电子邮件	bookcj@foxmail.com
邮政编码	610074
电 话	028-87353785
照 排	四川胜翔数码印务设计有限公司
印 刷	四川五洲彩印有限责任公司
成品尺寸	170mm×240mm
印 张	14.25
字 数	250 千字
版 次	2019 年 11 月第 1 版
印 次	2019 年 11 月第 1 次印刷
书 号	ISBN 978-7-5504-4209-2
定 价	88.00 元

前言
QIANYAN

改革开放带来经济持续快速增长，取得举世瞩目的成就。由于地区差异，区域发展不平衡、收入差距扩大，特别是城乡居民收入不平等问题也日益突出，这些问题制约着社会经济的有效运行。找到影响我国收入差距的主要因素，并采取针对性的措施，对于社会长期可持续发展具有重要意义。

影响我国城乡居民收入差距及其变动的因素众多，主要有经济发展水平、经济开放程度、金融发展规模与效率、城乡要素积累差异、城镇化与工业化建设和发展等。其中，城镇化和工业化是我国现代化建设的历史任务，对于优化资源配置、促进经济发展具有重要意义。但是，城镇化和工业化也加剧了资源和机会从农业向工业、从农村向城镇转移，城市的极化效应进一步加强，形成城乡二元经济结构，致使城乡居民收入差距不断扩大。

四川省作为西部地区的大省，起着承东接西、连接西南和西北的重要作用，对于西部地区的经济社会具有较强的带动作用，但是城镇化与工业化的滞后以及成都市"一城独大"的单核式发展格局，导致四川省经济大而不强，地区经济差异过大，制约着四川省实现区域协调发展。因此，2012年年末，四川省委经济工作会议对四川省的发展做出深入实施"多点多极支撑"发展战略的决策，提出"提升首位城市，着力次级突破，夯实底部基础"的非均衡发展思想，加快川南、川东北、攀西经济区的发展，培育众多的经济增长极，构建区域协调发展新格局。这一战略理顺了四川省新型城镇化、工业化与城乡统筹发展的内在逻辑关系。

但是，这一战略思想的有效贯彻执行，关键在于深入微观层面，对四川省城镇化、工业化和城乡居民收入差距的历史、现状、特征与态势进行分析；对四川省经济发展的"增长极"进行科学的选择；判断四川省城镇化、工业化缩小城乡收入差距的目标是否实现，若未实现，目前处于何种阶段、如何有效促进其实现等问题进行深入研究和分析。

基于此，在大量关于收入差距、新型城镇化、工业化文献研究基础之上，本书首先梳理了新型城镇化、工业化发展及其对城乡收入差距的影响及作用机制理论，构建了新型城镇化测度指标体系。其次，本书以四川省微观层面——区县为研究对象，应用空间统计分析方法，进行四川省新型城镇化和工业化的评价、发展现状、空间格局、差异及其演变分析，并采用新型城镇化评价和网络流强度对四川省"多点多极支撑"发展战略中"经济增长极"进行区县层面的确定。最后，本书在"多点多极支撑"发展战略背景下，采用空间计量模型分别从空间、时间和时空三个视角，以四川省各区县和五大经济区为研究对象，对其新型城镇化和工业化对城乡收入差距的影响与作用机制及其时空差异性进行实证研究。

本书的主要研究结论如下：

第一，在四川省五大经济区中，成都平原经济区新型城镇化水平最高，其经济、人口、社会发展以及人民生活水平各方面均居首位，但在经济发展的同时，给资源环境也带来了较大压力。川南经济区作为四川省经济发展总量第二的经济区，其社会发展水平较好，但资源环境水平较低。川东北经济区新型城镇化水平逐年升高，且增速在五大经济区中居首，作为四川省重要的经济增长极，其整体经济实力明显增强，但新型城镇化水平偏低。攀西、川西北经济区新型城镇化水平则尚需进一步提升。

第二，2006—2015 年，四川省区县新型城镇化水平的平均值都在 0.2 以下，处于较低水平，且十年间小幅波动，只增加了 8%；新型城镇化水平很不均衡，地区差异显著。在空间上，四川省新型城镇化水平呈现出显著的空间差异和低水平集聚的空间结构模式，大部分区县新型城镇化水平都处于 0.3 以下。新型城镇化水平较高的区县多分布在成都平原经济区，并以成都市为中心向外辐射，形成新型城镇化高水平带，同时低水平的区县的空间集聚特征逐渐减弱。大部分区县的工业化水平都处于 0.3~0.6，发展相对均衡，地区间差异逐年减少；工业化水平同样呈现出显著的低水平空间集聚，主要集中在川西北经济区。与新型城镇化水平空间分布特征不同的是，工业化水平发展较高的区域较为分散，主要分布在成都平原、川南与攀西经济区。

第三，2006—2015 年，四川省农村居民人均纯收入年均增长率约为 15%，增长了 3.4 倍，城镇居民人均可支配收入年均增长率约为 13%，增长了 2.8 倍，虽然农民收入增幅大于城镇居民收入增幅，但是两者的绝对差距还是在逐年扩大，随着农民收入的增长，城乡收入绝对差距的增长速度在逐年降低。四川省区县城乡收入相对差距呈稳定下降趋势,其中城乡内部收入差距较小,只占总体收入差距的20%,且缓慢下降;城乡之间收入差距约占80%,呈小幅递增趋势。城镇居民收入和农村居民收入都呈现出显著的空间集聚特征,但发展趋势不尽相同,农村居民收入的空间集聚性逐渐下降,表明农民收入在空间分布上趋于一定程度的分散;城镇居民收入的空间集聚性则在轻微波动中总体呈稳定上升趋势。

第四,对于城镇居民,2008年高收入的区县主要集中在成都平原经济区以及攀枝花市东区,次高区域主要为川西北经济区,较低收入区域主要集中在川东北经济区,2015年进入次高区域的区县数量增多,主要分布在成都平原经济区和川南经济区。对于农村居民而言,高收入区县主要集中在成都平原经济区以及峨眉山市,攀枝花市东区、西区、仁和区和川东北的通川区,次高区域多集中在成都平原经济区以及川南、川东北和攀西经济区的部分区县,川西北经济区的区县的农民收入与城镇收入相比差异较大,处于落后地位。

第五,在考虑空间相关性以及空间异质性特征之下,本书分别从时间、空间和时空角度,构建空间常系数面板模型和时空变系数模型,分别对四川省新型城镇化、工业化对城乡居民收入绝对差距与相对差距的影响及其空间溢出效应、时空异质性进行实证研究,发现时空地理加权回归模型具有更加优良的统计性质、拟合效果和解释能力。实证研究过程及结果验证了如下观点:一是仅基于全国范围研究城镇化与工业化对城乡居民收入差距的影响不够全面,应该深入微观领域,在区县层面分析城镇化、工业化对城乡收入差距的影响及其时空差异性,从而得到更深入的认识和理解。二是城镇化、工业化对城乡居民收入差距的影响,不能忽略两者的空间依赖性和时空异质性,否则会带来模型误差。三是城镇化以及工业化对城乡居民收入差距确实存在影响,但影响的方向、强度存在一定差异,即城镇化与工业化发展的不同阶段、城镇化与工业化水平的不匹配、城乡居民收入差距衡量的指标等都会对城乡居民收入差距产生影响,且影响的方向与强度也有差异。

第六,时空地理加权回归模型估计结果发现,对于四川省各区县而言,新型城镇化与工业化发展对于城乡居民收入差距的影响具有显著的空间溢出效应和时空差异特征,且两者对于城乡收入绝对差距、相对差距的影响效应均存在较大差异。就城乡居民收入绝对差距而言,新型城镇化发展的正向效应逐渐占绝大部分,即新型城镇化水平的提升促进了城乡收入绝对差距的扩大,呈现U形趋势,同时新型城镇化效应大于工业化效应；工业化发展对于城乡收入绝对差距的正向效应占主体地位，即工业化水平的提升促进了城乡收入绝对差距的扩大，但工业化效应趋势与新型城镇化相反，呈现倒 U 形。就城乡居民收入相对差距而言，新型城镇化发展负向效应占绝大部分，即新型城镇化水平的提升减少了城乡收入相对差距，效应强度呈现倒 U 形趋势；工业化发展对于城乡收入相对差距的负向效应占大部分，工业化水平的提升减少了城乡相对收入差距，与新型城镇化效应相反，呈现 U 形趋势。

本书通过对五大经济区的细分研究发现新型城镇化和工业化发展对于城乡居民收入差距的影响效应及动力机制存在方向、趋势与强度上的时空异质性，因此在四川省"多点多极支撑"战略指导下，各区域要根据各大经济区中新型城镇化、工业化的不同发展阶段，对于新型城镇化、工业化的建设应该因地制宜，进行有针对性、区别性的政策和制度设计，大力推进城乡发展一体化，同时结合自身特色，走差异化发展道路，促进新型城镇化与工业化两者的协调发展，充分发挥新型城镇化、工业化对缩小城乡收入差距的正向作用。

张红历　董春

2019 年 1 月

目录

1 绪论

1.1 问题提出与研究意义

1.1.1 问题提出

改革开放带来经济持续快速增长，取得举世瞩目的成就。由于地区差异，区域发展不平衡、收入差距扩大，特别是城乡居民收入不平等问题也日益突出，这些问题制约着社会经济的有效运行。找到影响我国收入差距的重要因素，并采取有针对性的措施，对于社会长期可持续发展具有重要的理论与实践意义。现有研究主要从经济发展水平[①]、开放程度、金融发展、城乡要素积累差异[②]，以及城镇化与工业化建设与发展等多视角展开，对我国城乡居民收入差距及其变动进行研究[③]。其中，城镇化和工业化是我国现代化建设的历史任务，对于优化资源配置、促进经济快速发展具有重要意义。但是，城镇化和工业化也加剧了资源和机会从农业向工业、从农村向城镇转移，城市的极化效应进一步加强，形成城乡二元经济结构，致使城乡居民收入差距不断扩大，这一问题是我国经济发展进程中亟待解决的关键问题之一。

面对城乡收入差距持续扩大的严峻现实，城镇化与工业化对于城乡居民收入差距究竟起到了什么影响，它的作用机制是什么？关于这一问题，学者们开展了较多研究，但尚未形成一致的结论，目前主要有以下三种不同的观点：

[①] 高展军，于文祥，杜寒芳. 城乡收入差距解释变量的实证研究 [J]. 长安大学学报（社会科学版），2005（3）：46-51.

[②] 王德文，何宇鹏. 城乡差距的本质、多面性与政策含义 [J]. 中国农村观察，2005（3）：25-37.

[③] 刘文忻，陆云航. 要素积累、政府政策与我国城乡收入差距 [J]. 经济理论与经济管理，2006（4）：13-20.

第一，城镇化对于城乡收入差距缩小有积极作用。例如，陆铭等（2004）实证研究发现城镇化对降低统计上的城乡收入差距有显著作用[①]。沈凌和田国强（2009）认为城镇化进程降低了低收入人口比例，这一路径优于单纯增加低收入人群收入水平的作用途径[②]。金荣学和解洪涛（2010）[③]、曹裕等（2012）[④]、孙永强（2012）[⑤] 等学者也得出了类似的结论。

第二，城镇化对于城乡收入差距具有消极作用，城镇化的发展使得人才、资源和机会不断向城市集中，因此城乡收入差距进一步扩大。例如，王子敏（2011）基于2000—2008年的省级数据，运用空间面板模型对两者关系进行了实证检验，发现就我国21世纪初而言，城镇化拉大了城乡收入差距。王子敏（2011）认为由于现阶段我国城镇化战略普遍具有大城市偏好，资源倾向于向城市集中，因此城镇化会对城乡收入差距的扩大产生长期且持续显著的影响[⑥]。

第三，城镇化对城乡收入差距的影响具有门槛效应。依据区域经济非均衡增长理论，城镇化首先在大城市进行，成为区域经济增长极，先产生极化效应，使得生产要素集聚在大城市，会使地区差距拉大；然后等增长极发展到一定程度后，产生涓滴效应，才会对其他地区产生促进作用，从而缩小地区差距。因此，城镇化对城乡收入差距的影响具有门槛效应。相关实证研究也论证了这一观点，如周少甫等（2010）发现20世纪90年代我国城镇化进程中，城镇化水平对城乡收入差距具有显著的门槛效应，即当城镇化水平较低时，城镇化对收入差距的作用并不显著；随着城镇化水平提高到某一门槛，则显著地缩小城乡收入差距，这类研究通常采用门槛面板模型进行实证研究[⑦]。

以上不同的观点和结论体现了相同发展思想下、不同发展阶段中，城镇化对

① 陆铭，陈钊. 城市化、城市倾向的经济政策与城乡收入差距 [J]. 经济研究，2004（6）：50-58.

② 沈凌，田国强. 贫富差别、城市化与经济增长——一个基于需求因素的经济学分析 [J]. 经济研究，2009（1）：17-29.

③ 金荣学，解洪涛. 中国城市化水平对省际经济增长差异的实证分析 [J]. 管理世界，2010（2）：167-168.

④ 曹裕，陈晓红，马跃如. 城市化、城乡收入差距与经济增长——基于我国省级面板数据的实证研究 [J]. 统计研究，2010（3）：29-36.

⑤ 孙永强. 金融发展、城市化与城乡居民收入差距研究 [J]. 金融研究，2012（4）：98-109.

⑥ 王子敏. 我国城市化与城乡收入差距关系再检验 [J]. 经济地理，2011（8）：1289-1293.

⑦ 周少甫，亓寿伟，卢忠宝. 地区差异、城市化与城乡收入差距 [J]. 中国人口. 资源与环境，2010（8）：115-120.

收入差距产生不同的影响，城镇化是否能缩小居民收入差距的关键在于城镇化建设的发展战略思路的好坏，我们可以通过切实的实地调查分析、良好且有针对性的制度设计，有效避免或控制不同区域城镇化建设过程中产生的负面影响，或者缩短负面影响阶段进程。

目前对于城镇化研究，研究重点为新型城镇化。卫言（2011）研究指出，新型城镇化不再只是城市地域的扩大和人口的简单集中，而是集聚了人口、经济、社会、环境和文化的复杂系统，新型城镇化要有利于实现城镇的均衡发展，特别是要充分发展区县城镇化，这成为缩小城乡收入差距的有效途径①。

综上所述，虽然围绕城镇化、工业化与城乡收入差距关系的研究有丰富的成果，但是如下两方面研究仍需深入：

第一，在研究区域上，现有研究大多是基于宏观层面，如国家或省级数据层面，这类研究过于宏观，难以反映城镇化最基础的载体——广大中小城市城镇化的真实状况，相关研究需要深入微观层面，如以区县为研究对象，对于理解和解释三者关系，避免新型城镇化和工业化的推进路径出现偏误具有重要意义②。

第二，在实证方法上，经典计量经济学理论假定研究样本为均质、独立，地区之间的经济活动没有相互联系。这种假设过于简化，忽略了经济活动，如自然资源、劳动、资本和技术知识等要素的空间依赖性和时空差异性，与经济现实不符，估计的模型会产生一定的设定误差。解决这一问题的有效方法——空间统计与空间计量经济学近年来得到了大力发展，推动实证研究方法从时间序列模型、面板计量模型向时空计量模型转变。

与此同时，对于四川省而言，城镇化与工业化的双重滞后，严重制约四川省经济发展，与先进省份差距明显，尤其是省内各区域之间差距很大，成都"一城独大"的单核式发展格局已经成为制约四川省实现区域协调发展的主要瓶颈。2012 年年末，四川省委经济工作会议对四川省的发展做出了新的战略部署，即深入实施"多点多极支撑"战略，通过提升首位城市，推动有基础、有条件的市（州）发挥优势、缩小差距，加快全面建成小康社会的步伐。这一战略总揽思想深刻反映了四川省科学发展、加快发展的指导思想，明确了做大经济总量、

---

① 卫言. 四川省新型城镇化水平及指标体系构建研究 [D]. 成都：四川师范大学，2012.

② 杨志海，刘雪芬，王雅鹏. 县域城镇化能缩小城乡收入差距吗？——基于 1 523 个县（市）面板数据的实证检验 [J]. 华中农业大学学报（社会科学版），2013（4）：42-48.

提高发展质量的关系与着力点,理顺了新型工业化、新型城镇化、城乡统筹发展、改革开放、创新驱动、民生优先发展的内在逻辑关系①。

这一战略思想的有效贯彻执行,需要在切实深入分析如下关键命题的基础上展开:

第一,四川省区县层面新型城镇化、工业化水平的时空特征及其变化趋势是什么?

第二,基于四川省区县的新型城镇化与网络流强度综合分析,四川省"多点多极"中"经济增长极"的选择是什么?

第三,四川省新型城镇化、工业化对于城乡收入差距的影响效应、方向以及强度是什么?

基于上述文献研究和四川现实发展需要,本书首先就新型城镇化和工业化发展对城乡收入差距的影响及作用机制的一般规律和作用机理进行研究。其次,本书以四川省各区县为研究对象,应用空间统计分析、空间计量模型的分析方法,在对四川省经济、社会、城镇化、工业化的发展现状,空间格局的特征、差异及其演变进行分析的基础上,重点对四川省"多点多极支撑"战略下确定的"经济增长极"进行实证检验。最后,本书对四川省区县整体和五大经济区的新型城镇化、工业化发展对城乡居民收入差距的影响效应、方向及强度进行实证分析,并提出相应的对策建议。

1.1.2 研究意义

在理论方面,本书对四川省区县层面新型城镇化、工业化和城乡收入差距的时空特征及其影响效应的方向、强度,分别从时间、空间和时空综合视角进行深入细致的比较研究,完善了我国区县经济差异的研究内容。同时,本书应用前沿的空间计量分析,为城镇化和工业化对城乡收入差距影响研究进行了新方法及有效性的有益探索。

在实践方面,本书在"多点多极支撑"发展战略背景下,以区县微观层面为研究对象,对四川省城镇化、工业化和城乡居民收入差距的时空特征进行深入分析,对四川省经济发展的"增长极"进行确定;对四川省城镇化、工业化进

---

① 四川省委经济工作会议在成都举行 [J]. 资源与人居环境,2013 (2):26-28.

程对城乡收入差距的影响和作用机制及其时空差异性进行实证研究，对于四川省"多点多极支撑"发展战略的有效贯彻执行和区域协调发展提供了一定的决策依据。

1.2　文献综述

1.2.1　城镇化相关研究综述

目前，国内学者对于城镇化的研究主要集中于如下三个方面：

第一，关于城镇化衡量指标和新型城镇化综合指标评价的研究。例如，秦润新（2000）根据城镇化的特征和农村现代化的标准，将其设计为人口结构、经济发展状况以及社会环境状况三个方面共计 25 个指标[①]。姜爱林（2002）对人口比重法、城镇土地利用比重指标法、调整系数法、农村城镇化指标体系法以及现代城市指标体系法五种测算城镇化的方法进行了比较分析[②]。周晓晔等（2017）以经济、宜居、服务设施、生态、文化的"星系"模型为依据，构建了新型城镇化水平评价的"星系"模型和指标体系[③]。

第二，关于新型城镇化的动力因素以及动力机制的研究。例如，方维慰（2003）从信息化的角度研究了城镇化的动力机制，认为信息化将推动城市产业结构的优化，吸纳农村剩余劳动力，缩小城乡差距，从而带动乡村城镇化发展[④]。赵君和肖洪安（2004）认为工业化是城镇化的直接推动力量，且经济结构的优化为城镇化的进程提供了持续的动力[⑤]。黄娟（2011）研究认为外资对城镇化也存在影响，当外资投资稳定且规模较大时，其对城镇化的发展具有推动作用，而当外资的投资规模不大且不稳定，同时缺乏内资的时候，城镇化的发展受

---

① 秦润新. 我国沿海发达地区农村城市化之路——无锡农村城市化的历程与经验 [J]. 江南学院学报，2000（3）：16-20.

② 姜爱林. 论对中国城镇化水平的基本判断 [J]. 江苏社会科学，2002（6）：56-60.

③ 周晓晔，王思聪，马菁忆，等. 新型城镇化水平综合评价研究 [J]. 沈阳工业大学学报（社会科学版），2017（4）：335-340.

④ 方维慰. 以信息化推动江苏城市化进程 [J]. 现代经济探讨，2003（1）：23-25.

⑤ 赵君，肖洪安. 农村城市化动力机制和战略思路探讨 [J]. 农业现代化研究，2004（1）：22-25.

到制约①。

第三，关于城镇化对经济增长、收入差距以及教育差距等的影响研究。例如，贺建清（2013）利用1997—2010年的31个省（市、区）的面板数据研究，认为城镇化缩小了居民收入差距和消费差距，且在西部地区的效果更为明显②。杨志海和刘雪芬等（2013）利用1 523个县（市）面板数据进行研究，认为县域城镇化和城乡收入差距两者呈现出良性互动关系③。

关于四川省城镇化的研究也多是从这个三方面展开的，且多数是基于地级市或某个地区的研究，如傅忠贤和蒲小梅等（2014）以四川省18个地级市为研究对象，进行城镇化水平测度研究，发现四川省城镇化水平普遍偏低，人口城镇化水平和综合城镇化水平基本是以成都市为中心向四周逐渐递减④。秦美玉和吴建国（2015）采用层次分析法，构建了重点生态功能区民族城镇化发展水平评价指标体系，并以四川省羌族地区进行实证研究⑤。袁春霞和杨莉芸（2016）构建了具有地域特色的城镇化发展水平评价指标体系和方法，并选择四川省典型区域开展城镇化发展评价，研究特色城镇化发展路径⑥。

1.2.2 增长极理论研究综述

增长极理论是区域经济非均衡发展的主要理论，我国的增长极理论发展经历了点轴开发理论、网络开发理论和层级增长极网络化发展理论三个主要阶段。

第一个阶段——点轴开发理论阶段，即社会经济的发展是不平衡的，经济快速发展的主体常常集中在某些点上，这些经济发展较好的区域再通过线形的基础

① 黄娟. FDI对我国城市化水平的影响研究——基于2003—2007年21个市数据［J］. 经济问题，2011（4）：44-47.
② 贺建清. 城镇化、工业化与城乡收入差距的实证分析［J］. 广东商学院学报，2013（4）：30-37.
③ 杨志海，刘雪芬，王雅鹏. 县域城镇化能缩小城乡收入差距吗？——基于1 523个县（市）面板数据的实证检验［J］. 华中农业大学学报（社会科学版），2013（4）：42-48.
④ 傅忠贤，蒲小梅，程子彪. 经济-空间-人口视角的四川城镇化水平研究［J］. 西华师范大学学报（哲学社会科学版），2014（6）：85-89.
⑤ 秦美玉，吴建国. 重点生态功能区民族城镇化发展评价指标体系构建研究——以四川羌族四县为例［J］. 西南民族大学学报（人文社科版），2015，36（10）：136-140.
⑥ 袁春霞，杨莉芸. 新型城镇化背景下四川城镇化发展路径选择［J］. 成都行政学院学报，2016（3）：47-52.

设施，组合成相互连接的整体，在空间上相互影响①。在点轴开发理论的基础上，魏后凯（1998）系统阐述了增长极理论的第二个阶段——网络开发理论阶段，把网络开发理论定义成在点轴开发发展到一定程度时发展起来的增长极理论。在这个阶段，随着增长极和增长轴影响的不断扩大，将会在一定区域内由于各种生产要素的流动而形成交通网、通信网等，使得区域内各个部分之间相互影响②。

增长极理论的最新发展，即第三个阶段——层级增长极网络发展理论③，是指在交通条件比较好的区域内，由一个或几个大型或特大型核心增长极率领的若干个不同等级、不同规模的增长极构成的增长极体系④。实证研究方面，唐传志和王安民等（2008）通过分析当前陕西城市化进程中存在的问题，提出走基于层级增长极网络理论的城市化发展路线，构建若干层级增长圈，加强层级增长极的城镇化建设，实现生产与人口向"增长极"聚集，然后利用层级增长极网络的极化效应和回波效应达到推动整个地区经济发展的效果⑤。冯钦（2012）以层级增长极网络理论开发模式为前提，对西部城市金融辐射力与多层级金融增长极进行了构建⑥。

1.2.3　城镇化、工业化及其对收入差距的影响研究综述

对于城镇化、工业化以及城乡居民收入差距的关系研究，刘易斯（Lewis，1954）提出劳动剩余模型，认为在二元经济一元化的过程中，资本的流转扩大了城乡两部门收入差距，但随着农村剩余劳动力的转移，城乡间的收入差距将会减小⑦。托塔罗（Todaro，1969）认为城镇化与工业化的水平不一致，城镇化的进

---

① 陆大道. 关于"点-轴"空间结构系统的形成机理分析 [J]. 地理科学，2002（1）：1-6.

② 魏后凯. 跨世纪我国区域经济发展与制度创新 [J]. 财经问题研究，1998（12）：4-9.

③ 张建军，蒲伟芬. 西部区域层级增长极网络发展战略构想 [J]. 科技进步与对策，2006（9）：49-51.

④ 程前昌. 中国区域协调发展的多极格局——基于城市群的培育 [J]. 城市发展研究，2013（10）：94-100.

⑤ 唐传志，王安民，张建军. 基于层级增长极网络理论的陕西城市化战略研究 [J]. 统计与决策，2008（8）：92-94.

⑥ 冯钦. 西部城市金融辐射力实证研究与多层级金融增长极的构建 [D]. 重庆：重庆大学，2012.

⑦ LEWIS A W. Economic Development with Unlimited Supplies of Labor [Z]. The Manchester School of Economic and Social Studies，1954.

程会超前，同时认为预期的城乡收入差距会推进农村剩余劳动力的转移①。目前，关于城镇化对城乡居民收入差距的影响主要存在如下观点：

第一，城镇化缩小了城乡收入差距。陆铭等（2004）采用1987—2001年中国省域面板数据，发现城镇化对城乡居民收入有降低的作用，且在统计上影响效果显著②。姚耀军（2005）认为城镇化会缩小城乡收入差距，其内在作用机理为农村剩余劳动力的转移，使得要素的报酬均等化，从而缩小城乡居民收入差距③。沈凌和田国强（2009）从需求角度进行分析，认为城镇化降低了收入人口比例，使得城乡居民收入差距缩小④。曹裕等（2010）基于全国省域的面板协整模型，认为城市化与城乡居民收入差距存在长期稳定的关系，且城市化了缩小城乡居民收入差距⑤。王春元和方齐元（2014）采用中国地级市的人口城镇化率以及土地城镇化率，研究城镇化对城乡居民收入差距的影响，认为人口城镇化会缩小城乡居民收入差距⑥。

第二，城镇化使得城乡收入差距拉大。张克俊（2005）提出影响城乡居民收入差距最重要的原因是城镇化使得农业与非农业产业的比较劳动生产率的不同，导致城乡人力资本的差异，从而拉大了城乡居民收入差距⑦。陈迅和童华建（2007）基于全国统计数据，运用多元回归模型，研究城镇化及其相关变量对城乡收入差距的影响，认为城镇化扩大了城乡收入差距⑧。王子敏（2011）利用2000—2008年的省际面板数据，实证分析发现城镇化政策的大城市偏好长期会拉大城乡收入差距⑨。李尚蒲和罗必良（2012）指出有偏的城镇化政策，进一步

---

① TODARO M P. A Model of Labour Migration and Urban Unemployment in Less Developed Countries［J］. American Economic Review，1969（1）：138-148.
② 陆铭，陈钊. 城市化、城市倾向的经济政策与城乡收入差距［J］. 经济研究，2004（6）：50-58.
③ 姚耀军. 金融发展、城市化与城乡收入差距——协整分析及其Granger因果检验［J］. 中国农村观察，2005（2）：2-8.
④ 沈凌，田国强. 贫富差别、城市化与经济增长——一个基于需求因素的经济学分析［J］. 经济研究，2009（1）：17-29.
⑤ 曹裕，陈晓红，马跃如. 城市化、城乡收入差距与经济增长——基于我国省级面板数据的实证研究［J］. 统计研究，2010（3）：29-36.
⑥ 王春元，方齐云. 城市化对城乡居民收入的影响［J］. 城市问题，2014（2）：2-7.
⑦ 张克俊. 我国城乡居民收入差距的影响因素分析［J］. 人口与经济，2005（6）：52-56.
⑧ 陈迅，童华建. 城市化与城乡收入差距变动的实证研究——基于1985年~2003年中国数据［J］. 生产力研究，2007（10）：64-65.
⑨ 王子敏. 我国城市化与城乡收入差距关系再检验［J］. 经济地理，2011（8）：1289-1293.

加剧了城乡居民收入差距的扩大①。

第三，城镇化对城乡居民收入差距的影响存在门槛效应。郭军华（2009）采用中国东、中、西部区域的面板数据，研究城市化对城乡居民收入差距的影响，发现两者存在长期均衡关系，且城镇化对城镇居民收入差距的影响方向依赖于两者收入差距的程度②。周少甫等（2010）研究发现城市化水平对城乡收入差距具有门槛效应，当城镇化低于某个阀值时影响不显著，而超过这个阀值时，城镇化率的提高会缩小城乡居民收入差距③。孙勇和李慧中（2014）认为城镇化在短期能缩小城乡居民收入差距的影响，长期则不然，会起相反作用④。

第四，城市化与工业化对城乡居民收入差距的影响具有双重性，同时存在着扩大收入差距和缩小收入差距的双重效应⑤。

工业化的进程及其影响也受到学者们的关注，学者们的观点多集中在工业化会拉大城乡居民收入差距或者具有反哺农业的效应。曾国安（2007）研究了影响城乡居民收入差距的自然因素与制度因素，认为在工业化过程中，工农生产力水平的差异和要素收入差距共同作用拉大了城乡居民收入差距⑥。许秀川和王钊（2008）利用面板联立方程组模型，构造城镇化、工业化以及城乡居民收入差距的内生动态系统，认为城镇化、工业化与城乡居民收入差距相互存在积极的作用⑦。

肖卫（2010）采用中国改革开放 30 年的数据，基于新兴古典经济学的分工演进和交易效率分析框架，构建了城镇化、工业化过程中收入差距的超边际模型，认为城镇化以及工业化的倾向发展战略导致二元经济结构形成，城镇化、工

① 李尚蒲，罗必良. 城乡收入差距与城市化战略选择 [J]. 农业经济问题，2012（8）：37-42.

② 郭军华. 中国城市化对城乡收入差距的影响——基于东、中、西部面板数据的实证研究 [J]. 经济问题探索，2009（12）：1-7.

③ 周少甫，亓寿伟，卢忠宝. 地区差异、城市化与城乡收入差距 [J]. 中国人口·资源与环境，2010（8）：115-120.

④ 孙勇，李慧中. 城市化、政府生产性支出与城乡收入均等化 [J]. 经济社会体制比较，2014（3）：24-37.

⑤ 潘文轩. 城市化与工业化对城乡居民收入差距的影响 [J]. 山西财经大学学报，2010（12）：20-29.

⑥ 曾国安. 论工业化过程中导致城乡居民收入差距扩大的自然因素与制度因素 [J]. 经济评论，2007（3）：41-47.

⑦ 许秀川，王钊. 城市化、工业化与城乡收入差距互动关系的实证研究 [J]. 农业经济问题，2008（12）：65-71，111-112.

业化会拉大城乡居民收入差距[①]。贺建清(2013)利用全国省域面板数据研究，认为在西部地区城镇化与工业化的影响最为明显，其中城镇化缩小了差距，工业化则扩大了差距[②]。吴浜源等(2014)基于城镇化、工业化以及城乡居民收入差距的动态关系进行研究，认为城镇化对城乡居民收入差距有扩大效应，工业化则反之[③]。

随着空间计量经济学的快速发展与成熟，采用空间计量经济学的方法来研究城乡居民收入差距是目前这一领域最新的研究趋势，其目的是更准确地测度城乡居民收入差距的空间效应及其影响因素。例如，许海平和王岳龙(2010)[④]、杨超(2015)[⑤]分别利用空间面板模型、空间杜宾模型，得出省域间的城乡居民收入差距具有较强的空间依赖性，城镇化水平扩大了城乡居民收入差距，工业化发展促进农民增收的作用较强，而城镇化对于农民增收的作用较小等结论。

综上所述，本书认为，首先，城镇化与工业化对城乡居民收入差距确实存在影响，但影响的方向和强度可能会有较大差异，在城镇化、工业化进程中，要素收入的差异、城镇化与工业化发展的不同阶段、城镇化与工业化水平的不匹配、城乡居民收入差距衡量的指标等都会对城乡居民收入差距产生影响，且影响的方向与强度也会有差异。其次，城镇化、工业化对城乡居民收入差距的影响，不能忽略两者的空间依赖性和时空异质性。最后，仅基于全国范围研究城镇化与工业化对城乡居民收入差距的影响是不够全面的，应该深入省域内部，在区县层面考虑在不同的经济背景下，分析城镇化、工业化对城乡收入差距的影响及其时空差异性，会得到更深入的认识和理解。上述三点为本书的切入视角，从而展开相关理论与实证研究。

---

① 肖卫. 工业化和城市化过程中的城乡收入差距研究——基于中国改革30年的实证分析 [J]. 产经评论, 2010 (3): 33-40.

② 贺建清. 城镇化、工业化与城乡收入差距的实证分析 [J]. 广东商学院学报, 2013 (4): 30-37.

③ 吴浜源, 王亮. 城镇化、工业化与城乡收入差距——基于我国1990—2011年数据的实证分析 [J]. 经济问题探索, 2014 (5): 7-12.

④ 许海平, 王岳龙. 我国城乡收入差距与全要素生产率——基于省域数据的空间计量分析 [J]. 金融研究, 2010 (10): 54-67.

⑤ 杨超. 城镇化与工业化对城乡居民收入差距的影响——基于空间相关性与空间异质性研究 [D]. 成都: 西南财经大学, 2015.

1.3 研究内容、方法与结构

1.3.1 研究内容

理论研究：城镇化、工业化影响城乡居民收入差距的作用机制分析。从理论上分析城镇化与工业化影响城乡居民收入差距的一般规律及作用机制是后续实证研究的理论基础。

实证研究：基于上述理论分析，对四川省"多点多极支撑"发展战略下，城镇化、工业化对城乡居民收入差距影响进行实证检验，具体研究内容如下：

第一，四川省新型城镇化指标体系构建与测度。本书以经济发展、社会发展、人口发展、资源环境以及人民生活五个维度下的 18 项具体指标为基础，构建了四川省新型城镇化水平综合评价指标体系，并采用熵值法进行测度。

第二，四川省新型城镇化、工业化及城乡收入差距的时空特征及其分析。本书借助地理信息技术，运用描述性分析、空间统计分析中的全局空间自相关和局部空间自相关对四川省 181 个区县新型城镇化、工业化水平以及城乡收入差距的时空演变及分异特征进行分析。

第三，四川省"多点多极支撑"发展战略中增长极的选择分析。本书梳理层级增长极网络发展理论的国内外研究状况及最新研究成果，对层级网络增长极理论的内涵、特征和运行机理进行研究。在此基础上，本书依据四川省区县相关数据，运用新型城镇化和网络流强度综合分析方法，确定四川省区县城镇化"经济增长极"，对四川省城镇化层级增长极网络化构建进行探索。

第四，在考虑空间相关性与空间异质性特征之下，本书分别从时间、空间和时空角度，构建空间常系数面板模型和时空变系数模型，分别就四川省新型城镇化、工业化对城乡居民收入绝对差距与相对差距的影响及其空间溢出效应、时空异质性进行实证研究。

1.3.2 研究方法

依据研究内容和前沿分析方法，本书采用的方法主要有多元统计分析、描述性统计分析、区域差异分析、网络流分析、空间统计分析和空间计量模型等，具体介绍参见第二章和各章相关内容。

1.3.3 本书结构

第一章，绪论。首先，本章进行选题背景、研究意义的概述。其次，本章对研究相关的城镇化、工业化、收入差距理论及其之间关系的实证研究、研究方法等文献进行综述，基于现有研究不足，提出本书的研究视角与思路。最后，本章对本书的研究内容、方法、结构与创新点进行介绍。

第二章，基础理论与研究方法。首先，本章介绍城镇化与工业化对城乡居民收入差距的影响作用机制，为后面的研究提供理论基础。其次，本章基于网络流理论以及增长极理论介绍了构建增长层级网络的网络流强度模型，为后面的经济发展的"经济增长极"的构建提供理论与方法。最后，本章介绍了空间计量模型，为后面的实证研究提供方法。

第三章，四川省新型城镇化与工业化时空特征分析。本章以经济发展、社会发展、人口发展、资源环境以及人民生活五个维度下的 18 项具体指标为基础，构建了四川省新型城镇化水平综合评价指标体系，并采用熵值法进行测度。本章对四川省 2006—2016 年 181 个区县新型城镇化水平进行测算。本章基于这一测度采用描述性统计分析及空间统计分析中的空间分位图、Moran 指数和 LISA 指数等方法，对四川省区县新型城镇化水平、工业化水平的空间集聚性、空间异质性特征及其动态演变进行分析。

第四章，四川省经济"增长极"的确定。本章依据四川省区县新型城镇化水平测度结果，对"多点多极支撑"经济增长中经济"增长极"进行初步确定；然后以网络流强度理论与方法为支撑，依据四川省区县相关数据，测算四川省区县网络流强度，综合两者的分析结果，进行四川省区县层面经济"增长极"的选择。

第五章，四川省城乡收入差距时空特征分析。本章采用传统的城镇居民可支配收入与农村居民纯收入之差或之比以及反映我国城乡二元经济结构特征的泰尔指数，分析城乡收入差距的时空特征；以《四川省统计年鉴》和四川省统计局提供的数据为基础，将四川省 2008—2015 年 8 年间的区县城乡收入差距进行量化，并从农村内部、城镇内部、城乡间的泰尔指数及其贡献率进行比较分析。

第六章，四川省新型城镇化与工业化对城乡收入差距影响实证研究。本章在考虑四川省区县新型城镇化、工业化显著的空间相关性以及空间异质性特征之下，采用空间常系数面板数据和空间变系数面板系数，分整体和五大经济区，分别对四川省新型城镇化、工业化对城乡居民收入差距的影响及其空间溢出效应、空间异质性进行了实证研究及结果分析。

第七章，研究结论与政策建议。本章概括了本书的研究得出的主要结论，提出相应的政策建议，并对后续研究进行展望。

1.4 创新点

现有研究多基于四川省地级市数据和经典计量模型进行研究，本书基于四川省区县微观层面，采用空间统计方法和空间计量模型展开研究。具体而言，本书的创新点如下：

第一，本书基于新型城镇化内涵分析，构建了衡量新型城镇化的指标体系，这一复合型多指标综合测度与单项指标测度相比，指标体系包含经济、人口、资源环境、社会、生活等多方面指标，能综合反映城镇化水平的各个主要方面。本书采用空间统计分析方法，对四川省区县新型城镇化水平、工业化水平和城乡收入差距的空间分布及其差异特征进行时空分析。

第二，本书以网络流强度理论与方法为支撑，依据四川省区县相关数据，进行四川省区县网络流强度的测算，采用网络流强度分析和新型城镇化综合分析方法，对四川省经济"增长极"的确定进行了探索和验证。

第三，本书在非均衡"多点多极支撑"发展战略背景下，基于四川省区县整体和五大经济区的划分，采用空间常系数模型——空间杜宾面板模型和地理加权回归模型、时间加权回归模型及时空地理加权回归模型，分别从空间、时间和时空三个视角，对四川省区县层面和五大经济区城镇化与工业化进程影响城乡收入差距的路径和动力机制及其空间溢出效应、时空差异性进行探究。

2   基础理论与研究方法

本章介绍开展研究的基础理论与实证研究方法，主要包括城镇化、工业化以及城乡居民收入差距的概念、衡量指标，城镇化、工业化对城乡收入差距影响及作用机制，增长层级网络化发展模式理论以及空间计量模型等基础理论与方法的介绍，为后续理论和实证研究奠定基础。

2.1   城镇化、工业化对城乡收入差距影响及作用机制分析

城镇化是指由以传统的第一产业为主的农业，向第二产业、服务业为主的现代城市化转变的过程，衡量的指标包括人口城镇化率、户籍城镇化率，或者考虑经济、环境等因素的综合评价指标。工业化是指工业产值在总产值中的占比不断上升，工业从业人数不断上升的过程，衡量的主要指标是工业总产值占国民生产总值的比重。城乡居民收入差距是指在经济社会发展过程中，城镇人口与农村人口人均收入的差距，常采用城镇居民的人均可支配收入与农村人均纯收入之差或之比进行测度。基于学术研究的需要，学者们进一步将衡量城乡居民收入的标准多样化，扩展到基尼系数、泰尔指数等。

城乡居民收入差距主要是由于要素报酬的差异性、农业产品和工业产品的价格差以及城市偏向性等影响所致。在城镇化与工业化协调发展的情况下，城市的技术进步与制度进步一般快于农村及农业部门，并且由于区域产业部门的要素禀赋不同，某些地区创新能力强，形成相对优势，在市场机制的作用下，人力、物力以及资源要素的倾斜性的流动，在经济空间中以集聚效应引导周围资源聚集，进一步发展成为优势产业，形成经济集聚区域，并与周围经济区域形成差距。经济集聚的形成过程中，人力、物力以及资源要素都会跨区流动，经济资源以及政

策资源都会倾斜性汇集，因此生产效率较高，有更多的机会，使得农村剩余劳动力向劳动要素报酬率高的地区和产业部门转移，实际工资率提高，促进农村劳动力进一步转移，因此农村工资性收入提高，使得城乡居民收入差距缩小，城镇化与工业化形成良性循环[①]。

在城镇化与工业化不协调发展的状态下，在城镇化进程中，农村剩余劳动力向城镇转移，但由于工业化程度与城镇化程度不匹配，产业部门劳动力需求过剩，而农村劳动力的转移会使得劳动力的供给大于需求，产业部门不能很好地吸收农村剩余劳动力，城镇化反而会拉大城乡居民收入差距。在工业化过程中，由于城乡劳动禀赋的差异，产业部门的专业化需要专业化的人才，而农村劳动力劳动禀赋低，则工业化在一定程度上会拉大城乡居民收入差距，从而城镇化与工业化从不同的方向以及不同的效应影响城乡居民收入差距。

综上所述，关于城镇化、工业化对城乡收入差距的影响与作用机制的分析，本书认为，在城镇化与工业化的进程中，两者是相辅相成的，对城乡居民收入差距的影响具有双重性，同时存在着扩大收入差距和缩小收入差距的作用。此时，城镇化与工业化两者的协调发展显得尤为重要，决定着是扩大作用占主体还是缩小作用占主体。

2.2　层级增长极网络化发展模式理论

2.2.1　层级增长极网络化发展的概念

增长极理论是区域经济非均衡发展的主要理论。20 世纪 80 年代以来，中国学者对西方增长极理论拓展性的理论研究成果主要有点轴系统理论、网络开发理论、层级增长极网络开发理论等[②]。陆大道（2002）的点轴系统理论认为基于国家财力有限的国情，必须放弃区域均衡发展战略，应该借助国家的重点轴线对国

[①] 赵红军，孙楚仁. 二元结构、经济转轨与城乡收入差距分化 [J]. 财经研究，2008（3）：121-131.

[②] 吴传清，周晨晨. 增长极理论在中国的新发展：基于学说史视角的考察 [J]. 贵州社会科学，2013（10）：47-52.

土进行重点开发，倡导点轴渐进式扩散的发展道路①。魏后凯（1998）在此基础上提出网络开发理论，强调均衡发展以实现区域整体推进的目标②。

张建军和蒲伟芬（2006）提出了既适用于经济发达地区，也适用于欠发达或落后地区的层级增长极网络理论，即认为西部地区应实行层级增长极网络开发模式，在实现生产与人口向"辐射带"地理集中的基础上，利用"网络"的极化效应与回波效应，促进层级增长极网络辐射带的发展，达到推动西部地区区域经济协调发展的目的③。

层级增长极网络是"由处于不同层级的增长极（地区中心城市）组成的一个关系密切的、内在有机联系的开放型网络"。所谓"层级"，是指在区域开发和发展过程中，各增长极因其地理位置、交通通信条件、文化、资源、环境、经济发展水平、科技创新能力等各异，拥有不同的核心竞争力，发挥着不同的功能和作用，处于不同的地位、等级和层次性，并且它们（可以分为核心增长极、次核心增长极、边缘增长极）之间形成一个有内在联系的开放型网络④⑤，其网络结构，如图2-1所示。

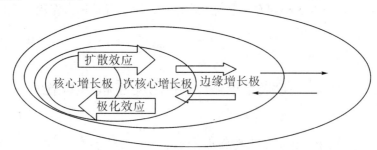

图2-1　层级增长极网络结构框架⑥

①　陆大道. 关于"点-轴"空间结构系统的形成机理分析 [J]. 地理科学，2002（1）：1-6.
②　魏后凯. 跨世纪我国区域经济发展与制度创新 [J]. 财经问题研究，1998（12）：4-9.
③　张建军，蒲伟芬. 西部区域层级增长极网络发展战略构想 [J]. 科技进步与对策，2006（9）：49-51.
④　窦欣. 基于层级增长极网络化发展模式的西部区域城市化研究 [D]. 西安：西安电子科技大学，2009.
⑤　程前昌. 中国区域协调发展的多极格局——基于城市群的培育 [J]. 城市发展研究，2013（10）：94-100.
⑥　窦欣. 基于层级增长极网络化发展模式的西部区域城市化研究 [D]. 西安：西安电子科技大学，2009.

2.2.2 层级增长极网络化发展模式的内涵

层级增长极网络化发展模式的内涵是指以获得聚集经济和规模经济效应为目标，在生产与人口极化式布局的基础上，合理布局生产与人口，充分发挥各层级增长极的比较优势、极化效应和扩散效应，以城镇化为途径，秉承"非均衡发展"有利于扩散和聚集经济的理念，克服区域经济空间格局和自然地理环境的制约，在选准发展区位的前提下，构建层级增长极网络，明确各层级增长极之间的产业分工、发展方向和规模，促进区域内产业结构的有机耦合和升级，形成区域产业特色，实现优势互补，从而带动地区经济全面协调发展。

2.2.3 层级增长极网络化发展模式的运行机理

2.2.3.1 增长极机制

生产力要素流的网络化运行是以增长极为核心的，增长极的高强度集聚和辐射功能对流的作用极其巨大。增长极充分利用集聚经济优势，把有限的力量集中于条件优越的区域，促进优越区经济优先增长，形成核心区极化效应，并通过对生产力要素流的极化和扩散效应，促进流在网络中运行的，并成为流的运行和网络化开发的动力机制。

2.2.3.2 网络流机制

网络流是不同的城市之间的资源流动，体现了城市间基础的相互交流以及城市间的基本活动，也体现了城市的外向服务功能。现阶段城市之间交通发达，便利的交通为城市之间的交流提供了设施基础，也为实现网络流提供了保证，城市间的经济交流也日益活跃，可进一步推动经济层级网络增长极的发展与成熟。

层级网络增长极的扩散和集聚效应为网络流的发展提供了推动力，层级网络增长极的集聚效应，推动网络流由低层级增长极向高层级增长极汇集，从而带动生产要素的集聚，使其生产要素资源丰富，经济产业得以大力发展，形成规模经济。当规模经济达到一定的程度时，核心增长极发挥其扩散效应外向流动，从而带动低层级增长极的经济发展，形成辐射型发展网络①。

本书借鉴大多数学者对城市外向功能的研究，综合考虑城市的外向功能强度

① 窦欣. 基于层级增长极网络化发展模式的西部区域城市化研究［D］. 西安：西安电子科技大学，2009.

以及区域产业优势，采用网络流强度模型，对区域之间的外向功能的强度以及区域产业优势进行量化分析。网络流强度是指基于城市的外向功能的集聚和辐射的能量与外部城市相互作用的定量衡量。其公式为：

$$F = N \times E \tag{2-1}$$

式（2-1）中，F 为网络流强度，N 为城市的功能效益，即单位外向功能量产生的影响，E 为城市外向功能量。

网络流强度是衡量增长极与城市群内其他地域联系的量化指标，直接体现了增长极与其他城市联系的紧密程度，为层级增长极的分析与划定提供了科学的依据。城市增长极的功能效益是网络流的产生和发展的内在推动力，也决定了增长极的产业架构、地域结构、技术结构，是城市所有经济活动的综合。随着增长极的发展，城市功能效益与外界的联系表现为网络流，以增长极的集聚效应与扩散效应对外界产生影响。

现有研究中，网络流强度的计算要考虑衡量指标的可获取性，文献中多选择某地区对外服务业从业人员作为该地区功能效益 N 的度量指标，该地区是否具有外向功能量 E，主要取决于其某一部门的区位熵，i 地区 j 部门区位熵 LQ_{ij} 定义为：

$$LQ_{ij} = \frac{G_{ij}/G_i}{G_j/G} \quad (i=1, 2, \cdots, n; j=1, 2, \cdots, m) \tag{2-2}$$

式（2-2）中，G_{ij} 为 i 地区 j 产业部门的从业人员的数量；G_i 为 i 地区从业人员数量；G_j 为全国 j 部门从业人员数量；G 为总从业人员数量。

若 $LQ_{ij}<1$，则 i 地区 j 产业部门不存在外向功能，即外向功能向量为 0；若 $LQ_{ij}>1$，则 i 地区 j 产业部门存在着外向功能，因为 i 地区的 j 产业部门的从业人员比例超过全国对于该产业部门从业人员的分配比例。可以认为 j 产业部门在 i 地区中相对于全国是专业化部门，具有比较优势，在满足本地区的人员需求外，还存在对外的基本活动部分，可以为该地区的外界区域提供服务，即存在着增长极扩散效应。因此，i 增长极 j 部门的外向功能 E_{ij} 为：

$$E_{ij} = G_{ij} - G_i \cdot (G_j/G) \tag{2-3}$$

i 增长极 n 个部门总外向功能量为：

$$E_i = \sum_{j=1}^{n} E_{ij} \tag{2-4}$$

i 增长极的功能效益 N_i 采用从业人员的人均 GDP_i 表示，即：

$$N_i = GDP_i/G_i \tag{2-5}$$

i 增长极的网络流强度 F_i 的计算公式为：

$$F_i = N_i \cdot E_i = （GDP_i/G_i）\cdot E_i = GDP_i \cdot （E_i/G_i）\qquad (2-6)$$

式（2-6）中，F_i 为城市增长极外向总功能量在总功能量中的占比，反映了增长极总功能量的外向程度，称之为网络流强度。

2.3　空间计量模型

托普勒（Tobler，1970）提出了地理学第一定律："在地球上，任何事物都和其他事物有关系，但是距离近的比距离远的关系更大。"但是古典经济学至后来的新古典经济学、新经济增长理论，都忽视了地理空间因素，即区域所处绝对区位和相对区位对地区经济差异的影响①。阿瑟琳（Anselin，1988）对传统计量经济模型的假设不足进行修正，在区域经济学的实证分析中引入空间因素，提出了空间统计分析和空间计量经济学，为经济增长和地区经济差异等研究提供了一个崭新的分析工具②。

2.3.1　空间权重矩阵

空间计量经济学旨在研究在空间上存在相关性或者观测存在的内在联系性。在空间上，个体的相关性与联系性是通过空间权重矩阵衡量的。空间权重矩阵刻画的是空间地理单元的地理或者社会、经济属性值之间的联系，对于空间计量模型来说，空间权重矩阵的设定至关重要，正确的设定能够更为准确地衡量空间地理单元之间的经济现象的溢出效应，也影响着模型估计的结果的有效性。常用的空间权重矩阵的设定方法为地理加权的空间权重矩阵。

地理加权的空间权重矩阵是以空间地理距离或邻近关系为出发点进行设定，单纯地从地区间的地理位置以及地理距离来进行设定，常用的设置方法是空间邻接矩阵、距离阈值权重矩阵和距离反比权重矩阵。空间邻接矩阵是指空间地理单

① TOBLER W. A Computer Movie Simulating Urban Growth in the Detroit Region [J]. Economic Geography, 1970, 46 (2)：234-240.

② ANSELIN L. Spatial Econometrics：Methods and Models [M]. Dordrecht：Kluwer Academic Publishers, 1998.

位在地理上相连接，具有共同的边界。空间权重矩阵设定为：

$$W_{ij} = \begin{cases} 1 & i \ 与 \ j \ 地理位置相邻 \\ 0 & i \ 与 \ j \ 地理位置不相邻 \end{cases} \tag{2-7}$$

距离阀值权重矩阵，即根据空间地理单位间地理距离确定空间权重矩阵，设定某个阀值 C，若两者的空间距离小于等于这个阀值，则取 1，反之，则取 0。

$$W_{ij} = \begin{cases} 1 & d_{ij} < C \\ 0 & d_{ij} > C \end{cases} \tag{2-8}$$

距离反比权重矩阵，即空间地理单位间的权重与它们之间的权重距离成反比，若两者距离越远则两者关联性越弱，空间权重的值越小，反之，则关联性越强，空间权重的值越大。

$$W_{ij} = \begin{cases} 1/d_{ij}\alpha & i \neq j \\ 0 & i = j \end{cases}, \ \alpha \ 为合适的常数 \tag{2-9}$$

2.3.2 空间数据的特征

基于区域的经济社会等数据具有独特的空间性质，这种空间性质主要为空间自相关性（Spatial Autocorrelation，或称为空间集聚性、空间依赖性）和空间异质性（Spatial Heterogeneity），这两种效应的度量与检验是空间统计分析的核心。空间自相关性是指不同位置研究对象的观测值，在空间上或网络内非独立，并呈现出某种非随机的分布模式，由于其具有多方向性，不能直接采用传统时间序列自相关方法进行研究。空间异质性则反映研究对象的经济行为或经济关系空间行为的差异性[①]。

空间统计分析方法中，使用两类统计指标度量区域数据的空间自相关性：一类用来分析空间数据在整个系统内表现出的分布特征，即全局空间自相关性；另一类用来分析整个大区域中，局部子系统表现出的分布特征，即局部区域单元上的某种现象或属性值，与相邻局部区域单元上同一现象或属性值的相关程度，称为局部空间自相关性。

全局空间自相关性指标用于检验整个空间区域某一指标的空间自相关是否显

---

① ANSELIN L. Spatial Econometrics: Methods and Models [M]. Dordrecht: Kluwer Academic Publishers, 1998.

著，局部空间自相关性指标用于分解在整个大区域空间自相关性显著的情况下，局部小区域单元上的某一指标与相邻局部小区域单元上值的相关程度，并划分不同的空间自相关模式。

全局 *Moran's I* 定义如下（Cliff & Ord, 1981；Anselin, 1995）：

$$Moran's\ I = \frac{n}{\sum_{i=1}^{n}\sum_{j=1}^{n}W_{ij}} \cdot \frac{\sum_{i=1}^{n}\sum_{j=1}^{n}W_{ij}(x_i-\bar{x})(x_j-\bar{x})}{\sum_{i=1}^{n}(x_i-\bar{y})^2} \tag{2-10}$$

式（2-10）中，x_i 为第 i 个空间单位的某一指标值，W_{ij} 是未经过行标准化的空间权重矩阵，表达空间样本的相互作用关系，通常以行政区划是否相邻作为判断标准。*Moran's I* 值越大表示空间样本之间的正相关性越强，如果是相邻区域的话，则会呈现出空间聚集特征；接近 0 表示空间样本之间独立不相关，呈现随机分布特征；如果小于 0，则表示空间样本之间为负相关，在空间上会呈现出对比关系。

全局 *Moran's I* 指数是对空间自相关性的一种全局评估，会掩盖局部状态的差异性，考虑到局部不稳定性，在全局自相关性显著的情况下，如果要深入研究空间自相关性的具体模式，就必须进行局部空间自相关分析（Geits & Ord, 1992），这一分析的常用指标为 LISA（Local Indicators of Spatial Association）或者 G 系数①，LISA 分析中包括局部 *Moran's I* 指数（Local Moran）和 Moran 散点图。其定义为：

$$I_i = \frac{n(x_i-\bar{x})}{\sum_{i=1}^{n}(x_i-\bar{x})^2}\sum_j w_{ij}(x_j-\bar{x}) \tag{2-11}$$

式（2-11）中，对 j 求和仅限于区域单元 i 的所有邻居，LISA 的计算和配套的 Moran 散点图，既可以为每个空间样本局部空间集聚进行显著性评估，又可以揭示对全局联系影响大的样本单元和不同空间联系形式。

Moran 散点图的四个象限分别对应于区域单元与其邻居之间四种类型的局部空间结构形式：Moran 散点图中第一、三象限代表正的空间结构，第一象限代表

---

① ANSELIN L. Spatial Econometrics: Methods and Models [M]. Dordrecht: Kluwer Academic Publishers, 1998.

了高观测值的区域单元为高值区域集聚在一起（高—高），第三象限代表了低观测值的区域单元为低值区域集聚在一起（低—低）；第二、四象限代表负的空间结构，第二象限代表了低观测值的区域周围为高值区域（低—高），第四象限代表了高观测值的区域单元周围为低值区域（高—低），据此可进一步认识空间样本的不同空间结构或关联模式[1]。

2.3.3　空间面板模型

空间自相关指标仅仅是从描述性统计来研究经济现象的空间特性，当研究的经济现象呈现空间自相关性质时，在模型的建立过程中，就应该考虑纳入空间相关效应。经典的计量经济学模型认为样本在空间上具有同质性和独立性，忽略了空间个体之间的空间相关性与空间异质性。依据地理学第一定律，任何事物或行为在空间系统上不同的样本观测值之间，存在空间相关性和空间异质性，经济行为也不例外。

这些现象的存在违背了高斯-弥可夫（Gauss-Markov）的经典计量假设，空间计量经济学由此产生。空间计量经济学是基于空间数据的性质，从空间、时间以及截面三个维度来研究问题。其与一般线性回归的交互影响的不同之处体现在以下三个方面：一是被解释变量的内生交互影响，即被解释变量间的空间溢出效应；二是解释变量的外生交互影响，即解释变量的空间溢出效应；三是误差项的交互影响，即误差项的扰动对相邻区域的影响。这三种交互效应弥补了经典计量的不足。

阿瑟琳（Anselin，1988）系统地研究了空间计量经济学。基于经典面板模型，阿瑟琳（Anselin）及埃尔霍斯特（Elhorst）等人将经典面板模型与空间结合，形成空间面板模型：

$$Y_t = X_t \beta + \varepsilon_t, \text{ 其中 } \varepsilon_t \sim N(0, \sigma_\varepsilon^2) \tag{2-12}$$

面板数据较截面数据，可以扩大数据的自由度，减少变量间的多重共线性，同时面板数据包含了数据的时间与位置信息，从截面与时间上展现观测值的性质，综合考虑了个体内在发展动态及个体自有的特性。在空间计量经济学中，利用空间面板数据研究空间上观测值的发展规律及交互影响，可以很好地衡量各个

---

① ANSELIN L. Spatial Econometrics：Methods and Models［M］. Dordrecht：Kluwer Academic Publishers，1998.

观测值的相关性，也可以体现观测值的个体差异性。空间面板模型通过不同的截距项及变化的变量系数，对观测值在时间与空间上的异质性进行描述，一般形式如式（2-13）① 所示：

$$Y_t = \theta WY_t + X_t\alpha + \varphi WX_t + \mu_t$$

其中，$\mu_t = \beta Wu_t + \varepsilon_t$，$E(\varepsilon_t) = 0$，$E(\varepsilon_t\varepsilon_t') = \sigma^2 I_N$ （2-13）

式（2-13）中，W 为空间权重矩阵，用来衡量空间个体的联系权重。θWY_t 为空间自回归项，用来衡量被解释变量的空间溢出效应，θ 为溢出效应的大小，φWX_t 为因变量的空间回归项，用来衡量解释变量的空间溢出效应，βWu_t 用来衡量误差项的空间溢出效应。

基于三种空间交互效应的表现形式，空间相关性体现在被解释变量上，即考虑内生变量的交互影响的空间误差模型（SAR）。模型形式为：

$$Y_t = \theta WY_t + X_t\alpha + \varepsilon_t$$ （2-14）

式（2-14）中，$E(\varepsilon_t) = 0$，$E(\varepsilon_t\varepsilon_t') = \sigma^2 I_N$。模型考虑空间滞后因子 WY，θ 为空间自回归相关系数，它衡量了内生变量的空间相关性。由于存在变量内生性问题，普通最小二乘估计方法不再适用，一般采用 GMM 或者极大似然估计法进行参数估计。

当空间相关性体现在误差项中，即由非观测值带来的空间相关性，空间误差模型（SEM）形式为：

$$Y_t = X_t\alpha + \mu_t，\mu_t = \beta Wu_t + \varepsilon_t$$ （2-15）

式（2-15）中，$E(\varepsilon_t) = 0$，$E(\varepsilon_t\varepsilon_t') = \sigma^2 I_N$，$Y_t$ 为 $N\times1$ 维向量，X_t 为 $N\times K$ 维向量矩阵，包含 K 个解释变量，βWu_t 为空间扰动项因子，β 为空间自相关系数，衡量个体观测值之间扰动项的空间交互影响。由于模型的误差项存在异方差，OLS 参数估计方法同样不适用，采用 GMM 或者极大似然估计法进行参数估计。

当空间交互效应体现在解释变量的时候，即由于外生变量带来的空间相关性的空间杜宾模型（SDM）设置为：

$$Y_t = X_t\alpha + \varphi WX_t + \varepsilon_t$$ （2-16）

式（2-16）中，$\varepsilon_t \sim N(0, \sigma_\varepsilon^2)$ 满足独立同分布的条件，Y_t 为 $N\times1$ 维向量，

① ELHORST J P. Spatial Econometrics: From Cross-sectional Data to Spatial Panels [M]. Berlin: Springer, 2014.

X_t 为 $N×K$ 维向量矩阵，包含 K 个解释变量，φWX_t 为空间外生变量，考虑了解释变量的直接效应与间接溢出效应。

以上三种模型体现了空间相关性的不同表现形式，在建立模型的过程中，空间个体交互影响的方式可根据实际情况进行调整，比如同时考虑外生变量与内生变量的交互影响，则可将 SAR 模型与 SDM 模型相结合。建立空间杜宾自回归模型如下：

$$Y_t = \theta WY_t + X_t\alpha + \varphi WX_t + \varepsilon_t \tag{2-17}$$

空间杜宾自回归模型可同时衡量因变量和自变量的空间溢出效应，为衡量空间个体的异质性，则同理可将 SAR、SDM 与 SEM 三种模型任意调整结合，根据数据类型、经济意义以及统计检验来建立符合实际的模型。为了衡量空间异质性，埃尔霍斯特（Elhorst）将普通面板模型中的截距的固定效应与随机效应、固定系数与随机系数用于空间面板模型。

固定效应空间自回归模型如下：

$$Y_t = \theta WY_t + X_t\alpha + u + \varepsilon_t \tag{2-18}$$

随机效应空间自回归模型如下：

$$\begin{bmatrix} Y_1 \\ \vdots \\ Y_T \end{bmatrix} = \theta \begin{bmatrix} WY_1 \\ \vdots \\ WY_T \end{bmatrix} + \begin{bmatrix} X_1 \\ \vdots \\ X_T \end{bmatrix} \alpha + v, \ v = (l_T \otimes I_N)\mu + (l_T \otimes I_N)\varepsilon \tag{2-19}$$

式（2-18）中，l_T 为 $T×1$ 的元素为 1 的向量。SEM 与 SDM 也存在相应的形式，此处不一一赘述。对于固定系数的空间自回归模型形式为：

$$(Y_1, \ Y_2, \ Y_3, \ \cdots, \ Y_N) \begin{pmatrix} 1 & -\rho_{21} & \cdots & -\rho_{N1} \\ -\theta_{12} & \ddots & & -\rho_{N2} \\ \vdots & & & \vdots \\ -\rho_{1N} & -\rho_{2N} & \cdots & 1 \end{pmatrix} = \begin{pmatrix} X_1 & & 0 \\ & \ddots & \\ 0 & & X_N \end{pmatrix} \begin{pmatrix} \beta_1 \\ \vdots \\ \beta_N \end{pmatrix} + \begin{pmatrix} \varepsilon_1 \\ \vdots \\ \varepsilon_N \end{pmatrix}$$

$$\tag{2-20}$$

式（2-19）中，Y_i（$i=1, \ 2, \ 3, \ \cdots, \ N$）为 $T×1$ 的被解释变量矩阵，X_i（$i=1, \ 2, \ 3, \ \cdots, \ N$）为 $T×K$ 的解释变量矩阵，β_i（$i=1, \ 2, \ 3, \ \cdots, \ N$）为 $K×1$ 的系数矩阵，ε_i（$i=1, \ 2, \ 3, \ \cdots, \ N$）为 $T×1$ 的误差项矩阵，则 SEM 与 SDM 模型均存在固定系数的形式。

2.3.4 空间变系数模型

对于空间数据，采用如上形式的空间全局回归模型进行分析，掩盖了变量之间的局部特性，不能有效识别空间集聚性和差异性，降低了模型的估计精度，造成一定的估计偏误。为了解决空间差异性对参数估计的影响，福瑟林厄姆（Fotheringham）等（1996）在局部回归模型和变系数模型的理论研究基础上，提出了可识别空间异质性的空间变系数模型——地理加权回归（Geographically Weighted Regression，GWR）模型①。

GWR 模型通过将估计参数设定为地理位置的函数，利用空间权重函数刻画邻近区域与目标区域的相依关系，并采用局部加权最小二乘法对参数进行逐点估计，识别变量之间的局部特性，克服了局部回归模型和变系数模型关于空间单元分区的限制，得出每个地理区域 i 对应的局部估计值，能够有效检测出空间差异性。

地理加权回归模型（GWR）的一般形式如下：

$$y_i = \beta_0(long_i, lat_i) + \sum_{p=1} \beta_p(long_i, lat_i)x_{ip} + \varepsilon_i, \ i = 1, 2, \cdots, N; \ p = 1, 2, \cdots, P \tag{2-21}$$

式（2-21）中，$long_i$ 和 lat_i 分别表示 i 区域的经纬度，直接对应地区 i 的地理坐标位置，$\beta_p(long_i, lat_i)$ 表示 p 个解释变量系数是区域的经纬度的函数，y_i 和 x_{ip} 分别表示模型的被解释变量和解释变量，$\beta_0(long_i, lat_i)$ 为 p 个解释变量对应的截距项，$\varepsilon_i \sim iidN(0, \sigma^2)$ 表示模型扰动项，反映了空间随机效应水平。详细估计方法介绍可以参见韩兆州等（2017）的文章。

在实证分析中，只采用关注某一时点的空间差异性的 GWR 模型是不够的，因为 GWR 模型是从截面角度出发分析时空数据，没有充分考虑时间维度上的变化趋势，而忽略时间因素的影响也会降低模型的估计效率和精度。因此，GWR 模型不适用于分析时空数据问题。有研究者（Huang 等，2010）基于 GWR 模型的理论框架，考虑了时间因素对参数估计的影响，提出了时空地理加权回归

---

① FOTHERINGHAM A S, CHARLTON M, BRUNSDON C. The Geographically of Parameter Space：An Investigation of Spatial Non‐Stationary［J］. International Journal of Geographical Information Systems, 1996, 10 (5)：605-627.

（Geographically and Temporally Weighted Regression，GTWR）模型，通过构造时空窗宽（Spatio-temporal Bandwidth）和时空权重矩阵来刻画区域间的最优邻近关系，探测不同区域、不同时点的变量关系，有效识别变量的时空异质性[1]。

福瑟林厄姆（Fotheringham）等（2015）发现当时间差异性十分严重时，GTWR 模型往往具有更优的统计性质，并且在偏差-方差权衡问题上表现得更好。当时间差异性对变量关系影响很大，而空间异质性几乎可忽略时，GTWR 模型将退化为时间加权（Time Weighted Regression，TWR）模型，采用这一模型分析此类问题将会是更优的选择[2]。

有研究者（Huang 等，2010）提出的可识别参数时空差异性的时空地理加权模型（GTWR），是建立起一个三维的椭圆坐标系，根据（long，lat，t）三维坐标构建时空权重矩阵，定义距离 i 区域较近的区域具有更大的权重（包括了时间和空间的接近），利用以 i 区域为球心构建的球体内的地区进行局部回归，进而得到不同时间内不同区域的参数估计值[3]。

时空地理加权回归模型（GTWR）的一般形式如下：

$$y_i = \beta_0(long_i, lat_i, t_i) + \sum_{p=1}^{P} \beta_p(long_i, lat_i, t_i)x_{ip} + \varepsilon_i, \; i = 1, 2, \cdots, N;$$

$$p = 1, 2, \cdots, P \tag{2-22}$$

式（2-22）中，主要变量与 GWR 模型相同，$\beta_0(long_i, lat_i, t_i)$ 为不同时期 t_i 内第 p 个解释变量对应的截距项，$\beta_p(long_i, lat_i, t_i)$ 为第 p 个解释变量于不同时期内在不同地区的估计系数。

① HUANG B, WU B, BARRY M. Geographically and Temporally Weighted Regression for Modeling Spatio-temporal Variation in House Prices [J]. International Journal of Geographical Information Science，2010, 24（3）：383-401.

② FOTHERINGHAM A S, CRESPO R, YAO J. Geographical and Temporal Weighted Regression（GTWR）[J]. Geographical Analysis，2015, 47（4）：431-452.

③ HUANG B, WU B, BARRY M. Geographically and Temporally Weighted Regression for Modeling Spatio-temporal Variation in House Price [J]. International Journal of Geographical Information Science，2010, 24（3）：383-401.

3 四川省新型城镇化与工业化时空特征分析

本章根据党的十八大传达的建设新型城镇化的会议精神，从新型城镇化内涵包含的人口、经济、社会、设施四个方面，构建新型城镇化水平的综合评价指标体系，利用主成分分析法及熵值法确定指标权重，对四川省 2006—2016 年 181 个区县的新型城镇化水平进行测算。本章基于这一测度采用描述性统计分析及空间统计分析中的空间分位图、Moran 指数和 LISA 指数等方法，对新型城镇化水平、工业化水平的空间集聚性、空间异质性特征及其动态演变进行分析。

3.1 四川省概况

四川省处于中国西南地区，是西南、西北和中部地区重要结合部，是承接华南、华中，连接西南、西北，沟通中亚、南亚以及东南亚的重要交汇点和交通走廊。四川省东邻重庆市，南接云南省、贵州省，西邻西藏自治区，北连青海省、甘肃省、陕西省；东部丘陵较多，西部山地较多。四川省共辖 18 个地级市、3 个自治州。《2016 年四川省国民经济和社会发展统计公报》显示，2016 年，四川省 GDP 总量达到 32 680.5 亿元，按可比价格计算，比 2015 年增长 7.7%，居全国前十位。其中，第一产业增加值 3 924.1 亿元，增长 3.8%；第二产业增加值 13 924.7 亿元，增长 7.5%；第三产业增加值 14 831.7 亿元，增长 9.1%；2016 年年末常住人口 8 262 万人，城镇人口 4 065.7 万人，乡村人口 4 196.3 万人，常住人口城镇化率 49.21%，与 2001 年人口城镇化率 18.23% 相比，发展较快，是西部交通枢纽、西部经济发展高地。

2014 年 2 月 19 日，中共四川省委常委会召开会议，讨论了《中共四川省委

　　四川省人民政府关于实施多点多极支撑发展战略的指导意见》，指出实施多点多极支撑发展战略是新的发展条件下四川省推动科学发展、加快发展的重大举措，是促进四川省区域协调发展、同步全面建成小康社会的必然选择，对于实现经济大省向经济强省跨越具有重大意义。所谓"多点多极支撑"发展战略，"多点"是指要做强市州经济梯队，"多极"是要做大区域经济板块，即实施成渝经济区和天府新区区域规划，培育"四大城市群"，发展"五大经济区"，从而形成支撑四川发展新的经济增长极。

　　《四川省"十二五"城镇化发展规划》对"四大城市群"的范围及城市等级做了明确划分①，具体如下：

　　成都平原城市群包括成都市、德阳市、绵阳市、眉山市、资阳市以及乐山市主城区和夹江县、峨眉山市、雅安市主城区和名山县等，共54个区（市）（简称区县），以超大城市成都市为中心，聚集了绵阳市、德阳市、眉山市、资阳市、乐山市和雅安市，其核心区域为成都市、德阳市、绵阳市。随着高速公路和各地经济的发展，成都平原周边的眉山、雅安、乐山等市经济联系与分工合作关系也越来越紧密，成都平原城市群已经逐渐超出平原范围，初步形成了以成都市为中心，乐山市、绵阳市为"两极"圈层加点轴的结构体系。

　　川南城市群包括自贡市、泸州市、内江市、宜宾市以及乐山市除主城区和夹江县、峨眉山市外的其余城镇。川南城市群位于长江上游、四川省南部，是川滇黔渝三省一市的交界处，是四川省内人口稠密的地区之一，区位优势明显，拥有较强的工业基础和特色的优势产业，中等城市密集，空间聚合形态较好，城镇布局和生产力布局大致吻合。川南城市群既承接成渝，也辐射云贵北部，经济总量占四川省经济总量的1/5左右，是仅次于成都都市圈的全省第二大城市群。

　　川东北城市群包括广元市、遂宁市、南充市、广安市、达州市、巴中市，是成渝经济区重要的经济腹地。近年来，随着达成铁路、成南高速公路、广南高速公路、达渝高速公路的建成通车，南充市、遂宁市、广安市、达州市等城市发展迅速，成为四川省发展中的第三大城市群。其中，南充市和达州市为该城市群的核心城市，广安市、达州市、广元市、巴中市为中心城市。

　　攀西城市群包括攀枝花市、凉山彝族自治州以及雅安市除主城区、名山县外

① 四川省"十二五"城镇化发展规划［EB/OL］．（2017－05－01）．http://www.sc.gov.cn/10462/10464/10465/10574/2014/1/8/10290302.shtml.

的其余城镇。攀西城市群是四川省委九届四次全会，为把四川省建设成为辐射西部、面向全国、融入世界的西部经济发展高地而提出的要重点打造的四川"四大城市群"之一。攀西城市群地处四川西南边陲，以成昆铁路和雅攀高速公路为纽带，东北与四川盆地相连，西南与云南部分区域交界，是我国具有世界影响力的资源富集区和我国优势资源开发的重点地区。攀西城市群作为成渝经济区建设的一个亚区域中心，凭借其特殊的地理区位、丰富的资源禀赋、较好的工业发展基础，成为成渝经济区发展的一个重要战略支撑点。

《四川省五大经济区"十三五"发展规划》（以下简称《规划》）对四川省五大经济区的划分如图 3-1 所示。

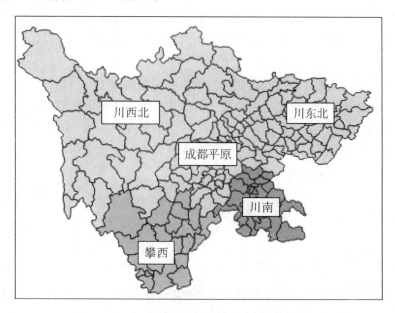

图 3-1　四川省五大经济区空间布局

《规划》围绕区情特点和发展潜力，提出了战略指引和发展重点，为各个经济区明确了发展目标和战略定位。

成都平原经济区包括成都市、德阳市、绵阳市、遂宁市、资阳市、眉山市、乐山市、雅安市。《规划》提出建设全面创新改革试验的先导区、现代高端产业的集聚区、西部内陆开放的前沿区、统筹城乡改革发展的示范区、区域协同发展的样板区、全面小康社会的先行区6个战略定位。

川南经济区包括内江市、自贡市、泸州市和宜宾市。《规划》提出建设多中心城市群一体化创新发展试验区、老工业基地城市转型升级示范区、国家重要的先进制造业基地、长江上游生态文明先行示范区、成渝经济区沿江和向南开放重要门户5个战略定位。

川东北经济区包括南充市、达州市、巴中市、广元市和广安市。《规划》提出建设川渝陕甘结合部区域经济中心、国家重要的清洁能源化工基地、特色农产品基地、生态文化旅游区、川陕革命老区振兴发展示范区5个战略定位。

攀西经济区包括攀枝花市和凉山彝族自治州。《规划》提出建设战略资源创新开发为特色的新兴增长极、国家级战略资源创新开发试验区、国家重要的水能开发基地、四川亚热带特色农业基地、全国知名阳光康养旅游度假胜地5个战略定位。

川西北生态经济区包括甘孜藏族自治州和阿坝藏族羌族自治州。《规划》提出建设国家生态文明建设先行示范区、国际知名生态和文化旅游目的地、长江黄河上游重要生态安全防线、国家重要的可再生清洁能源基地、川甘青结合部综合发展示范区5个战略定位。

3.2　新型城镇化水平测度

3.2.1　新型城镇化的内涵

新型城镇化建设不仅仅是城镇规模不断扩大、城镇人口不断增加的过程,更是产业结构不断升级和人民生活质量不断提高的过程,是"以人为本"的城镇化,是以"产业互动、节约集约、生态宜居、和谐发展"为基本特征的城镇化,是大中小城市、小城镇、新型农村社区协调发展、互促共进的城镇化。

新型城镇化的核心在于不以牺牲农业和粮食、生态和环境为代价,着眼农民,涵盖农村,实现城乡基础设施一体化和公共服务均等化,促进经济社会发展,实现共同富裕。新型城镇化的要求是不断提升城镇化建设的质量内涵,强调内在质量的全面提高。新型城镇化不再是只注重人口城镇化的比重,而是文化环境、居民生活水平以及生活质量的全面提高,提高城镇化过程中的产业水平,使得第二产业和第三产业的发展足以支撑城镇化的进程，在促进经济发展的同时提高人民生活水平，提高城镇化的质量内涵，也就是要推动城镇化由偏重数量规模增加向注重质量内涵提升转变。

本书认为，新型城镇化在经济发展方面应注重产业结构优化，大力发展第二产业和第三产业，在社会效益方面应体现在人口素质的提高、社会福利与保障水平的提高以及从业人员工作性质的转换，注重城乡体系的协调发展。

3.2.2　新型城镇化指标体系

为准确而全面地评价新型城镇化水平，本书以新型城镇化内涵为依据，在坚持科学性、全面性、有代表性、可操作性等原则下，从 3 个层次、5 个维度、18 项具体指标，构建新型城镇化水平综合评价指标体系，具体如表 3-1 所示。

表 3-1　新型城镇化水平测度指标

二级指标	三级指标	衡量目标
B_1 经济发展	X_1 人均 GDP（元）	经济水平
	X_2 第三产业产值占 GDP 的比重（%）	产业结构
	X_3 财政一般预算收入（亿元）	财政收入
	X_4 出口总额（万美元）	对外贸易
	X_5 全社会固定资产投资（万元）	投资水平
	X_6 公共财政支出（亿元）	财政支出
	X_7 工业总产值（亿元）	工业水平
B_2 社会发展	X_8 小学师生比	教育情况
	X_9 普通中学师生比	教育情况
	X_{10} 每千人医疗机构床位数（床/千人）	医疗
	X_{11} 每千人拥有福利院床位数（床/千人）	社会福利
	X_{12} 公路里程（千米）	交通
	X_{13} 移动电话用户（万户）	通信
B_3 人口发展	X_{14} 人口城镇化率（简称城镇化率）（%）	人口结构
	X_{15} 第二产业和第三产业就业比重（%）	就业结构

表3-1(续)

二级指标	三级指标	衡量目标
B_4 资源环境	X_{16}工业二氧化硫排放量（万吨）	废气排放量
B_5 人民生活	X_{17}职工平均工资（元）	工资水平
	X_{18}居民储蓄存款余额（万元）	储蓄

3.2.3　新型城镇化数据来源与测算

本书的研究数据主要来自《四川省统计年鉴》和《中国城市统计年鉴》，缺失数据采用年平均增长率进行估算，且为消除通货膨胀因素，对原始数据均进行了平减。新型城镇化综合评价方法，借鉴陆添超和康凯（2009）的做法[1]，根据各指标的差异程度客观确定权重，避免了主观评价的不足。计算方法和步骤如下：

第一步，对各指标进行标准化处理，消除量纲影响：

$$X'_{ij} = \frac{X_{ij} - X_j^{\min}}{X_j^{\max} - X_j^{\min}} \tag{3-1}$$

式（3-1）中，i 代表地区，j 代表指标项，假设共有 n 个地区 m 项指标，$X_j^{\max}$ 和 $X_j^{\min}$ 分别为当年各地区 j 项指标的最大值和最小值。

第二步，计算指标熵值：

$$e_j = -\frac{1}{\ln n} \sum_{i=1}^{n} \ln(P_{ij}) \tag{3-2}$$

指标值的变异程度越大，则评价作用就越大，对应的熵值越小，式（3-2）中，$P_{ij} = X'_{ij} / \sum_{i=1}^{n} X'_{ij}$ 是各项指标下各地区指标值所占的比重。

第三步，计算指标熵权：

$$w_j = d_j / \sum_{j=1}^{m} d_j \tag{3-3}$$

式（3-3）中，$d_j = 1 - e_j$ 是差异系数，与熵值关系相反。

---

① 陆添超，康凯. 熵值法和层次分析法在权重确定中的应用 [J]. 计算机应用，2009（22）：19-20.

第四步，将各指标标准化结果乘以熵值法确定对应的权重，得到新型城镇化综合评价指数 $URB_i = \sum_{j=1}^{m} w_j X'_{ij}$。

根据此指标体系，测算四川省各个区县的新型城镇化水平结果如表 3-2 所示，二级指标的测度结果参见附录 1~附录 5。

表 3-2　四川省 181 个区县新型城镇化水平测度结果

年份 区县	2006	2007	2008	2009	2010	2011	2012	2013	2014	2015
锦江区	0.618 4	0.681 0	0.650 9	0.657 3	0.619 4	0.650 4	0.596 2	0.595 0	0.562 9	0.565 5
青羊区	0.638 3	0.704 6	0.687 0	0.684 8	0.676 0	0.695 1	0.649 6	0.631 9	0.598 8	0.600 3
金牛区	0.636 4	0.707 9	0.685 6	0.566 5	0.572 7	0.603 9	0.547 7	0.533 1	0.393 8	0.456 8
武侯区	0.610 9	0.704 9	0.688 2	0.719 9	0.725 1	0.725 3	0.689 0	0.649 6	0.517 6	0.490 4
成华区	0.470 0	0.548 8	0.516 8	0.523 4	0.497 8	0.501 3	0.474 8	0.416 8	0.470 1	0.462 7
龙泉驿区	0.297 8	0.332 7	0.356 5	0.372 9	0.380 7	0.406 3	0.424 7	0.454 6	0.441 6	0.418 4
青白江区	0.238 1	0.247 3	0.249 4	0.244 4	0.237 3	0.246 3	0.251 6	0.250 6	0.236 9	0.223 1
新都区	0.227 6	0.364 9	0.360 3	0.359 5	0.325 3	0.341 9	0.310 6	0.316 9	0.302 4	0.231 4
温江区	0.418 8	0.391 7	0.393 2	0.374 1	0.363 7	0.339 2	0.327 4	0.324 9	0.345 9	0.335 6
金堂区	0.210 3	0.183 4	0.196 7	0.197 3	0.183 8	0.197 5	0.199 0	0.220 6	0.216 0	0.224 1
双流县	0.411 9	0.547 8	0.518 5	0.529 7	0.531 5	0.617 3	0.660 6	0.666 9	0.648 1	0.647 5
郫都区	0.344 5	0.436 0	0.433 7	0.415 2	0.431 5	0.430 8	0.378 7	0.385 8	0.364 0	0.300 3
大邑县	0.151 9	0.164 7	0.173 6	0.187 6	0.181 0	0.177 8	0.185 2	0.190 5	0.183 7	0.169 1
蒲江县	0.118 8	0.125 3	0.126 3	0.135 4	0.126 3	0.126 4	0.132 5	0.133 5	0.133 2	0.125 2
新津县	0.155 7	0.181 8	0.189 7	0.214 7	0.194 2	0.200 2	0.214 2	0.225 6	0.202 7	0.203 2
都江堰市	0.241 8	0.270 8	0.274 8	0.342 2	0.343 4	0.317 3	0.284 6	0.279 7	0.266 2	0.246 3
彭州市	0.197 4	0.211 9	0.229 0	0.256 5	0.256 1	0.234 3	0.230 8	0.237 5	0.232 0	0.205 2
邛崃市	0.166 2	0.170 6	0.172 0	0.178 5	0.171 4	0.171 2	0.174 9	0.181 2	0.178 7	0.166 5
崇州市	0.157 8	0.167 9	0.186 4	0.200 2	0.202 2	0.180 5	0.168 8	0.186 1	0.174 6	0.163 4
自流井区	0.242 5	0.243 9	0.243 6	0.238 9	0.224 9	0.211 2	0.220 3	0.227 0	0.198 2	0.192 0
贡井区	0.137 1	0.143 1	0.152 1	0.159 5	0.146 7	0.136 1	0.150 4	0.140 0	0.135 1	0.131 6
大安区	0.142 2	0.188 1	0.179 4	0.170 1	0.154 8	0.156 8	0.155 0	0.150 4	0.137 0	0.131 5
沿滩区	0.095 8	0.095 8	0.110 7	0.112 3	0.101 2	0.096 7	0.099 7	0.101 4	0.097 1	0.093 2

表3-2（续）

年份 区县	2006	2007	2008	2009	2010	2011	2012	2013	2014	2015
荣县	0.128 3	0.128 9	0.137 6	0.146 4	0.139 9	0.139 8	0.141 5	0.141 9	0.135 1	0.127 6
富顺县	0.124 0	0.134 9	0.144 7	0.146 2	0.143 0	0.147 0	0.142 7	0.149 0	0.136 5	0.132 5
东区	0.378 1	0.392 3	0.362 4	0.323 8	0.324 1	0.291 4	0.313 7	0.283 1	0.266 0	0.257 3
西区	0.150 2	0.156 9	0.158 0	0.162 0	0.161 1	0.152 5	0.143 2	0.118 2	0.126 4	0.118 6
仁和区	0.181 0	0.166 6	0.182 1	0.171 5	0.156 7	0.147 9	0.157 7	0.139 7	0.133 4	0.133 0
米易县	0.137 0	0.122 4	0.130 6	0.143 0	0.118 2	0.118 4	0.119 3	0.119 4	0.118 9	0.109 8
盐边县	0.141 4	0.139 9	0.151 3	0.160 6	0.152 5	0.144 9	0.148 1	0.139 6	0.144 8	0.130 6
江阳区	0.196 6	0.203 2	0.220 2	0.224 5	0.206 2	0.198 1	0.221 7	0.225 1	0.231 4	0.228 6
纳溪区	0.120 5	0.115 9	0.130 8	0.133 1	0.122 7	0.123 3	0.116 2	0.133 7	0.136 4	0.130 9
龙马潭区	0.130 8	0.140 3	0.152 2	0.155 4	0.143 7	0.144 8	0.155 9	0.165 0	0.162 0	0.161 0
泸县	0.121 8	0.126 4	0.136 5	0.138 4	0.128 5	0.139 3	0.135 4	0.149 6	0.144 8	0.142 4
合江县	0.111 0	0.107 4	0.113 9	0.117 7	0.114 3	0.121 7	0.124 3	0.131 4	0.129 0	0.123 1
叙永县	0.093 6	0.096 8	0.103 4	0.102 9	0.094 9	0.097 3	0.097 9	0.104 4	0.106 4	0.105 3
古蔺县	0.091 1	0.094 7	0.102 8	0.108 4	0.105 2	0.114 8	0.120 8	0.127 5	0.119 7	0.113 0
旌阳区	0.296 5	0.314 2	0.312 5	0.333 1	0.351 5	0.327 5	0.345 9	0.330 9	0.318 3	0.315 6
中江县	0.129 5	0.135 7	0.159 3	0.190 1	0.150 4	0.157 6	0.172 0	0.179 4	0.173 9	0.164 1
罗江县	0.118 6	0.116 2	0.122 2	0.143 1	0.127 9	0.114 2	0.120 1	0.115 5	0.113 5	0.108 2
广汉市	0.259 4	0.276 5	0.307 1	0.283 6	0.242 7	0.270 6	0.321 3	0.268 7	0.284 8	0.255 0
什邡市	0.235 0	0.258 4	0.296 4	0.307 7	0.292 6	0.245 3	0.254 7	0.262 5	0.253 8	0.225 1
绵竹市	0.274 4	0.284 3	0.288 0	0.296 7	0.286 0	0.258 2	0.250 1	0.252 7	0.245 4	0.249 6
涪城区	0.744 3	0.676 0	0.644 2	0.644 9	0.584 8	0.463 5	0.493 4	0.453 2	0.478 0	0.488 3
游仙区	0.135 6	0.161 0	0.191 1	0.189 9	0.178 7	0.166 7	0.195 6	0.196 1	0.178 2	0.174 6
三台县	0.128 2	0.135 7	0.173 0	0.189 1	0.163 7	0.150 7	0.150 3	0.166 2	0.154 1	0.146 7
盐亭县	0.090 0	0.094 6	0.124 0	0.137 2	0.114 7	0.110 4	0.121 2	0.118 2	0.120 6	0.114 2
安县	0.108 7	0.115 1	0.165 1	0.172 8	0.151 1	0.130 5	0.134 4	0.138 1	0.129 9	0.125 6
梓潼县	0.113 4	0.107 5	0.127 3	0.136 0	0.128 0	0.104 1	0.107 2	0.106 1	0.103 8	0.104 0
北川县	0.080 9	0.077 2	0.121 6	0.170 8	0.180 3	0.136 9	0.139 3	0.129 8	0.129 1	0.120 3
平武县	0.081 9	0.081 9	0.115 8	0.135 1	0.135 7	0.104 9	0.107 1	0.107 8	0.112 7	0.111 1
江油市	0.223 8	0.228 9	0.255 5	0.271 4	0.248 8	0.215 7	0.221 5	0.219 8	0.210 1	0.205 6

表3-2（续）

年份 区县	2006	2007	2008	2009	2010	2011	2012	2013	2014	2015
利州区	0.182 7	0.195 3	0.211 8	0.245 5	0.245 0	0.206 6	0.223 0	0.205 1	0.212 0	0.204 7
昭化区	0.066 3	0.075 5	0.102 0	0.124 3	0.109 4	0.092 6	0.099 8	0.102 0	0.111 1	0.107 1
朝天区	0.054 5	0.060 8	0.085 7	0.105 8	0.084 7	0.081 3	0.086 1	0.086 8	0.089 6	0.091 0
旺苍县	0.099 2	0.104 1	0.118 7	0.145 9	0.125 5	0.115 0	0.117 2	0.116 2	0.114 0	0.111 4
青川县	0.090 0	0.076 6	0.128 8	0.157 6	0.148 0	0.105 7	0.106 3	0.109 1	0.115 2	0.110 5
剑阁县	0.089 3	0.093 3	0.123 4	0.142 7	0.128 1	0.115 0	0.120 5	0.123 7	0.126 6	0.122 9
苍溪县	0.108 6	0.124 3	0.141 2	0.157 7	0.135 7	0.129 6	0.133 4	0.136 6	0.129 8	0.125 6
船山区	0.203 2	0.224 8	0.237 2	0.245 5	0.234 3	0.232 7	0.237 6	0.243 4	0.239 3	0.235 9
安居区	0.070 8	0.081 2	0.093 1	0.102 1	0.095 0	0.096 9	0.097 1	0.108 7	0.111 3	0.102 3
蓬溪县	0.099 2	0.100 7	0.116 5	0.126 9	0.110 5	0.111 6	0.108 7	0.114 9	0.112 4	0.109 9
射洪县	0.168 6	0.164 9	0.175 5	0.168 0	0.167 7	0.169 3	0.172 8	0.179 7	0.173 5	0.165 9
大英县	0.091 5	0.091 0	0.114 6	0.114 2	0.111 1	0.113 9	0.116 5	0.116 3	0.111 2	0.104 6
内江市中区	0.169 3	0.178 3	0.186 3	0.183 8	0.177 8	0.168 0	0.178 0	0.175 5	0.157 1	0.161 7
东兴区	0.135 7	0.135 0	0.143 5	0.144 8	0.132 0	0.125 4	0.124 6	0.138 0	0.135 0	0.126 9
威远县	0.170 6	0.173 4	0.186 4	0.186 9	0.172 1	0.160 9	0.170 5	0.173 3	0.161 9	0.151 6
资中县	0.153 3	0.149 9	0.158 3	0.165 4	0.152 8	0.147 3	0.142 1	0.156 1	0.147 9	0.147 3
隆昌县	0.133 3	0.128 0	0.139 7	0.153 9	0.137 0	0.133 6	0.139 5	0.146 1	0.134 0	0.136 8
乐山市中区	0.288 4	0.312 0	0.279 1	0.301 2	0.262 3	0.245 8	0.242 4	0.223 6	0.217 9	0.216 9
沙湾区	0.148 1	0.142 7	0.147 2	0.157 0	0.148 6	0.138 2	0.145 1	0.138 5	0.147 3	0.121 9
五通桥区	0.145 0	0.135 0	0.153 6	0.166 1	0.168 8	0.148 1	0.161 3	0.172 5	0.165 4	0.153 9
金口河区	0.096 6	0.095 3	0.099 8	0.112 3	0.098 4	0.088 4	0.092 5	0.090 1	0.098 8	0.094 9
犍为县	0.115 0	0.108 4	0.121 0	0.140 0	0.124 6	0.117 7	0.117 2	0.117 5	0.116 8	0.105 5
井研县	0.099 6	0.090 6	0.105 5	0.124 4	0.107 5	0.103 0	0.105 9	0.104 6	0.099 6	0.095 3
夹江县	0.119 8	0.110 0	0.123 5	0.134 0	0.123 7	0.113 9	0.117 2	0.121 5	0.127 9	0.119 1
沐川县	0.081 9	0.077 7	0.082 8	0.094 9	0.083 4	0.085 6	0.087 4	0.093 0	0.096 7	0.095 3
峨边县	0.090 5	0.086 4	0.096 3	0.105 0	0.090 1	0.089 4	0.093 9	0.093 0	0.095 4	0.087 3
马边县	0.069 3	0.071 4	0.085 2	0.086 2	0.080 1	0.087 7	0.087 0	0.081 0	0.079 5	0.079 5
峨眉山市	0.159 6	0.182 6	0.208 9	0.201 4	0.201 5	0.184 6	0.184 1	0.178 0	0.181 7	0.169 7
顺庆区	0.219 6	0.219 5	0.222 9	0.238 5	0.245 3	0.244 0	0.233 2	0.275 4	0.240 3	0.227 4

表3-2(续)

年份区县	2006	2007	2008	2009	2010	2011	2012	2013	2014	2015
高坪区	0.119 1	0.113 1	0.134 9	0.148 8	0.132 1	0.133 2	0.129 7	0.138 0	0.127 5	0.128 0
嘉陵区	0.128 8	0.109 0	0.118 3	0.150 0	0.131 2	0.136 7	0.124 8	0.140 1	0.139 6	0.131 5
南部县	0.133 6	0.143 6	0.157 6	0.178 6	0.155 8	0.166 6	0.155 1	0.171 4	0.167 5	0.159 2
营山县	0.101 3	0.102 6	0.111 3	0.120 8	0.117 0	0.122 5	0.120 5	0.130 9	0.131 4	0.128 1
蓬安县	0.114 7	0.105 2	0.117 1	0.134 2	0.124 4	0.126 5	0.126 6	0.131 7	0.134 8	0.126 4
仪陇县	0.092 3	0.095 8	0.107 7	0.128 1	0.117 8	0.125 7	0.122 8	0.131 6	0.130 8	0.121 8
西充县	0.083 4	0.082 3	0.091 6	0.119 3	0.104 4	0.115 6	0.122 5	0.125 0	0.132 1	0.117 6
阆中市	0.153 3	0.150 7	0.156 7	0.192 7	0.164 5	0.170 3	0.154 3	0.167 1	0.161 2	0.152 2
东坡区	0.200 6	0.225 2	0.219 0	0.235 6	0.253 8	0.205 8	0.221 7	0.224 1	0.230 0	0.214 0
仁寿县	0.170 5	0.159 8	0.169 2	0.192 8	0.178 3	0.184 0	0.197 7	0.219 2	0.207 2	0.212 9
彭山县	0.130 2	0.132 9	0.134 4	0.154 2	0.138 0	0.137 5	0.142 0	0.147 9	0.147 2	0.134 0
洪雅县	0.114 0	0.105 1	0.117 7	0.134 5	0.117 5	0.114 2	0.119 5	0.121 4	0.119 8	0.117 0
丹棱县	0.072 3	0.082 9	0.083 4	0.111 1	0.085 1	0.096 7	0.101 2	0.090 8	0.090 0	0.088 2
青神县	0.092 4	0.085 4	0.087 2	0.110 0	0.096 4	0.094 0	0.095 9	0.095 3	0.098 0	0.094 4
翠屏区	0.475 2	0.505 1	0.451 9	0.449 8	0.405 6	0.322 5	0.332 5	0.326 3	0.322 9	0.317 7
南溪区	0.108 3	0.115 1	0.127 0	0.145 5	0.137 7	0.120 3	0.112 1	0.119 7	0.116 4	0.116 7
宜宾县	0.108 8	0.118 5	0.127 9	0.120 3	0.108 7	0.124 7	0.142 0	0.146 9	0.143 3	0.132 4
江安县	0.077 0	0.093 9	0.103 3	0.097 1	0.090 7	0.097 9	0.104 6	0.110 1	0.107 2	0.107 0
长宁县	0.081 1	0.091 9	0.101 8	0.100 6	0.097 9	0.106 1	0.108 2	0.114 5	0.112 9	0.108 6
高县	0.086 7	0.090 8	0.103 1	0.106 8	0.098 0	0.094 3	0.093 3	0.098 4	0.095 8	0.098 5
珙县	0.099 9	0.100 5	0.118 5	0.111 2	0.104 8	0.100 1	0.104 1	0.103 3	0.101 0	0.101 6
筠连县	0.076 3	0.075 1	0.090 1	0.088 3	0.086 0	0.089 9	0.094 1	0.092 2	0.086 0	0.085 3
兴文县	0.069 6	0.074 2	0.087 7	0.082 5	0.086 4	0.092 6	0.089 8	0.099 7	0.095 1	0.092 7
屏山县	0.063 0	0.066 6	0.079 3	0.075 4	0.072 8	0.075 5	0.079 5	0.083 1	0.087 6	0.082 6
广安区	0.170 3	0.165 3	0.170 9	0.191 2	0.184 3	0.199 2	0.213 3	0.156 2	0.162 2	0.168 8
岳池县	0.119 5	0.127 9	0.134 5	0.137 6	0.127 3	0.135 6	0.143 4	0.149 7	0.149 4	0.150 0
武胜县	0.114 0	0.125 7	0.121 7	0.125 2	0.119 0	0.121 2	0.128 5	0.136 2	0.134 7	0.138 9
邻水县	0.113 1	0.119 0	0.118 6	0.125 1	0.121 3	0.128 1	0.132 4	0.139 7	0.139 4	0.143 6
华蓥市	0.116 8	0.120 8	0.136 3	0.139 4	0.124 9	0.129 2	0.132 7	0.129 4	0.128 9	0.142 9

表3-2（续）

年份 区县	2006	2007	2008	2009	2010	2011	2012	2013	2014	2015
通川区	0.222 2	0.208 6	0.211 1	0.206 5	0.199 6	0.190 7	0.204 9	0.184 0	0.182 7	0.182 2
达川区	0.138 7	0.152 5	0.166 0	0.175 5	0.165 0	0.150 0	0.160 3	0.164 5	0.169 4	0.172 9
宣汉区	0.124 7	0.141 2	0.166 2	0.168 8	0.159 1	0.161 6	0.165 2	0.177 0	0.170 8	0.173 3
开江县	0.085 8	0.090 4	0.099 8	0.103 5	0.089 2	0.099 4	0.098 2	0.106 5	0.109 0	0.103 7
大竹县	0.143 4	0.155 9	0.159 7	0.165 6	0.159 5	0.152 3	0.151 6	0.161 2	0.155 3	0.149 9
渠县	0.128 3	0.137 4	0.146 0	0.149 7	0.139 0	0.145 7	0.150 0	0.164 3	0.159 0	0.157 2
万源市	0.108 7	0.108 1	0.124 9	0.125 0	0.112 1	0.118 3	0.120 0	0.125 3	0.135 8	0.126 1
雨城区	0.150 6	0.171 0	0.184 1	0.182 1	0.186 3	0.153 7	0.172 3	0.153 0	0.168 0	0.149 0
名山区	0.071 5	0.081 2	0.090 9	0.096 8	0.091 9	0.083 7	0.089 4	0.095 9	0.098 8	0.086 6
荥经县	0.090 5	0.090 3	0.100 7	0.105 6	0.096 1	0.092 5	0.102 6	0.099 1	0.093 8	0.097 8
汉源县	0.085 3	0.087 5	0.115 2	0.128 8	0.108 4	0.095 5	0.096 9	0.103 4	0.097 7	0.097 6
石棉县	0.132 6	0.125 6	0.137 0	0.153 7	0.124 9	0.122 5	0.136 5	0.120 4	0.127 3	0.124 2
天全县	0.097 4	0.097 7	0.105 9	0.108 3	0.094 6	0.087 9	0.093 9	0.105 5	0.095 1	0.101 7
芦山县	0.086 8	0.078 1	0.084 2	0.094 7	0.083 9	0.077 4	0.090 6	0.099 3	0.113 1	0.090 5
宝兴县	0.093 7	0.082 7	0.087 0	0.101 8	0.088 8	0.084 0	0.086 0	0.095 5	0.102 6	0.103 9
巴州区	0.133 2	0.146 8	0.153 0	0.152 8	0.163 9	0.179 8	0.198 5	0.182 7	0.201 6	0.199 4
通江县	0.095 0	0.082 9	0.092 8	0.109 6	0.106 8	0.114 6	0.117 1	0.172 0	0.139 0	0.138 1
南江县	0.088 8	0.107 1	0.127 1	0.132 1	0.124 8	0.125 1	0.132 1	0.135 8	0.135 5	0.137 1
平昌县	0.104 9	0.094 0	0.123 4	0.132 8	0.123 0	0.136 9	0.133 9	0.151 6	0.150 3	0.155 9
雁江区	0.207 6	0.220 2	0.226 9	0.222 1	0.216 1	0.209 6	0.248 9	0.234 0	0.249 4	0.230 0
安岳县	0.142 0	0.147 7	0.160 6	0.168 2	0.159 9	0.172 7	0.179 1	0.185 1	0.177 6	0.172 8
乐至县	0.112 4	0.117 1	0.127 8	0.135 6	0.121 4	0.123 5	0.132 5	0.134 8	0.132 9	0.125 6
简阳市	0.193 3	0.213 7	0.223 9	0.230 1	0.209 9	0.212 5	0.220 0	0.226 9	0.221 2	0.211 0
汶川县	0.130 4	0.145 3	0.197 5	0.228 2	0.211 1	0.171 0	0.173 7	0.169 4	0.164 9	0.157 3
理县	0.103 6	0.110 9	0.144 2	0.153 2	0.150 4	0.112 6	0.118 8	0.112 4	0.120 9	0.154 1
茂县	0.081 4	0.083 0	0.130 9	0.150 7	0.136 8	0.107 7	0.110 6	0.107 0	0.107 1	0.095 5
松潘县	0.088 9	0.107 6	0.136 7	0.155 9	0.157 3	0.136 1	0.132 5	0.130 5	0.145 1	0.132 8
九寨沟县	0.122 9	0.137 6	0.154 3	0.168 6	0.172 6	0.157 7	0.155 4	0.158 3	0.158 7	0.152 4
金川县	0.072 4	0.089 5	0.106 1	0.116 5	0.114 8	0.100 7	0.104 1	0.104 0	0.114 2	0.118 7

表3-2（续）

年份 区县	2006	2007	2008	2009	2010	2011	2012	2013	2014	2015
小金县	0.067 0	0.074 7	0.095 2	0.114 2	0.109 0	0.094 7	0.100 6	0.101 5	0.106 9	0.100 1
黑水县	0.074 4	0.080 6	0.112 4	0.107 1	0.088 2	0.088 4	0.088 5	0.085 3	0.089 3	0.101 6
马尔康县	0.131 2	0.159 8	0.166 4	0.185 4	0.173 3	0.159 9	0.167 2	0.162 8	0.173 9	0.136 5
壤塘县	0.083 5	0.121 8	0.114 9	0.122 2	0.111 6	0.111 3	0.106 8	0.096 0	0.106 3	0.103 4
阿坝县	0.073 0	0.102 9	0.106 7	0.107 2	0.097 2	0.169 9	0.091 5	0.096 4	0.105 1	0.096 4
若尔盖县	0.066 4	0.076 7	0.103 5	0.108 3	0.097 2	0.093 2	0.091 6	0.088 7	0.099 1	0.097 1
红原县	0.087 7	0.098 9	0.108 3	0.115 4	0.109 9	0.104 2	0.106 2	0.098 7	0.104 1	0.103 2
康定县	0.150 9	0.169 3	0.172 8	0.186 7	0.169 2	0.159 8	0.169 7	0.156 6	0.166 1	0.166 0
泸定县	0.083 8	0.098 6	0.099 2	0.122 5	0.103 9	0.092 2	0.086 7	0.081 7	0.091 5	0.096 8
丹巴县	0.078 8	0.086 6	0.110 5	0.101 0	0.088 0	0.083 3	0.082 8	0.090 2	0.097 2	0.097 6
九龙县	0.099 2	0.105 7	0.103 9	0.108 0	0.089 1	0.087 9	0.091 0	0.076 1	0.087 2	0.094 1
雅江县	0.064 0	0.066 5	0.082 9	0.091 5	0.081 4	0.079 7	0.072 7	0.067 0	0.071 4	0.078 8
道孚县	0.070 9	0.077 4	0.088 5	0.104 8	0.090 8	0.089 8	0.095 3	0.093 3	0.096 7	0.098 8
炉霍县	0.074 6	0.085 4	0.091 6	0.121 9	0.103 0	0.086 3	0.092 4	0.093 2	0.098 5	0.096 5
甘孜县	0.065 8	0.083 2	0.098 2	0.106 6	0.087 7	0.087 5	0.093 7	0.099 1	0.101 5	0.104 9
新龙县	0.087 9	0.088 7	0.095 9	0.113 4	0.093 9	0.089 9	0.089 8	0.083 3	0.095 0	0.094 4
德格县	0.080 2	0.078 2	0.085 7	0.088 8	0.077 3	0.068 5	0.066 0	0.081 4	0.089 2	0.086 1
白玉县	0.076 7	0.063 2	0.073 4	0.069 7	0.061 3	0.063 3	0.071 9	0.074 4	0.083 9	0.084 5
石渠县	0.079 1	0.085 8	0.101 7	0.100 6	0.093 7	0.071 6	0.086 1	0.103 3	0.102 8	0.105 2
色达县	0.083 8	0.091 4	0.090 9	0.108 1	0.119 7	0.093 1	0.099 7	0.100 0	0.111 6	0.113 6
理塘县	0.082 6	0.098 8	0.102 2	0.103 8	0.096 1	0.089 3	0.090 0	0.096 7	0.103 1	0.109 2
巴塘县	0.072 9	0.082 8	0.085 8	0.114 0	0.084 6	0.081 9	0.094 4	0.083 4	0.087 5	0.094 4
乡城县	0.086 1	0.093 7	0.099 1	0.126 6	0.091 8	0.080 7	0.084 0	0.080 1	0.094 2	0.093 0
稻城县	0.086 8	0.097 2	0.099 8	0.116 6	0.109 6	0.095 2	0.103 6	0.091 2	0.111 1	0.101 6
得荣县	0.092 6	0.094 5	0.099 7	0.109 1	0.087 4	0.080 9	0.088 2	0.084 4	0.099 2	0.097 3
西昌市	0.234 1	0.233 0	0.236 8	0.262 9	0.262 3	0.260 5	0.261 5	0.267 5	0.253 1	0.271 5
木里县	0.078 2	0.091 8	0.093 7	0.100 9	0.090 5	0.089 8	0.090 2	0.084 0	0.098 9	0.099 5
盐源县	0.069 8	0.082 7	0.095 6	0.093 5	0.084 2	0.088 4	0.093 9	0.085 2	0.085 0	0.086 0
德昌县	0.090 4	0.094 6	0.102 8	0.106 6	0.098 4	0.100 8	0.105 1	0.104 1	0.104 6	0.104 9

表3-2（续）

年份 区县	2006	2007	2008	2009	2010	2011	2012	2013	2014	2015
会理县	0.122 3	0.133 4	0.139 4	0.146 2	0.146 2	0.147 5	0.150 3	0.149 7	0.137 5	0.129 4
会东县	0.086 8	0.112 1	0.111 4	0.116 7	0.105 5	0.103 6	0.107 8	0.112 1	0.111 3	0.114 4
宁南县	0.067 0	0.087 5	0.087 8	0.091 6	0.081 0	0.085 0	0.087 6	0.087 5	0.087 1	0.089 7
普格县	0.063 6	0.071 0	0.080 4	0.083 0	0.072 6	0.071 6	0.076 1	0.070 2	0.070 8	0.074 1
布拖县	0.058 9	0.067 0	0.072 7	0.073 1	0.064 4	0.062 5	0.068 1	0.061 2	0.061 5	0.069 1
金阳县	0.056 5	0.071 2	0.078 4	0.080 0	0.068 6	0.073 6	0.074 0	0.064 8	0.064 9	0.070 5
昭觉县	0.063 7	0.067 5	0.075 0	0.079 5	0.069 0	0.073 3	0.071 4	0.067 0	0.071 3	0.074 4
喜德县	0.049 1	0.058 8	0.067 4	0.068 8	0.061 8	0.068 1	0.070 5	0.064 3	0.069 1	0.086 7
冕宁县	0.081 4	0.097 5	0.110 1	0.106 6	0.097 4	0.100 1	0.101 8	0.097 3	0.100 8	0.098 1
越西县	0.058 6	0.067 0	0.075 6	0.082 5	0.072 2	0.076 6	0.076 3	0.073 5	0.075 6	0.078 0
甘洛县	0.070 5	0.082 4	0.087 8	0.096 2	0.079 7	0.082 0	0.082 9	0.087 4	0.088 7	0.099 2
美姑县	0.053 8	0.068 1	0.071 5	0.083 4	0.071 1	0.075 1	0.075 4	0.070 5	0.073 2	0.079 5
雷波县	0.069 9	0.081 3	0.084 5	0.086 2	0.070 8	0.078 4	0.082 2	0.083 6	0.082 4	0.084 0

注：考虑到数据的连续性，前锋区与恩阳区由于设立时间较晚，因此没有纳入研究样本之中，后续研究也是如此。

3.3　四川省新型城镇化水平时空特征

3.3.1　四川省新型城镇化水平基本情况

3.3.1.1　四川省人口城镇化率与全国差距有所缩小

四川省人口规模不断壮大，2015 年四川省 50 万~100 万辖区人口的城市有 5 个，100 万~200 万辖区人口的城市在 2006 年 10 个的基础上增加了 2 个，400 万以上辖区人口的城市有 1 个。

在人口规模增长的同时，城镇化率明显提升。据表 3-3，四川省城镇化率低于全国平均水平，但增速高于全国，以年均 3.73% 的速度从 2006 年 34.30% 增加为 2015 年 47.68%，差距逐步缩小。

表3-3　2006—2015年四川省与全国人口城镇化率比较　　单位:%

项目＼年份	2006	2007	2008	2009	2010	2011	2012	2013	2014	2015
四川城镇化率	34.30	35.60	37.40	38.70	40.17	41.83	43.54	44.90	46.30	47.68
全国城镇化率	44.34	45.89	46.99	48.34	49.95	51.27	52.57	53.73	54.77	56.10
与全国差距	10.04	10.29	9.59	9.64	9.78	9.44	9.03	8.83	8.47	8.42
四川省增速	—	3.79	5.06	3.48	3.80	4.13	4.09	3.12	3.12	2.98
全国增速	—	3.49	2.40	2.88	3.33	2.64	2.54	2.21	1.94	2.43

3.3.1.2　基础设施建设和环境污染治理成效显著

2015年,四川省基础设施建设投资7 499.9亿元,与2014年相比,投资力度增长了17%。据表3-4可知,2006—2015年,四川省基础设施建设质量和水平显著提高,基础设施体系进一步完善,2015年人均公园绿地面积超过了11平方米;城市污水日处理能力在十年间提升了326.8万立方米,增长了136.7%;工业二氧化硫排放量减少了40.34万吨。

表3-4　2006年与2015年四川省基础设施建设与环境污染治理情况

指标	人均拥有道路面积（平方米）	用水普及率（%）	燃气普及率（%）	人均公园绿地面积（平方米）	建成区绿化覆盖率（%）	城市绿地面积（公顷）	生活垃圾清运量（万吨）	城市污水日处理能力（万立方米）	工业二氧化硫排放量（万吨）
2006	9.46	80.83	71.82	7.74	33.54	54 488	527.1	239.1	112.1
2015	13.63	93.05	92.46	11.96	38.65	87 095.99	823.57	565.9	71.76
增减额	4.17	12.22	20.64	4.22	5.11	32 607.99	296.47	326.8	40.34
增长率（%）	44.1	15.1	28.7	54.5	15.23	59.8	56.2	136.7	−36.0

3.3.1.3　人居环境改善,人民生活显著提升

2006—2015年,四川省人居环境条件在出行、医疗、教育、社会保障等方面不断完善。如表3-5所示,万人拥有公交车辆、每千人医疗机构床位数、每千人拥有福利院床位数数量明显增加,普通高等学校数十年间新增33所。人居环境改善的同时,人民生活质量显著提高,2015年居民人均可支配收入、居民人均消费支出在2006年基础上翻了一番。

表 3-5 2006 年与 2015 年四川省人居环境及人民生活情况

指标	万人拥有公交车辆（标准台）	每千人医疗机构床位数（床）	每千人拥有福利院床位数（床）	普通高等学校数（所）	居民人均可支配收入（元）	居民人均消费支出（元）
2006	8.24	2.3	0.038	76	5 049	4 501
2015	13.52	6.0	0.338	109	17 221	13 632
增减额	5.28	3.7	0.300	33	12 172	9 131
增长率（%）	64	159	782	43	241	203

3.3.1.4 四川省整体新型城镇化水平与发达省份存在较大差距

2006—2015 年四川省新型城镇化水平由 2006 年的 0.202 增长到 2015 年的 0.252，十年间以年均 2.49% 的增速增长，如图 3-2 所示。2015 年，四川省新型城镇化水平在全国排名第十（未包含我国港澳台地区，下同），在中西部和东北地区中突出，但与东部发达省份北京、上海、广东等相比仍存在一定差距。

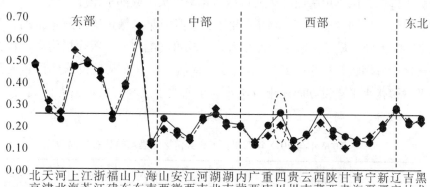

图 3-2 四川省 2006 年与 2015 年与其他各省新型城镇化水平比较图

2006—2015 年，四川省社会发展、经济发展、人民生活、人口发展、资源环境平均份额分别为 46.9%、31.2%、12.1%、6.4%、3.4%。其中，社会和经济发展份额高达 77.1%，可见推动社会和经济发展是促进新型城镇化水平的重要途径。与发达省份相比，一方面，四川省在经济发展和人民生活两方面落后，如广东省经济发展份额十年间由59.9%上升到60.8%，约为四川省的两倍；北京市的人民生活份额由20%上升到25.8%，约为四川省的一倍。另一方面，四川省在资源环境方面略占优势，资源环境份额逐年上升，但其份额仍然较低。

3.3.2 四川省五大经济区新型城镇化水平基本情况

3.3.2.1 川东北经济区进步明显

2006—2015年，四川省五大经济区在人口城镇化率、交通基础设施建设、社会发展、人民生活、环境污染治理方面发展各有特点（见表3-6）。其中，川东北经济区各方面均在不断提升，其城镇化率、人均可支配收入在五大经济区中增速最快，分别为年均4.38%、18.73%，工业二氧化硫排放量也以年均6.48%的速度降低，公路里程、医疗机构床位数、政府教育经费排五大经济区第二，但与成都平原经济区相比差距仍然很大。成都平原经济区除环境方面，其他方面建设均居首，其工业二氧化硫排放量以年均6.01%的速度在降低，但排放量在五大经济区中排第二位。川南经济区人口城镇化率仅次于成都平原经济区，医疗机构床位数以最快年均增速11.78%的速度增长，但工业二氧化硫排放量最高，2015年为22.49万吨。攀西经济区公路里程、人均可支配收入、医疗机构床位数在五大经济区中排倒数第二位，2015年城镇化率居末位，在基础设施建设、人民生活以及城镇化水平建设方面还十分不足。川西北生态经济区环境方面表现最好，但医疗、教育、人均可支配收入方面均最差。

表3-6 2006年与2015年四川省五大经济区新型城镇化各方面情况

指标	年份	成都平原经济区	川南经济区	川东北经济区	攀西经济区	川西北生态经济区
人口城镇化率（%）	2006	41.15	31.69	29.01	30.54	30.61
	2015	55.43	44.10	42.66	42.40	43.14
公路里程（万千米）	2006	6.02	3.13	4.08	1.45	1.62
	2015	10.05	4.93	8.98	3.07	4.53
医疗机构床位数（万张）	2006	10.75	3.26	4.12	1.50	0.55
	2015	25.36	8.89	10.51	3.17	0.94

表3-6(续)

指标	年份	成都平原经济区	川南经济区	川东北经济区	攀西经济区	川西北生态经济区
政府教育经费（亿元）	2006	69.19	27.62	42.10	16.12	9.32
	2015	482.55	198.35	265.85	118.99	61.18
人均可支配收入（万元）	2006	1.64	0.67	0.62	0.51	0.31
	2015	5.79	2.74	2.89	1.63	1.08
工业二氧化硫排放量（万吨）	2006	31.53	34.03	18.87	15.48	1.98
	2015	18.06	22.49	10.32	13.36	1.17

3.3.2.2 成都平原经济区新型城镇化水平居首

如表3-7所示，2006—2015年，成都平原经济区新型城镇化水平最高，其经济、人口、社会发展以及人民生活方面均居首位，但在资源环境方面居末位，成都平原经济区集经济、人口、社会发展为一体，产业、人口、资本、技术仍向其集聚，在带来了经济发展的同时，也给资源环境带来了更大压力。川南经济区作为经济发展总量第二的经济区，其社会发展水平较高，但资源环境水平为倒数第二。川东北经济区新型城镇化水平逐年升高，且增速在五大经济区中最快。作为四川省重要的经济增长极，其整体经济实力明显增强，但新型城镇化水平仍偏低。相比于其他经济区，攀西经济区在优势资源产业方面发展良好，但新型城镇化建设还不足，在"十二五"期间居末位。川西北生态经济区在"十二五"期间经济发展取得了较大成绩，且资源环境方面表现突出，但是新型城镇化整体水平进步尚不明显。

表3-7 2006—2015年四川省五大经济区新型城镇化水平

区域 \ 年份	2006	2007	2008	2009	2010	2011	2012	2013	2014	2015
成都平原经济区	0.61	0.60	0.60	0.62	0.62	0.65	0.63	0.61	0.61	0.68
川南经济区	0.19	0.17	0.18	0.16	0.16	0.16	0.15	0.17	0.17	0.17
川东北经济区	0.14	0.14	0.13	0.15	0.16	0.17	0.17	0.19	0.21	0.22
攀西经济区	0.14	0.13	0.11	0.10	0.11	0.10	0.09	0.09	0.09	0.09
川西北生态经济区	0.23	0.25	0.24	0.22	0.23	0.19	0.21	0.24	0.22	0.23

3.3.3 四川省区县新型城镇化水平时间特征

四川 181 个区县的新型城镇化水平描述性统计结果如表 3-8 所示。

表 3-8 四川省 181 个区县新型城镇化水平描述性统计

指标 ＼ 年份	2006	2007	2008	2009	2010	2011	2012	2013	2014	2015
平均值	0.145	0.155	0.165	0.173	0.162	0.158	0.160	0.160	0.158	0.154
最小	0.744	0.708	0.688	0.720	0.725	0.725	0.689	0.667	0.648	0.648
最大	0.049	0.059	0.067	0.069	0.061	0.063	0.066	0.061	0.062	0.069
极差	0.695	0.649	0.621	0.651	0.664	0.663	0.623	0.606	0.587	0.578
最大/最小	15.16	12.04	10.21	10.46	11.83	11.60	10.44	10.90	10.54	9.370
标准差	0.113	0.124	0.116	0.113	0.112	0.112	0.108	0.105	0.096	0.095
变异系数	0.779	0.799	0.703	0.650	0.691	0.709	0.674	0.653	0.609	0.614

由表 3-8 可知，在区县层面，四川省新型城镇化水平的平均值均在 0.2 以下，处在较低水平，且十年间小幅度波动，只增加了 8%；新型城镇化水平的最小值呈较大幅度波动增长，即新型城镇化水平低的区县，城镇化水平变动大。四川省 181 个区县新型城镇化水平的差异显著，表示绝对差异的极差达到了 0.5~0.6，新型城镇化水平最大区县是最小区县的 9~15 倍，表示相对差异的变异系数值也较大，在 0.6~0.8 附近呈小幅波动下降趋势，表示新型城镇化水平的地区差异逐年缩小的趋势，但是这种缩小的进程幅度较慢，十年间仅仅下降了 21%。

图 3-2 为四川省 181 个区县新型城镇化水平随时间变化的散点图。由图 3-2 可知，在区县层面，四川省新型城镇化很不均衡，地区之间差异较大，大部分区县的新型城镇化水平都处于 0.3 以下，为较低水平。2006 年排在前十位的是涪城区（0.744）、青羊区（0.638）、金牛区（0.636）、锦江区（0.618）、武侯区（0.611）、翠屏区（0.475）、成华区（0.470）、温江区（0.419）、双流区（0.412）、攀枝花东区（0.378）。2015 年排在前十位的是双流区（0.648）、青羊区（0.600）、锦江区（0.565）、武侯区（0.490）、涪城区（0.488）、成华区（0.463）、金牛区（0.457）、龙泉驿区（0.418）、温江区（0.336）和翠屏区（0.318）。

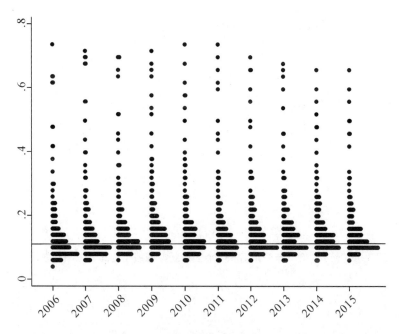

图 3-3　四川省 181 个区县新型城镇化水平分布时序图

3.3.4　四川省区县新型城镇化水平空间特征

探索性空间统计分析类似于针对一般数据的描述性统计分析，它是对空间数据的直观性和总体特征分析。具体而言，探索性空间统计分析包括空间分位图、全局空间自相关和局部空间自相关检验等方法。本书首先采用空间分位图，对四川省 181 个区县 2006 年和 2015 年的新型城镇化水平进行分析，如图 3-4、图 3-5 所示，其中空间分位图采用自然断点法进行分类。

由图 3-3 和图 3-4 可知，无论是 2005 年还是 2016 年，四川省 181 个区县新型城镇化水平都呈现出大量区县的低水平空间集聚特征，新型城镇化水平较高的区县多分布在成都平原，即以成都市的各个区县为中心向外辐射，形成一条新型城镇化高水平带，而新型城镇化水平高的区县主要是经济基础好、社会福利好以及工业化率较高，是政府大力培养扶持的经济发展区。由于这些新型城镇化水平高、经济发展迅速，生产要素在这些地区集聚，使得这些地区城镇化水平进一步提高。

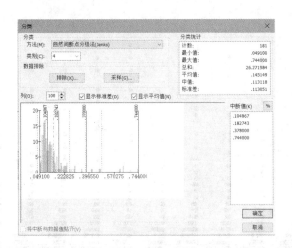

图 3-4 （a）　2006 年四川省 181 个区县新型城镇化空间分位图参数设置

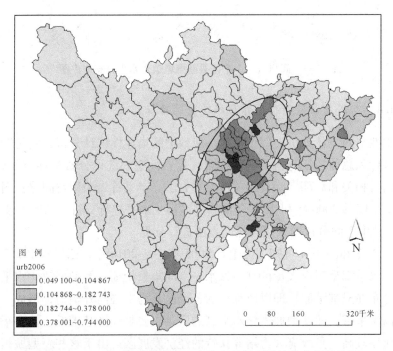

图 3-4 （b）　2006 年四川省 181 个区县新型城镇化空间分位图

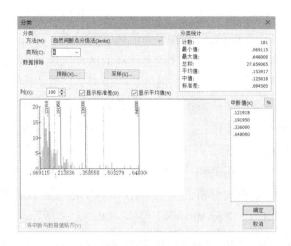

图 3-5 （a）　2015 年四川省 181 个区县新型城镇化空间分位图参数设置

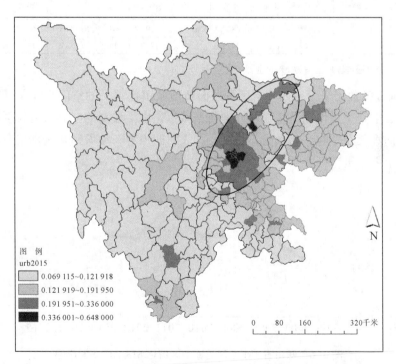

图 3-5 （b）　2015 年四川省 181 个区县新型城镇化空间分位图

从 2006 到 2015 年，新型城镇化水平低值区县呈扩张状态，高值区域范围变化不大，在地区的分布上有所改变，江油市、康定县以及盐边县等区县的新型城镇化水平由高值区变成较高值区或者次高值区，石棉县、仁和区以及游仙区等区县由原来的新型城镇化水平的低值区或者次高值区发展成为高值区，随着时间的推移，呈现出以成都为中心向周围扩散的趋势，但是区县之间新型城镇化水平的差异还是存在的，西部地区的城镇化水平仍然处于低水平，中部和东部地区的城镇化水平处于居中水平，地区差距较大，四川省新型城镇化发展仍然不均衡。

空间分位图直观上呈现了四川省 181 个区县新型城镇化水平空间分布的特征。下面采用全局空间自相关和局部空间自相关指标，进行城镇化空间集聚特征是否显著以及空间结构模式分析。本书采用 Rook's 相应方式设置 0~1 空间权重矩阵，并利用 Geoda1.12 进行 Moran's I 检验，如表 3-9 所示。

表 3-9　新型城镇化空间全局相关性的指数 Moran's I 的值

指标 年份	2006	2007	2008	2009	2010	2011	2012	2013	2014	2015
Moran's I	0.622 ***	0.658 ***	0.692 ***	0.684 ***	0.687 ***	0.729 ***	0.683 ***	0.690 ***	0.661 ***	0.658 ***
Z-Value	13.3	13.2	14.1	14.3	13.9	14.0	14.5	14.2	14.1	13.5

注：*** 表示通过置信水平为 1% 的显著性检验。

Moran 指数用来考察四川省区县层面新型城镇化水平的空间自相关性或空间依赖性、空间交互作用是否显著，即新型城镇化水平较高的区县或者较低的区县是否倾向集聚在一起。如果为不显著，即表明四川省新型城镇化为随机分布，没有空间上的集聚特征。

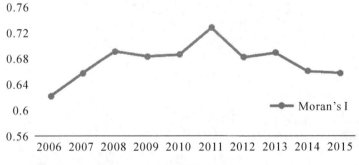

图 3-6　四川省 181 个区县新型城镇化 Moran's I 时序图

由表 3-9 和图 3-6 可知，四川省 2006—2015 年新型城镇化水平的全局相关 Moran's I 指数值。检验值 $Z > 1.96$，表明从四川省区县新型城镇化水平的整体空间格局来看，2006—2015 年新型城镇化水平相似的区县（高-高或低-低）在空间上为显著的空间集聚特征。局部空间自相关的分析，主要采用 LISA 指标（包括 Moran 散点图、LISA 空间集聚图和显著性图）进行，如图 3-7、图 3-8 所示。

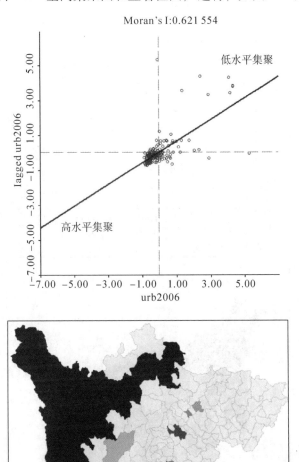

图 3-7　2006 年四川省 181 个区县新型城镇化 Moran 散点图和 LISA 集聚图

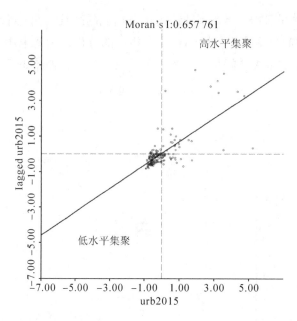

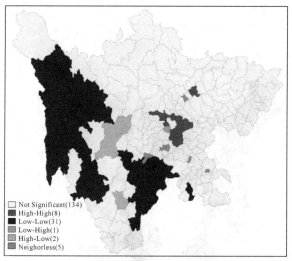

图 3-8　2015 年四川省 181 个区县新型城镇化 Moran 散点图和 LISA 集聚图

Moran 散点图呈现了城镇化发展水平的空间结构类型：第 I 象限代表该区域的城镇化水平较高，其邻居也较高，为高水平相关状态；第 II 象限代表该区域的城镇化水平较低，但其邻居较高，两者存在较大差异；第 III 象限说明该地区与其邻居的城镇化水平都较低，为低水平相关状态；第 IV 象限则与第二象限结构相反。

由图 3-7 和图 3-8 可知，四川省城镇化水平分布存在局部空间集聚现象。2006 年，四川省西部地区的新型城镇化水平区县之间差异较小，主要表现为"低-低"正相关，游仙区、武侯区、青羊区与周围区县之间的城镇化水平差异较小，表现为"高-高"正相关空间结构；九寨沟县、船山区以及西昌市与周围区县之间的城镇化水平差异较大，表现为"高-低"负相关空间结构，即具有较高城镇化水平的区县被低城镇化水平的区县包围。

2015 年，四川省新型城镇化水平在局部空间的分布特征与 2006 年相比，发生的变化并不大，主要是空间局部集聚，呈现"高-高"正相关的地区增加了一些，如盐边县、青羊区、仁和区、崇州市、新津县、彭州市以及武侯区等与周围区县之间的城镇化水平差异较小，为"高-高"正相关，呈现"低-低"正相关的区县则随着时间的推移，数量在减少，空间集聚特征也逐渐变弱。

3.4　四川省区县工业化水平时空特征

3.4.1　工业化的概念

工业化，本质上是一个国家的经济发展和现代化进程的推进，主要表现为人均收入的不断增长和从农业主导向工业主导的经济结构的转换。具体而言，工业化主要表现为：国民收入中工业活动所占比例逐步提高，乃至占主导地位；制造业内部的产业结构逐步升级，技术含量不断提高；在二次产业部门就业的劳动人口比例有增加的趋势；城市这一工业发展的主要载体的数量不断增加，规模不断扩大，城市化率不断提高，人均收入不断增加①。

郭克莎（2000）通过将人均 GDP、产业结构以及工业化内部结构作为衡量指标，借鉴国外钱纳里、麦迪森等的研究，认为我国目前正处于工业化中期的上半阶段②。从分地区的角度看，陈佳贵等（2006）认为西部地区大部分区域正处

---

① 黄群慧. 中国的工业化进程：阶段、特征与前景 [J]. 经济与管理，2013（7）：5-11.

② 郭克莎. 工业化中结构转变的趋势与特点 [J]. 经济纵横，2000（9）：4-7.

于工业化初期水平，中部区域和东北地区处在工业化中期，大部分东部沿海区域则处在工业化后期并向后工业化阶段发展的时期①。

3.4.2 四川省区县工业化水平测算

学者们常用第二产业增加值占 GDP 的比重衡量工业化水平②，本书也采用这一指标进行度量。四川省 181 个区县 2006—2015 年工业化水平测度如表 3-10 所示。

表 3-10 四川省 181 个区县新型工业化水平测度结果

年份 / 区县	2006	2007	2008	2009	2010	2011	2012	2013	2014	2015
锦江区	0.361 0	0.356 2	0.275 9	0.215 5	0.187 9	0.187 0	0.166 2	0.146 5	0.124 3	0.132 8
青羊区	0.280 8	0.284 4	0.280 5	0.232 6	0.223 3	0.221 4	0.201 3	0.198 5	0.176 8	0.185 5
金牛区	0.376 4	0.380 6	0.379 5	0.294 1	0.289 6	0.289 6	0.267 7	0.257 2	0.222 0	0.234 9
武侯区	0.353 5	0.358 1	0.359 2	0.293 5	0.281 1	0.279 3	0.255 8	0.245 5	0.212 7	0.223 5
成华区	0.466 4	0.482 2	0.486 0	0.382 6	0.301 5	0.297 4	0.274 2	0.257 4	0.196 2	0.204 0
龙泉驿区	0.486 1	0.500 5	0.630 4	0.633 8	0.697 8	0.719 6	0.765 2	0.805 3	0.784 5	0.811 3
青白江区	0.658 0	0.672 3	0.694 2	0.727 3	0.741 1	0.750 2	0.745 8	0.741 8	0.728 9	0.734 9
新都区	0.600 3	0.615 4	0.632 8	0.638 0	0.653 3	0.646 1	0.637 8	0.627 4	0.604 3	0.612 9
温江区	0.593 0	0.613 4	0.640 8	0.601 4	0.572 2	0.541 1	0.532 3	0.522 2	0.510 0	0.519 3
金堂区	0.279 2	0.311 1	0.358 6	0.359 3	0.386 2	0.423 5	0.463 2	0.475 9	0.487 4	0.474 2
双流县	0.490 2	0.510 6	0.530 4	0.494 0	0.503 6	0.533 4	0.527 4	0.514 6	0.465 8	0.501 8
郫都区	0.539 6	0.562 1	0.583 9	0.581 0	0.700 1	0.615 1	0.603 8	0.588 7	0.581 7	0.583 0
大邑县	0.376 0	0.389 2	0.384 1	0.391 8	0.399 8	0.411 9	0.420 5	0.428 4	0.419 5	0.417 6
蒲江县	0.406 4	0.407 2	0.421 7	0.424 8	0.451 0	0.482 9	0.487 2	0.495 0	0.499 3	0.499 4
新津县	0.523 6	0.539 6	0.562 8	0.544 2	0.553 5	0.576 7	0.576 4	0.581 1	0.585 6	0.584 7
都江堰市	0.363 7	0.369 1	0.386 9	0.338 6	0.347 4	0.362 8	0.365 9	0.371 4	0.369 8	0.375 8
彭州市	0.440 7	0.458 0	0.481 6	0.473 7	0.484 5	0.502 8	0.511 9	0.518 5	0.591 7	0.587 6

① 陈佳贵，黄群慧，钟宏武. 中国地区工业化进程的综合评价和特征分析 [J]. 经济研究，2006（6）：4-15.

② 丘兆逸. 碳排放强度与工业化的关系研究——基于 2000—2008 年省级面板数据分析 [J]. 广西师范学院学报（自然科学版），2011（1）：83-88.

表3-10(续)

年份\区县	2006	2007	2008	2009	2010	2011	2012	2013	2014	2015
邛崃市	0.384 2	0.395 3	0.401 7	0.395 2	0.426 0	0.447 0	0.458 8	0.458 7	0.461 3	0.461 8
崇州市	0.411 0	0.418 8	0.419 9	0.399 7	0.425 7	0.468 2	0.480 0	0.487 2	0.486 5	0.487 7
自流井区	0.550 7	0.562 4	0.579 3	0.560 7	0.579 4	0.586 6	0.582 3	0.564 0	0.510 3	0.544 0
贡井区	0.452 0	0.470 6	0.522 2	0.561 2	0.603 2	0.624 3	0.638 9	0.641 7	0.639 8	0.643 5
大安区	0.601 3	0.616 3	0.643 2	0.677 9	0.704 3	0.717 3	0.728 5	0.730 3	0.722 5	0.727 9
沿滩区	0.405 5	0.474 1	0.514 1	0.570 1	0.609 0	0.629 6	0.649 8	0.668 2	0.677 4	0.675 6
荣县	0.317 9	0.334 8	0.381 4	0.429 8	0.473 6	0.499 5	0.519 3	0.511 5	0.511 2	0.515 2
富顺县	0.341 1	0.360 6	0.399 5	0.448 3	0.488 0	0.511 9	0.527 7	0.535 3	0.531 2	0.535 5
东区	0.730 0	0.726 3	0.738 7	0.714 9	0.724 1	0.724 2	0.718 0	0.691 9	0.640 4	0.674 0
西区	0.754 8	0.778 8	0.818 6	0.820 1	0.842 6	0.856 8	0.846 7	0.845 6	0.828 4	0.836 5
仁和区	0.642 3	0.674 1	0.715 0	0.703 7	0.775 3	0.795 5	0.819 3	0.824 1	0.808 8	0.811 1
米易县	0.481 3	0.503 4	0.534 1	0.500 2	0.600 5	0.644 1	0.675 6	0.674 5	0.660 8	0.674 6
盐边县	0.783 0	0.757 2	0.765 4	0.692 4	0.747 1	0.776 2	0.791 9	0.771 9	0.752 0	0.757 3
江阳区	0.461 6	0.493 6	0.523 1	0.567 9	0.612 3	0.644 2	0.653 4	0.646 0	0.652 7	0.645 8
纳溪区	0.510 0	0.514 5	0.546 0	0.557 7	0.600 3	0.615 6	0.616 1	0.609 4	0.599 8	0.614 2
龙马潭区	0.568 2	0.604 9	0.653 2	0.638 2	0.676 7	0.712 3	0.719 0	0.716 9	0.702 5	0.713 3
泸县	0.359 7	0.394 7	0.430 8	0.483 4	0.540 6	0.579 5	0.591 9	0.585 7	0.574 5	0.589 7
合江县	0.327 5	0.344 0	0.360 2	0.371 7	0.409 5	0.436 8	0.447 7	0.446 6	0.432 9	0.450 0
叙永县	0.261 8	0.281 9	0.315 9	0.362 9	0.422 5	0.463 2	0.472 6	0.462 1	0.470 1	0.466 4
古蔺县	0.352 4	0.409 7	0.484 4	0.505 5	0.571 4	0.608 6	0.620 9	0.614 5	0.587 4	0.613 4
旌阳区	0.550 5	0.573 2	0.603 0	0.597 9	0.641 2	0.656 4	0.645 8	0.645 6	0.578 8	0.625 1
中江县	0.290 5	0.321 2	0.367 9	0.365 1	0.388 0	0.413 1	0.420 7	0.434 5	0.421 6	0.436 8
罗江县	0.465 7	0.481 6	0.493 1	0.522 9	0.546 3	0.572 1	0.584 3	0.585 3	0.579 8	0.598 4
广汉市	0.481 3	0.510 0	0.534 4	0.559 1	0.570 1	0.596 5	0.609 7	0.624 7	0.606 2	0.637 5
什邡市	0.640 2	0.645 0	0.580 7	0.578 8	0.596 4	0.622 9	0.636 6	0.631 4	0.597 8	0.626 4
绵竹市	0.647 8	0.686 0	0.663 6	0.667 6	0.603 5	0.625 5	0.630 7	0.626 1	0.607 5	0.637 4
涪城区	0.572 1	0.582 6	0.585 0	0.585 2	0.601 6	0.633 6	0.627 3	0.622 8	0.606 2	0.616 5
游仙区	0.380 2	0.408 1	0.423 8	0.451 1	0.511 9	0.525 8	0.540 8	0.571 7	0.563 7	0.572 0
三台县	0.245 7	0.263 8	0.287 7	0.304 5	0.339 6	0.379 2	0.382 9	0.278 7	0.268 9	0.275 6

表3-10(续)

年份 区县	2006	2007	2008	2009	2010	2011	2012	2013	2014	2015
盐亭县	0.192 9	0.221 3	0.255 9	0.269 5	0.306 3	0.338 8	0.374 5	0.288 4	0.284 2	0.289 0
安县	0.367 3	0.394 1	0.356 0	0.374 7	0.429 7	0.478 9	0.508 0	0.516 3	0.517 3	0.519 4
梓潼县	0.227 4	0.269 1	0.282 5	0.327 9	0.408 6	0.452 5	0.454 6	0.447 1	0.443 2	0.447 6
北川县	0.409 1	0.421 0	0.369 2	0.349 5	0.414 2	0.415 4	0.420 4	0.408 5	0.400 7	0.408 9
平武县	0.448 8	0.457 5	0.413 8	0.424 3	0.484 5	0.520 0	0.545 3	0.546 5	0.532 0	0.549 2
江油市	0.467 7	0.477 8	0.455 6	0.457 5	0.484 3	0.502 6	0.504 4	0.502 5	0.503 0	0.511 1
利州区	0.478 5	0.503 2	0.480 3	0.462 2	0.506 4	0.547 4	0.563 6	0.565 8	0.541 3	0.554 9
昭化区	0.229 6	0.272 6	0.260 2	0.271 9	0.357 0	0.449 9	0.476 4	0.473 3	0.449 2	0.458 3
朝天区	0.248 8	0.299 2	0.250 4	0.249 2	0.391 9	0.512 3	0.534 9	0.540 9	0.512 0	0.521 8
旺苍县	0.353 9	0.372 1	0.382 3	0.409 6	0.452 9	0.511 3	0.524 6	0.544 9	0.550 8	0.556 0
青川县	0.249 0	0.284 2	0.269 4	0.254 4	0.312 9	0.381 2	0.415 9	0.431 1	0.411 8	0.415 4
剑阁县	0.204 5	0.249 6	0.243 5	0.234 3	0.272 8	0.325 2	0.355 7	0.381 1	0.380 7	0.377 2
苍溪县	0.215 4	0.255 3	0.253 1	0.278 7	0.313 2	0.357 3	0.395 4	0.409 4	0.435 7	0.430 7
船山区	0.450 2	0.489 9	0.522 6	0.496 7	0.550 7	0.583 4	0.571 7	0.594 1	0.569 5	0.570 4
安居区	0.175 8	0.209 3	0.260 3	0.231 6	0.262 1	0.240 7	0.280 2	0.310 3	0.367 0	0.328 4
蓬溪县	0.228 4	0.265 7	0.304 0	0.346 5	0.387 2	0.363 8	0.408 3	0.453 3	0.453 0	0.439 7
射洪县	0.518 8	0.525 6	0.553 3	0.562 0	0.613 0	0.602 2	0.620 2	0.650 9	0.652 2	0.649 1
大英县	0.404 8	0.468 8	0.497 8	0.539 2	0.579 5	0.573 5	0.591 4	0.603 8	0.614 5	0.610 8
内江市中区	0.527 0	0.542 4	0.580 8	0.651 2	0.684 0	0.700 4	0.695 4	0.687 3	0.666 2	0.679 7
东兴区	0.399 8	0.415 9	0.464 5	0.487 2	0.531 3	0.554 6	0.561 9	0.556 5	0.523 0	0.554 5
威远县	0.604 5	0.615 2	0.649 6	0.668 0	0.698 8	0.714 6	0.711 0	0.710 9	0.683 2	0.705 7
资中县	0.348 3	0.360 9	0.410 7	0.433 4	0.481 8	0.500 9	0.500 9	0.498 4	0.468 1	0.498 7
隆昌县	0.495 9	0.510 6	0.558 5	0.583 1	0.620 7	0.638 3	0.634 6	0.620 1	0.633 7	0.617 9
乐山市中区	0.449 7	0.455 5	0.476 0	0.477 1	0.496 8	0.519 2	0.518 8	0.508 8	0.473 8	0.484 9
沙湾区	0.822 7	0.828 6	0.844 0	0.809 3	0.811 4	0.828 2	0.837 1	0.840 1	0.834 6	0.834 4
五通桥区	0.640 8	0.669 9	0.720 9	0.713 9	0.730 4	0.748 2	0.748 9	0.745 8	0.711 8	0.717 0
金口河区	0.809 0	0.815 0	0.837 6	0.781 6	0.792 6	0.804 4	0.803 3	0.801 9	0.775 0	0.778 1
犍为县	0.502 6	0.501 8	0.536 6	0.518 9	0.548 2	0.575 7	0.578 8	0.572 8	0.548 2	0.554 4
井研县	0.362 8	0.373 2	0.415 6	0.433 2	0.467 3	0.496 6	0.504 6	0.501 8	0.489 5	0.490 2

表3-10(续)

年份 区县	2006	2007	2008	2009	2010	2011	2012	2013	2014	2015
夹江县	0.509 4	0.513 6	0.533 0	0.513 8	0.544 2	0.568 9	0.572 8	0.570 0	0.563 4	0.568 9
沐川县	0.467 0	0.462 1	0.491 1	0.475 8	0.509 5	0.534 8	0.534 9	0.518 9	0.502 6	0.514 7
峨边县	0.570 5	0.586 9	0.629 6	0.603 1	0.582 8	0.607 5	0.607 2	0.608 6	0.584 0	0.579 1
马边县	0.329 9	0.367 7	0.402 5	0.375 2	0.416 6	0.444 8	0.455 3	0.456 4	0.448 2	0.449 8
峨眉山市	0.530 8	0.539 1	0.564 7	0.553 1	0.584 7	0.604 7	0.600 0	0.596 3	0.561 6	0.573 8
顺庆区	0.427 5	0.449 6	0.460 0	0.489 2	0.516 5	0.537 1	0.544 4	0.532 4	0.481 2	0.498 3
高坪区	0.480 3	0.514 7	0.539 2	0.519 7	0.554 4	0.586 8	0.600 1	0.585 7	0.561 2	0.576 1
嘉陵区	0.437 8	0.448 7	0.472 3	0.440 0	0.486 6	0.514 2	0.530 8	0.529 2	0.504 0	0.521 6
南部县	0.391 6	0.414 2	0.441 2	0.538 2	0.564 6	0.570 9	0.578 0	0.585 6	0.564 9	0.582 3
营山县	0.307 5	0.333 3	0.348 7	0.421 3	0.454 1	0.484 7	0.489 4	0.507 1	0.482 6	0.495 1
蓬安县	0.399 5	0.403 6	0.434 4	0.405 0	0.453 9	0.488 1	0.494 1	0.514 2	0.471 3	0.482 5
仪陇县	0.250 4	0.272 5	0.292 6	0.302 0	0.350 1	0.388 6	0.394 9	0.409 3	0.394 1	0.410 8
西充县	0.277 0	0.280 5	0.292 5	0.364 4	0.401 1	0.414 4	0.419 2	0.410 6	0.407 3	0.425 6
阆中市	0.389 5	0.385 5	0.401 4	0.426 7	0.457 8	0.495 7	0.498 4	0.503 8	0.470 7	0.486 2
东坡区	0.541 4	0.560 0	0.566 1	0.523 8	0.562 6	0.580 9	0.585 8	0.581 4	0.567 4	0.575 9
仁寿县	0.379 2	0.393 8	0.425 1	0.452 8	0.502 6	0.524 4	0.533 0	0.533 2	0.531 1	0.534 2
彭山县	0.586 0	0.524 6	0.578 0	0.571 7	0.590 1	0.608 0	0.618 6	0.612 7	0.610 6	0.611 7
洪雅县	0.501 0	0.512 6	0.524 2	0.554 1	0.581 3	0.599 6	0.610 6	0.607 2	0.594 5	0.601 5
丹棱县	0.411 0	0.426 9	0.451 3	0.476 2	0.506 6	0.529 9	0.544 3	0.539 7	0.547 0	0.542 0
青神县	0.481 4	0.496 7	0.534 4	0.550 8	0.579 6	0.598 2	0.606 3	0.603 4	0.554 2	0.554 1
翠屏区	0.696 0	0.702 6	0.710 9	0.686 8	0.690 4	0.692 5	0.692 5	0.679 0	0.638 8	0.649 1
南溪区	0.363 2	0.384 6	0.437 1	0.431 3	0.481 3	0.521 6	0.561 3	0.559 1	0.551 0	0.564 6
宜宾县	0.372 4	0.388 2	0.438 2	0.440 3	0.499 1	0.551 2	0.528 8	0.538 2	0.543 1	0.543 8
江安县	0.302 6	0.328 3	0.415 2	0.458 1	0.520 7	0.580 7	0.589 2	0.597 6	0.588 6	0.594 7
长宁县	0.387 9	0.403 1	0.441 4	0.443 3	0.494 5	0.530 4	0.535 1	0.531 4	0.496 3	0.509 2
高县	0.472 3	0.496 0	0.521 6	0.524 3	0.581 6	0.614 8	0.620 9	0.612 1	0.604 6	0.612 6
珙县	0.439 5	0.471 1	0.548 5	0.581 1	0.651 7	0.689 7	0.684 1	0.655 1	0.643 2	0.649 8
筠连县	0.481 3	0.493 5	0.574 8	0.600 8	0.676 0	0.726 8	0.717 3	0.638 0	0.631 3	0.640 2
兴文县	0.337 8	0.350 6	0.399 2	0.388 7	0.431 8	0.468 5	0.483 1	0.449 0	0.440 2	0.449 2

表3-10(续)

年份 区县	2006	2007	2008	2009	2010	2011	2012	2013	2014	2015
屏山县	0.223 6	0.217 7	0.222 8	0.261 6	0.300 9	0.366 0	0.383 0	0.353 7	0.353 0	0.356 9
广安区	0.411 9	0.417 9	0.441 6	0.459 7	0.496 6	0.525 7	0.533 4	0.298 2	0.273 8	0.290 9
岳池县	0.307 4	0.315 0	0.338 0	0.372 0	0.414 4	0.449 9	0.459 0	0.460 0	0.457 0	0.461 9
武胜县	0.372 5	0.388 4	0.406 6	0.424 4	0.465 3	0.499 0	0.508 9	0.511 4	0.506 4	0.513 7
邻水县	0.331 5	0.347 1	0.358 3	0.396 1	0.438 7	0.473 1	0.484 2	0.487 9	0.487 6	0.490 3
华蓥市	0.565 2	0.568 0	0.587 2	0.610 5	0.636 1	0.657 7	0.660 9	0.659 6	0.653 1	0.657 4
通川区	0.518 1	0.543 1	0.546 1	0.573 0	0.605 3	0.624 2	0.603 0	0.562 3	0.442 1	0.547 6
达川区	0.373 0	0.394 7	0.418 9	0.479 5	0.529 8	0.550 6	0.539 8	0.545 9	0.444 2	0.536 9
宣汉区	0.283 3	0.308 6	0.326 9	0.375 4	0.432 4	0.491 0	0.534 2	0.558 9	0.430 0	0.554 7
开江县	0.267 2	0.283 6	0.301 2	0.365 2	0.412 3	0.437 8	0.472 3	0.465 3	0.362 4	0.457 6
大竹县	0.403 9	0.414 9	0.436 1	0.477 7	0.525 6	0.552 6	0.547 1	0.543 2	0.476 2	0.537 1
渠县	0.359 0	0.358 2	0.382 0	0.403 9	0.457 5	0.473 0	0.463 7	0.462 1	0.401 8	0.457 7
万源市	0.349 7	0.357 7	0.383 8	0.425 4	0.465 9	0.483 5	0.553 1	0.544 9	0.394 7	0.537 0
雨城区	0.407 8	0.408 3	0.448 4	0.452 7	0.485 2	0.493 7	0.507 2	0.492 8	0.423 0	0.426 6
名山区	0.307 6	0.338 9	0.384 5	0.380 1	0.422 9	0.453 2	0.473 8	0.460 5	0.456 0	0.459 8
荥经县	0.508 6	0.522 5	0.543 5	0.593 1	0.626 7	0.640 7	0.648 9	0.628 7	0.623 4	0.629 5
汉源县	0.290 4	0.330 2	0.359 2	0.393 5	0.409 3	0.500 3	0.546 3	0.539 8	0.528 6	0.537 6
石棉县	0.659 8	0.708 5	0.709 4	0.723 7	0.746 0	0.761 2	0.761 3	0.762 7	0.756 0	0.764 3
天全县	0.493 6	0.527 0	0.564 8	0.579 9	0.612 2	0.618 0	0.628 0	0.616 9	0.609 1	0.616 3
芦山县	0.479 5	0.514 1	0.534 6	0.555 6	0.589 1	0.615 1	0.617 3	0.596 5	0.613 0	0.610 2
宝兴县	0.575 1	0.600 1	0.635 0	0.640 7	0.668 0	0.693 6	0.700 8	0.691 8	0.687 9	0.691 6
巴州区	0.194 5	0.207 8	0.222 3	0.265 7	0.297 5	0.356 9	0.331 3	0.394 5	0.416 2	0.401 6
通江县	0.160 4	0.175 2	0.188 8	0.269 2	0.310 4	0.381 6	0.419 7	0.442 2	0.422 9	0.428 4
南江县	0.243 9	0.265 9	0.289 7	0.345 2	0.431 3	0.503 1	0.532 6	0.566 2	0.568 5	0.567 0
平昌县	0.257 3	0.275 5	0.289 3	0.310 7	0.346 5	0.413 7	0.484 1	0.529 4	0.542 6	0.529 9
雁江区	0.552 9	0.582 2	0.588 6	0.607 9	0.631 5	0.647 0	0.653 0	0.649 7	0.644 4	0.651 8
安岳县	0.258 9	0.288 1	0.325 2	0.378 1	0.397 2	0.418 7	0.426 9	0.430 6	0.431 9	0.435 9
乐至县	0.295 5	0.316 3	0.358 7	0.436 6	0.475 7	0.499 2	0.506 8	0.508 1	0.507 0	0.512 6
简阳市	0.452 1	0.471 2	0.493 6	0.520 6	0.542 0	0.565 9	0.572 4	0.570 8	0.565 8	0.573 3

表3-10(续)

年份 区县	2006	2007	2008	2009	2010	2011	2012	2013	2014	2015
汶川县	0.773 2	0.771 5	0.593 7	0.644 1	0.712 6	0.711 0	0.706 8	0.728 3	0.680 3	0.732 7
理县	0.652 2	0.641 8	0.442 5	0.611 0	0.630 8	0.698 1	0.671 5	0.680 6	0.731 8	0.681 5
茂县	0.485 1	0.527 7	0.419 4	0.555 2	0.578 3	0.662 5	0.315 4	0.341 3	0.652 0	0.334 3
松潘县	0.220 8	0.201 5	0.136 1	0.226 6	0.260 9	0.304 0	0.311 5	0.322 9	0.326 0	0.327 2
九寨沟县	0.213 7	0.248 1	0.334 3	0.384 4	0.338 5	0.311 8	0.336 4	0.371 8	0.320 6	0.384 2
金川县	0.249 9	0.242 8	0.233 1	0.222 3	0.236 4	0.282 8	0.356 2	0.363 0	0.368 3	0.404 9
小金县	0.270 8	0.312 0	0.291 9	0.295 6	0.309 1	0.322 5	0.716 5	0.742 0	0.400 0	0.744 5
黑水县	0.507 9	0.565 2	0.518 5	0.593 5	0.632 6	0.642 6	0.151 3	0.165 6	0.737 9	0.155 6
马尔康县	0.036 6	0.182 0	0.166 9	0.143 7	0.134 5	0.144 8	0.708 0	0.692 5	0.153 8	0.705 7
壤塘县	0.304 8	0.160 3	0.144 4	0.103 6	0.135 6	0.161 7	0.189 8	0.180 6	0.176 9	0.194 3
阿坝县	0.116 8	0.133 8	0.069 6	0.097 2	0.139 1	0.121 0	0.176 2	0.192 8	0.206 8	0.191 7
若尔盖县	0.142 4	0.113 9	0.091 8	0.089 0	0.141 1	0.152 7	0.178 1	0.182 6	0.189 6	0.193 4
红原县	0.183 1	0.204 0	0.166 8	0.176 4	0.206 1	0.232 4	0.273 8	0.292 8	0.286 0	0.276 9
康定县	0.466 9	0.454 4	0.469 5	0.441 4	0.487 0	0.478 0	0.456 8	0.483 2	0.430 2	0.464 1
泸定县	0.399 7	0.315 5	0.343 4	0.330 8	0.360 8	0.395 8	0.528 3	0.537 0	0.473 8	0.505 3
丹巴县	0.373 9	0.363 9	0.325 2	0.358 9	0.374 7	0.376 0	0.401 6	0.421 8	0.395 0	0.385 6
九龙县	0.796 2	0.785 0	0.796 7	0.723 5	0.738 0	0.747 9	0.757 2	0.762 9	0.649 3	0.691 3
雅江县	0.222 1	0.195 6	0.237 0	0.269 4	0.286 5	0.292 6	0.309 1	0.353 8	0.406 4	0.390 2
道孚县	0.197 6	0.172 4	0.147 1	0.162 7	0.126 4	0.124 9	0.108 7	0.137 0	0.150 4	0.152 5
炉霍县	0.106 6	0.096 4	0.101 8	0.101 1	0.113 0	0.105 8	0.103 2	0.122 5	0.155 7	0.164 9
甘孜县	0.086 8	0.074 7	0.064 4	0.065 6	0.070 5	0.074 9	0.097 2	0.087 3	0.097 2	0.122 6
新龙县	0.091 3	0.092 1	0.087 8	0.079 3	0.102 1	0.105 8	0.124 1	0.158 7	0.160 1	0.176 5
德格县	0.118 9	0.103 2	0.116 8	0.123 5	0.134 2	0.135 6	0.144 7	0.152 2	0.162 2	0.165 2
白玉县	0.230 1	0.585 5	0.512 2	0.504 7	0.559 8	0.590 5	0.590 4	0.552 4	0.464 7	0.482 5
石渠县	0.072 8	0.059 2	0.057 1	0.053 6	0.063 3	0.057 0	0.092 2	0.084 2	0.066 5	0.069 1
色达县	0.126 5	0.098 1	0.085 9	0.078 6	0.091 8	0.087 6	0.101 5	0.092 5	0.111 8	0.119 9
理塘县	0.146 5	0.120 1	0.126 3	0.133 6	0.166 3	0.162 0	0.158 9	0.168 0	0.200 3	0.207 5
巴塘县	0.505 2	0.533 6	0.504 0	0.397 1	0.430 0	0.440 1	0.446 1	0.463 5	0.391 8	0.478 4
乡城县	0.244 3	0.241 6	0.264 5	0.322 0	0.339 3	0.349 0	0.364 7	0.380 0	0.324 6	0.338 5

表3-10(续)

年份 区县	2006	2007	2008	2009	2010	2011	2012	2013	2014	2015
稻城县	0.167 0	0.139 7	0.167 1	0.152 4	0.170 6	0.181 1	0.222 9	0.294 4	0.239 4	0.258 0
得荣县	0.228 3	0.215 0	0.253 2	0.247 1	0.261 3	0.263 7	0.287 2	0.300 8	0.346 6	0.338 1
西昌市	0.431 8	0.451 7	0.442 2	0.392 1	0.454 7	0.512 3	0.506 2	0.530 1	0.503 5	0.534 3
木里县	0.221 5	0.341 3	0.377 3	0.375 6	0.440 7	0.501 5	0.510 5	0.524 3	0.527 7	0.521 2
盐源县	0.402 5	0.424 6	0.539 4	0.503 0	0.570 6	0.631 8	0.633 4	0.627 6	0.567 9	0.632 1
德昌县	0.348 2	0.340 2	0.369 9	0.354 8	0.405 5	0.449 0	0.464 3	0.478 2	0.437 4	0.449 3
会理县	0.448 1	0.473 4	0.513 4	0.499 7	0.558 8	0.608 1	0.611 4	0.612 8	0.574 3	0.610 3
会东县	0.420 7	0.439 7	0.489 0	0.453 9	0.505 8	0.518 5	0.517 1	0.502 9	0.456 0	0.496 2
宁南县	0.167 8	0.183 1	0.209 6	0.273 2	0.346 1	0.410 2	0.427 0	0.453 3	0.401 5	0.450 1
普格县	0.299 7	0.312 0	0.324 8	0.259 3	0.320 9	0.333 0	0.334 9	0.363 1	0.319 6	0.326 4
布拖县	0.292 9	0.356 9	0.413 9	0.362 7	0.455 7	0.522 7	0.536 8	0.533 9	0.442 1	0.498 0
金阳县	0.187 5	0.329 7	0.398 1	0.391 0	0.480 5	0.529 9	0.545 3	0.537 8	0.542 4	0.575 4
昭觉县	0.108 9	0.141 5	0.159 4	0.185 8	0.230 4	0.253 5	0.246 6	0.275 8	0.281 0	0.273 9
喜德县	0.327 8	0.338 4	0.358 6	0.319 3	0.373 9	0.425 6	0.399 5	0.416 4	0.293 6	0.352 0
冕宁县	0.465 4	0.416 9	0.435 4	0.399 5	0.466 4	0.533 3	0.552 2	0.554 5	0.540 1	0.555 4
越西县	0.319 5	0.328 0	0.341 5	0.323 3	0.369 2	0.421 6	0.433 4	0.426 7	0.327 6	0.362 4
甘洛县	0.636 7	0.639 3	0.566 9	0.496 2	0.587 1	0.635 6	0.550 6	0.451 9	0.381 0	0.438 4
美姑县	0.179 6	0.176 6	0.230 8	0.234 2	0.291 9	0.294 8	0.309 6	0.296 7	0.247 0	0.267 2
雷波县	0.348 3	0.411 2	0.462 6	0.434 1	0.521 8	0.576 7	0.590 6	0.580 3	0.609 4	0.633 1

3.4.3 四川省区县工业化水平时间特征

以表3-10为基础，本书首先采用描述性统计分析，进行四川省181个区县新型工业化水平时空演化特征分析，如表3-11所示；工业化水平的平均值与变异系数的时间序列图如图3-9所示。

表3-11 四川省181个区县新型工业化水平描述性统计

指标 年份	2006	2007	2008	2009	2010	2011	2012	2013	2014	2015
平均值	0.393	0.411	0.426	0.433	0.469	0.495	0.505	0.505	0.486	0.500

表3-11（续）

指标\年份	2006	2007	2008	2009	2010	2011	2012	2013	2014	2015
最小	0.037	0.059	0.057	0.054	0.063	0.057	0.092	0.084	0.067	0.069
最大	0.823	0.829	0.844	0.820	0.843	0.857	0.847	0.846	0.835	0.837
极差	0.786	0.769	0.787	0.767	0.779	0.800	0.754	0.761	0.768	0.767
最大/最小	22.47	13.99	14.79	15.30	13.30	15.03	9.180	10.05	12.55	12.10
标准差	0.160	0.161	0.163	0.161	0.163	0.165	0.162	0.160	0.158	0.158
变异系数	0.408	0.392	0.384	0.371	0.348	0.334	0.321	0.316	0.324	0.316

图3-9 四川省181个区县新型工业化水平相关指标时序图

由表3-11和图3-9可知，四川省的工业化水平的平均值在0.4~0.5波动，这一数值较新型城镇化水平高，处在中等发展水平，且呈稳定增长趋势，年均增长率为2.5%。工业化水平的最小值呈波动增长，2012年和2013年在0.08~0.09，工业化水平最大的区县则围绕0.8左右波动。四川省181个区县的工业化水平绝对差异显著，表示绝对差异的极差达到了0.7，但是极差并没有进一步扩大，差距在逐渐缩小，但是缩小的速度较慢，年均只有0.24%；工业化水平最大的区县与最小的区县数值之比，从2006年的22倍多逐渐减少到12倍左右，地区绝对差异在逐年减少；表示相对差异的变异系数值在0.3~0.4，小幅波动呈下降趋势，表示工业化水平的相对地区差异也呈逐年缩小的趋势。

图3-10为四川省181个区县工业化水平随时间变化的散点图。由图3-10可知，四川省工业化水平分布与如图3-3所示的新型城镇化水平分布存在较大差异，工业化水平整体分布符合正态分布，大部分区县的工业化水平都处于0.3~

0.6，发展较新型城镇化水平更为均衡。2006年工业化水平排在前十位的是沙湾区（0.823）、金口河区（0.809）、九龙县（0.796）、盐边县（0.783）、汶川县（0.773）、西区（0.755）、东区（0.730）、翠屏区（0.696）、石棉县（0.660）和青白江区（0.658）。2015年工业化水平排在前十位的是西区（0.837）、沙湾区（0.834）、龙泉驿区（0.811）、仁和区（0.811）、金口河区（0.792）、石棉县（0.778）、盐边县（0.764）、小金县（0.757）、青白江区（0.745）和汶川县（0.735）。

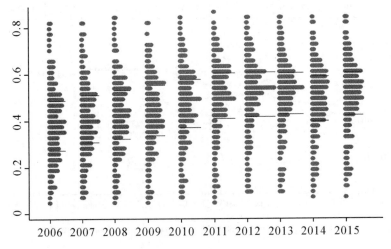

图3-10　四川省181个区县工业化水平分布时序图

3.4.4　四川省区县工业化水平空间特征

本书采用空间分位图对四川省181个区县2006年和2015年工业化水平进行分析，如图3-11、图3-12所示。其中，空间分位图采用自然断点法进行分类。

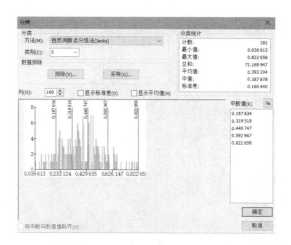

图 3-11 （a） 2006 年四川省 181 个区县工业化水平空间分位图参数设置

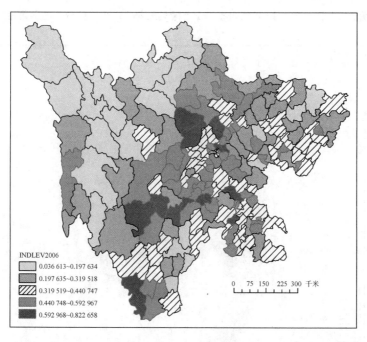

图 3-11 （b） 2006 年四川省 181 个区县工业化水平空间分位图

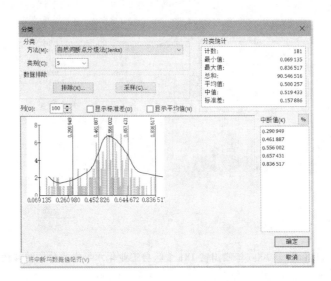

图 3-12（a） 2015 年四川省 181 个区县工业化水平空间分位图参数设置

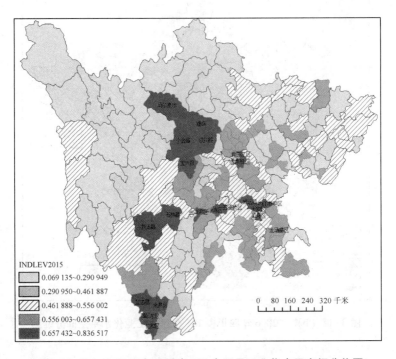

图 3-12（b） 2015 年四川省 181 个区县工业化水平空间分位图

由图 3-11 和图 3-12 可知，整体而言，四川省 181 个区县工业化水平基本符合正态分布。从 2005 年到 2016 年，工业化水平有一定程度的提升。由图 3-11（a）和 3-12（a）的数据分布可以得知，工业化水平空间集聚特征与新型城镇化发展水平的空间集聚特征也存在较大差异，按照 2006—2015 年工业化水平平均值统计，工业化水平的发展空间分布中低水平的集聚较明显，主要集中在川西地区，如石渠县、甘孜县、色达县、炉霍县、新龙县、德格县、阿坝县、若尔盖县、道孚县、理塘县和壤塘县等；工业化水平发展较高的区域则分散在成都平原与川南地区，如沙湾区、西区、金口河区、盐边县、仁和区、九龙县、石棉县、青白江区、五通桥区、东区和汶川县等。

下面采用全局空间自相关和局部空间自相关指标进行空间集聚特征是否显著及空间结构模式的分析。本书采用 Rook 相应方式设置 0~1 空间权重矩阵，并利用 Geoda1. 12 进行 Moran's I 检验，如表 3-12 所示。

表 3-12　工业化空间全局相关性的指数 Moran'I 的值

指标 年份	2006	2007	2008	2009	2010	2011	2012	2013	2014	2015
Moran's I	0. 424 ***	0. 413 8 ***	0. 462 ***	0. 481 ***	0. 497 ***	0. 523 ***	0. 500 ***	0. 479 ***	0. 502 ***	0. 466 ***
Z-Value	8. 24	8. 11	9. 23	9. 78	10. 13	10. 56	10. 11	9. 78	10. 18	9. 58

注：*** 表示通过置信水平为 1% 的显著性检验。

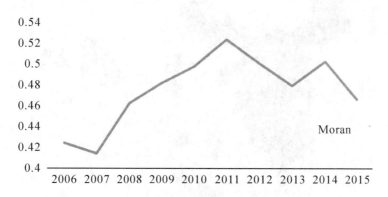

图 3-13　四川省 181 个区县工业化 Moran's I 时序图

由表 3-12 和图 3-13 可知，四川省 2006—2015 年工业化水平的全局相关 Moran'I 指数值，检验值 Z 均显著大于 1. 96，由此可得知工业化水平的空间自相关性通过置信水平为 1% 的显著性检验，表明从四川省区县工业化水平的整体空间格局来看，2006—2015 年工业化水平相似的区县（"高-高"或"低-低"）在空间上为显著的空间集聚趋势。本书采用局部空间自相关的 LISA 指标进行局部空间自相关分析，如图 3-14、图 3-15 所示。

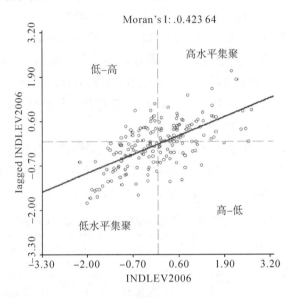

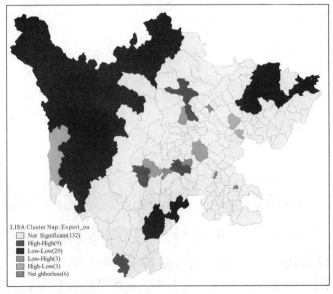

图 3-14　2006 年四川省 181 个区县工业化 Moran 散点图和 LISA 集聚图

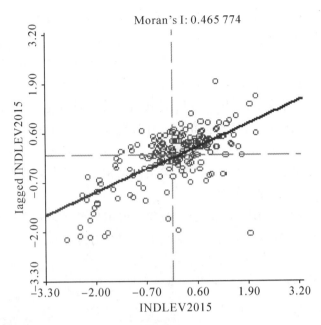

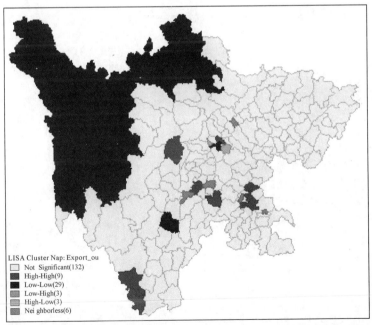

图 3-15　2015 年四川省 181 个区县工业化 Moran 散点图和 LISA 集聚图

　　由图3-14和图3-15可知，四川省工业化水平发展存在显著的局部空间集聚特征。2006年，西部地区的区县工业化水平之间差异较小，为显著的"低-低"集聚空间结构；康定、双流、简阳、新津、彭山、东坡、峨眉山、犍为等区县与周围区县之间的工业化水平为显著的"高-高"集聚空间结构；平武、利州、江油、射洪、巴塘、华蓥、西昌、通川、船山等区县与周围区县之间的工业化水平差异较大，为"高-低"集聚空间结构，即具有较高工业化水平的区县周围为低工业化水平的区县；青川、小金、金堂、岳池、邻水、自重、汉源等区县与周转区县之间的工业化水平为"低-高"集聚空间结构，即具有较低工业化水平的区县周围为高工业化水平的区县。

　　与2006年相比，2015年四川省工业化发展水平在空间上呈现出正相关区县多于负相关区县，依旧是以"低-低"集聚空间结构为主体。

4 四川省区县层面经济 "增长极" 的确定

4.1 基于新型城镇化发展的经济增长极选择

区域经济受自然资源、社会政策等因素的影响，在一定阶段上呈现非均衡发展的特征。"多点多极支撑"发展战略符合区域经济发展的客观规律，其中的"点"是指以城市形态存在的产业生长点，这些产业通常具有市场需求潜力大、创新能力强、增长较快等特点；"极"是经济增长极，指某一区域内具有创新能力和较高增长率，并能通过创新和增长的扩散带动周围区域的地区①。

本书建立的新型城镇化的评价指标为综合性指标，包括经济发展、从业人口以及社会福利等经济、社会发展的多方面，新型城镇化发展是"多点多极支撑"战略的基础，其内涵与增长极一致和同步，因此本书对于四川省经济增长极的选择，首先基于新型城镇化的测算结果展开。

从空间格局来看，四川省新型城镇化水平分布具有空间集聚性，高水平区域多分布在中部和东部地区，低水平区域多分布在西部地区，这与地理位置存在明显的联系。中部地区多为平原，经济基础雄厚，容易吸引投资，促进经济的发展，尤其是促进新型城镇化的发展，从而带动城镇化；而西部地区多为山区，经济发展落后，城镇化水平低。2006—2015 年，经过十年的发展，新型城镇化水平在空间上分布相比较而言，高水平区县呈现分散化趋势，低水平区县增多，城镇化水平在空间上的不平衡和不充分依旧显著。四川省 181 个区县 2006—2015 年新型城镇化水平平均值前 50 名如表 4-1 所示。

---

① 陈芳，陈可澄.攀西经济增长极创建途径研究——基于多点多极支撑发展战略 [J]. 人民论坛，2014 (35)：217-219.

表 4-1   四川省 181 个区县 2006—2015 年新型城镇化水平平均值前 50 名

排名	县区	新型城镇化得分	排名	县区	新型城镇化得分	排名	县区	新型城镇化得分
1	青羊区	0.657	18	什邡市	0.263	35	仁寿县	0.189
2	武侯区	0.652	19	乐山市中区	0.259	36	峨眉山市	0.185
3	锦江区	0.620	20	西昌市	0.254	37	崇州市	0.179
4	双流县	0.578	21	青白江区	0.243	38	广安区	0.178
5	金牛区	0.570	22	顺庆区	0.237	39	游仙区	0.177
6	涪城区	0.567	23	船山区	0.233	40	大邑县	0.177
7	成华区	0.488	24	江油市	0.230	41	汶川县	0.175
8	郫都区	0.392	25	彭州市	0.229	42	内江市中区	0.174
9	翠屏区	0.391	26	雁江区	0.226	43	邛崃市	0.173
10	龙泉驿区	0.389	27	自流井区	0.224	44	巴州区	0.171
11	温江区	0.361	28	东坡区	0.223	45	威远县	0.171
12	旌阳区	0.325	29	简阳市	0.216	46	射洪县	0.171
13	东区	0.319	30	江阳区	0.216	47	雨城区	0.167
14	新都区	0.314	31	利州区	0.213	48	康定县	0.167
15	都江堰市	0.287	32	金堂区	0.203	49	安岳县	0.167
16	广汉市	0.277	33	通川区	0.199	50	阆中市	0.162
17	绵竹市	0.269	34	新津县	0.198			

基于表 4-1 以及结合新型城镇化水平在空间格局上的分布，本书选择新型城镇化水平排名前 25%（前 45 名）的区县，作为四川省经济"增长极"，它们在空间上的分布如图 4-1 所示。

图 4-1（b）呈现了 2006—2015 年四川省 181 个区县新型城镇化水平平均值排名在前 25% 的区县的空间分布，这些区县具有较好的经济发展基础和较高的新型城镇化发展水平，并以成都平原为核心，分布在川东北、川中和川南个别地区，如攀枝花市东区、西昌市、自流井区、翠屏区、江阳区、东波区、乐山市中区、船山区、顺庆区等。这些区县新型城镇化水平相对较高，具有较大的经济发展潜力和良好的空间位置，为四川省"多点多极支撑"中的经济"增长极"的首选目标，具有带动周边经济发展的潜力。

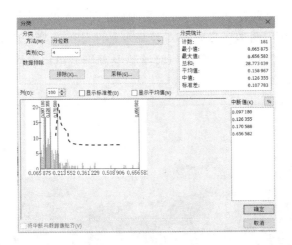

图 4-1（a） 2006—2015 年四川省 181 个区县新型城镇化平均值空间分位图参数设置

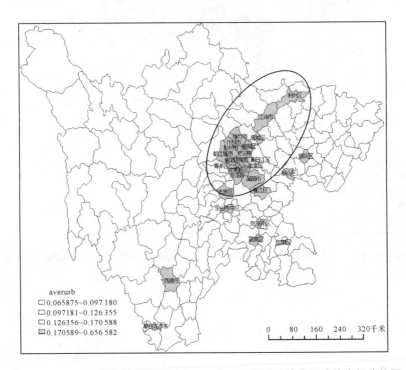

图 4-1（b） 2006—2015 年四川省 181 个区县新型城镇化平均值空间分位图

但是，我们同时也观察到，川西地区较为落后，没有位于排名前 25%的区县。我们通过局部空间自相关的 LISA 集聚图、Moran 散点图中第四象限"高-低"空间结构，在川西地区进行相对较高水平区县的选择，作为川西经济区的"增长极"。2006—2015 年，四川省 181 个区县新型城镇化平均值的 LISA 集聚图和 Moran 散点图如图 4-2 所示。

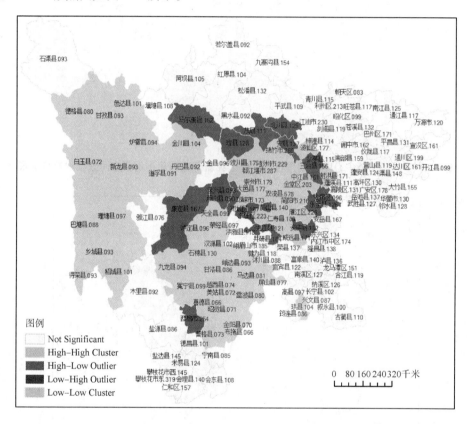

图 4-2（a）　　2006—2015 年四川省 181 个区县新型城镇化平均值 LISA 集聚图

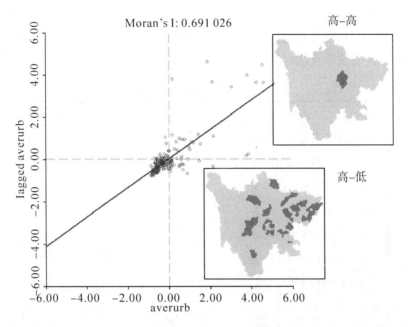

图 4-2（b）　2006—2015 年四川省 181 个区县新型城镇化平均值 Moran 散点图

从图 4-2 可以观察到，川西经济区的马尔康县和康定县的新型城镇化水平相对较高。其中，马尔康县位于四川省西北部的阿坝藏族羌族自治州，是阿坝藏族羌族自治州的州政府所在地，城镇化的动力吸引了大量的农村人口，人才和资源的集聚进一步促进了马尔康县的经济等的发展，城镇的规模也在不断扩大，主导产业也由原来的以农业和牧业为主的第一产业向第三产业转型。四川省可以以其为核心联合周边区县，作为川西经济区发展的核心"增长极"，集中优势资源，实现地区联动发展。

4.2　四川省 181 个区县网络流强度测算

从区域层级增长极网络化发展模式的角度来看，增长极和重点发展区域应该是经济活力高、经济实力强的区县，由它们组成的层级增长极网络及其辐射的区域，将成为带动整个四川省区域经济快速发展的"核心"。增长极的网络连接功能，主要通过对外经济交往以及外向服务部门的综合能力而体现。

因此，本部分以第二章中层级增长网络化发展模式理论为支撑，依据四川省区县相关数据，借助地理信息技术，运用空间统计和网络流强度分析方法，对四川省 181 个区县网络流强度进行计算。其指标体系与数据来源如表 4-2 所示。

表 4-2　网络流强度模型指标体系

	指标	数据来源
1	邮电主营业务收入（万元）	
2	公路客运周转量（万人千米）	
3	公路货运周转量（万吨千米）	
4	固定和移动电话用户（人）	
5	小学和普通中学专任教师（人）	《四川省统计年鉴》
6	年末金融机构各项存款余额（万元）	《中国区县统计年鉴》
7	年末金融机构各项贷款余额（万元）	
8	社会消费品零售总额（万元）	
9	房地产开发投资额（万元）	
10	建筑业从业人员（人）	

在表 4-2 中，基于外向服务部门的从业人员数量、行业收入总额、用户数量、公路周转量等多指标综合而成的网络流强度，从一定程度上客观反映了增长极在网络联系中的地位和重要程度。本书采用《四川省统计年鉴》2006—2015年数据的平均值进行计算。计算过程如下：

为了使数据具有可比性，将数据进行标准量化处理，采用指数化处理方法。指数化处理以指标的最大值和最小值的差距进行数学计算，其结果介于 0~1。公式如下：

$$Z_i = (x_i - x_{min})/(x_{max} - x_{min}) \qquad\qquad (4-1)$$

其中，Z_i 为指标的标准分数，x_i 为指标值，x_{max} 为指标最大值，x_{min} 为指标最小值。经过上述标准化处理，原始数据均转换为无量纲化指标测评值，按照公式（2-2）~（2-5）计算四川省区域层级增长极网络中 181 个区县的网络流强度如表 4-3 所示。

表 4-3　四川省 181 个区县 2006—2015 年网络流强度

指标 县区	Ni 城市的 功能效益	Ei 城市外向 功能	Fi 网络流 强度	指标 县区	Ni 城市的 功能效益	Ei 城市外向 功能	Fi 网络流 强度
锦江区	19.534 3	2.338 1	45.673 8	冕宁县	197.027 4	0.114 7	22.595 3
得荣县	173.328 1	0.390 1	67.325 4	旌阳区	40.009 8	0.563 9	22.563 5
汶川县	98.831 7	0.642 6	63.504 5	岳池县	76.606 5	0.292 1	22.378 4
色达县	2 736.882 4	0.017 8	48.589 1	沙湾区	250.939 1	0.089	22.331 3
石棉县	193.561 6	0.248 2	48.047 8	盐亭县	124.849 9	0.178 5	22.288 6
乡城县	3 591.883 7	0.012 4	44.401 3	旺苍县	122.712 6	0.18	22.083 2
新龙县	4 040.486 2	0.010 4	41.860 6	高坪区	89.697 6	0.246 2	22.080 6
巴塘县	2 276.606 5	0.017 8	40.575 4	雨城区	91.331 8	0.238 4	21.776 7
美姑县	534.211 7	0.074 9	40.013 5	名山县	263.100 4	0.082 5	21.692 5
布拖县	760.942 8	0.052	39.554 3	雅江县	2 472.251 2	0.008 7	21.606 9
壤塘县	2 496.498 8	0.015 3	38.111 3	青川县	226.012 9	0.095 2	21.514 8
金阳县	611.211 9	0.061 7	37.705 1	宣汉县	63.657	0.337 9	21.507 8
成华区	23.168 2	1.594 2	36.934 3	宁南县	412.592 7	0.052 1	21.504 2
若尔盖县	597.022 9	0.061 3	36.603 1	隆昌县	70.418 5	0.304 9	21.468 1
德格县	2 769.041 7	0.013 2	36.548 1	丹巴县	1 292.034 9	0.016 6	21.466 2
喜德县	516.900 4	0.070 2	36.270 9	沐川县	297.040 6	0.072	21.384 1
理县	723.904 5	0.049 3	35.681 8	新都区	37.049 9	0.572	21.191 4
昭觉县	384.500 3	0.092	35.375	金堂县	88.604 3	0.238 3	21.110 3
石渠县	3 957.279 5	0.008 8	34.682 1	武胜县	105.979 6	0.198 7	21.06
盐源县	227.898 3	0.150 4	34.271 6	米易县	200.497 9	0.105	21.045 6
武侯区	15.876 6	2.137	33.927 8	梓潼县	179.739 9	0.116 4	20.923 2
新津县	75.135 9	0.443 2	33.299 4	珙县	125.269 4	0.165 8	20.774 8
黑水县	1 003.421 3	0.032 8	32.934 2	荥经县	324.745 7	0.063 7	20.679 8
青羊区	19.137 3	1.719 7	32.909 6	资中县	67.390 6	0.306	20.621 6

表4-3(续)

指标 县区	Ni 城市的 功能效益	Ei 城市外向 功能	Fi 网络流 强度	指标 县区	Ni 城市的 功能效益	Ei 城市外向 功能	Fi 网络流 强度
白玉县	4 507.512 4	0.007 3	32.874 4	大竹县	74.543 8	0.275 6	20.542
金牛区	17.922 5	1.832 1	32.835 9	剑阁县	106.770 6	0.190 4	20.334 3
筠连县	198.681 6	0.165	32.772 7	松潘县	519.741 5	0.039	20.248 2
木里县	607.258 5	0.053 5	32.500 4	仁寿县	45.169 3	0.447 5	20.212 6
甘洛县	415.954 6	0.077 3	32.158 9	小金县	618.922 4	0.032 4	20.077 1
汉源县	189.188 8	0.168 9	31.952 1	顺庆区	45.347 1	0.441	19.998 6
普格县	644.750 7	0.049 5	31.921 9	涪陵区	23.484 4	0.837 1	19.659
平昌县	66.592 5	0.477 3	31.785 6	合江县	75.971	0.253 9	19.288 8
炉霍县	3 039.721 8	0.010 4	31.685 4	宝兴县	871.393 5	0.022 1	19.282 1
越西县	317.626	0.099 6	31.634	射洪县	68.175 2	0.282 7	19.272 5
蒲江县	148.371 2	0.211 8	31.425 5	东兴区	80.182 6	0.240 2	19.257 4
古蔺县	99.356 2	0.307	30.501 5	都江堰市	46.465 6	0.411 3	19.11
温江区	57.621 2	0.519	29.905 7	犍为县	111.877 8	0.169 7	18.985 2
九寨沟县	312.077 9	0.095 5	29.804 9	达县	54.685 7	0.345 5	18.894 6
仁和区	163.124	0.182 5	29.770 8	乐山 市中区	41.767 3	0.451 2	18.846 4
德昌县	257.183	0.115 7	29.746 4	沿滩区	147.324 8	0.127 8	18.830 8
泸定县	613.589 1	0.048 3	29.651 6	三台县	53.270 2	0.348 9	18.585 9
盐边县	210.850 6	0.139 1	29.321 9	井研县	171.042 6	0.107 5	18.389 8
通江县	84.858 9	0.345	29.274 3	长宁县	136.416 6	0.133 9	18.262 2
崇州市	56.357 7	0.519 1	29.255 4	峨边县	402.238 8	0.045 4	18.256 4
龙泉驿区	34.196 5	0.855 3	29.249 8	江阳区	45.119 7	0.403 8	18.217 9
渠县	61.016 7	0.475 6	29.017 6	南部县	58.439 3	0.308 1	18.004 1
道孚县	2 294.023 4	0.012 4	28.335 6	营山县	88.244 6	0.201 6	17.791 5
九龙县	1 089.361 6	0.025 8	28.143 6	天全县	344.145 6	0.051 4	17.704 7

表4-3（续）

指标 县区	Ni 城市的 功能效益	Ei 城市外向 功能	Fi 网络流 强度	指标 县区	Ni 城市的 功能效益	Ei 城市外向 功能	Fi 网络流 强度
金川县	793.212 4	0.035 4	28.075 4	稻城县	7 484.653 8	0.002 4	17.663 9
安居区	133.936 8	0.209 2	28.020 1	蓬安县	110.746	0.158 1	17.508 9
南江县	79.445 1	0.346	27.487 1	大安区	125.836 8	0.134 8	16.967 4
雷波县	420.228 1	0.064 9	27.266 2	巴州区	44.131 9	0.384 2	16.954 1
屏山县	294.132 7	0.092 7	27.260 8	金口河区	1 501.936 5	0.011 3	16.939 2
叙永县	108.384 8	0.251 4	27.244 5	夹江县	139.091 8	0.120 2	16.719 6
邻水县	85.801 1	0.314 5	26.980 4	会理县	155.172 7	0.105 4	16.359
郫都区	56.761 2	0.464 2	26.348 8	五通桥区	167.198 6	0.097 7	16.327 9
万源市	134.990 6	0.192 6	25.996 4	中江县	51.509 8	0.315 4	16.248 4
苍溪县	83.049 9	0.312 6	25.958 8	利州区	44.349 3	0.366	16.231 7
康定县	194.553 3	0.132 4	25.750 3	通川区	55.661	0.283 4	15.772 6
江安县	166.073 9	0.152 6	25.339 6	平武县	242.975 9	0.064 5	15.680 3
元坝区	295.090 6	0.085 6	25.273 6	峨眉山市	82.930 7	0.185 7	15.399 4
蓬溪县	89.541 5	0.281 5	25.205	北川县	205.953 3	0.074 3	15.308 5
仪陇县	67.431 1	0.373 4	25.177 9	乐至县	93.922 7	0.161	15.117 7
彭州市	76.890 5	0.326 5	25.103 1	翠屏区	34.524 6	0.435 3	15.030 3
嘉陵区	92.583 9	0.267 4	24.760 8	阆中市	75.395 8	0.198 7	14.981 5
华蓥市	122.161 8	0.202 3	24.717 6	绵竹市	89.103 8	0.167 5	14.920 4
威远县	59.335 1	0.413 5	24.537 3	洪雅县	179.837 1	0.081 5	14.663 1
泸县	51.739 4	0.473 9	24.519 8	西昌市	42.880 9	0.339 8	14.569 4
理塘县	2 574.367 6	0.009 5	24.470 3	荣县	90.508 4	0.157 8	14.285 5
阿坝县	896.269 9	0.027 2	24.418 4	安岳县	55.108 8	0.247 3	13.629 8
龙马潭区	83.761 2	0.291 4	24.406 1	纳溪区	108.017 2	0.126 1	13.624 2
甘孜县	1 949.558 8	0.012 5	24.339	安县	134.256 1	0.098 7	13.244 6
南溪县	140.107 5	0.172 6	24.185 6	丹棱县	433.723 3	0.030 5	13.237 4

表4-3(续)

指标\县区	Ni 城市的功能效益	Ei 城市外向功能	Fi 网络流强度	指标\县区	Ni 城市的功能效益	Ei 城市外向功能	Fi 网络流强度
开江县	138.9	0.173 5	24.092 9	青白江区	84.267 1	0.155 6	13.115 3
宜宾县	88.848 5	0.270 1	23.997 1	内江市中区	83.989 3	0.154 6	12.982 7
茂县	359.754 9	0.066 4	23.880 4	大邑县	78.219 6	0.164 7	12.886 2
西充县	110.977 2	0.214 6	23.811	青神县	333.927 8	0.038	12.673 1
大英县	122.688 4	0.194	23.803 1	彭山县	150.111	0.080 9	12.144
马尔康县	423.845	0.056 1	23.779 1	广安区	52.460 1	0.230 8	12.109
马边县	358.934 9	0.065 9	23.661 2	游仙区	115.013 6	0.104 5	12.023
贡井区	164.477 9	0.143 7	23.63	什邡市	90.440 2	0.122 8	11.101 8
芦山县	596.642 2	0.039 6	23.612 6	罗江县	244.964 9	0.044 8	10.967 5
会东县	217.467 6	0.108 5	23.594 1	广汉市	73.571 8	0.148 3	10.913
兴文县	144.293 6	0.162 2	23.399 5	简阳市	48.948 8	0.218 6	10.699 6
朝天区	394.059 1	0.059 1	23.29	富顺县	70.927 9	0.140 3	9.949 8
攀枝花市东区	46.473	0.500 2	23.246 3	雁江区	49.315 2	0.193 1	9.524 2
双流县	28.214 4	0.823 7	23.240 9	江油市	53.365 1	0.175	9.340 7
自流井区	81.696 3	0.283 2	23.134 2	邛崃市	84.771 3	0.108 3	9.183 9
红原县	1 397.236	0.016 5	23.058 3	船山区	50.354	0.180 4	9.084
攀枝花市西区	213.574 2	0.107 9	23.035 9	东坡区	55.342 3	0.098 7	5.463 5
高县	168.395	0.136 2	22.935 8				

四川省181个区县网络流强度的描述性分析及空间分位图如图4-3所示。

图4-3 (b) 对四川省181个区县网络流强度较高的前两个区间 [36.067, 67.325] 和 [23.352, 36.067] 进行了色彩渲染，发现四川省区县网络流强度的空间分布相对均衡，空间集聚性特征并不明显。

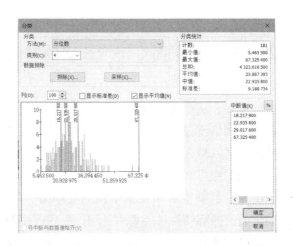

图 4-3 （a） 2006—2015 年四川省 181 个区县网络流强度统计分析及空间分位图参数设置

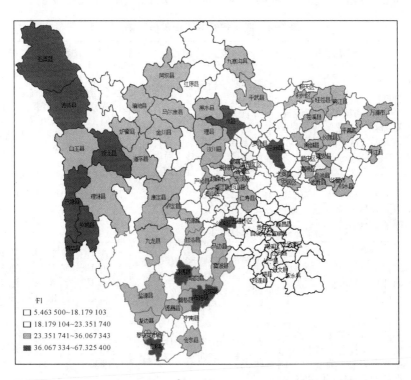

图 4-3 （b） 2006—2015 年四川省 181 个区县网络流强度空间分位图

4.3 四川省区县层面经济增长极的综合选择

新型城镇化从经济发展、从业人口以及社会福利等多方面,综合反映了地区经济、社会的发展状况;网络流强度则重点度量了地区对外经济交往及社会服务的能力,两者综合反映了某一地区在城镇体系中的地位、作用和发展条件,以此作为四川省区县经济"增长极"的选择,体现了综合性与全面性。

本书对四川省181个区县新型城镇化水平测算(2006—2015年平均值)结果与网络流强度标准化后的测算结果进行算术平均,然后按照四川省五大经济区划分,分别在五大经济区内选择得分相对较高的区县,确定为核心经济增长极、次级经济增长极以及边缘经济增长极三个增长层级,结果如表4-4所示。

表4-4 四川省经济"增长极"确定

	核心经济增长极	次级经济增长极	边缘经济增长极
成都平原	锦江区、武侯区、青羊区、金牛区、成华区、双流县、石棉县、涪城区、龙泉驿区、温江区、郫都区	新津县、新都区、崇州市、蒲江县、彭州市、汉源县、都江堰市、乐山市中区、安居区、金堂县、雨城区、蓬溪县、仁寿县、绵竹市、沙湾区、大英县、射洪县	盐亭县、芦山县、马边县、三台县、青白江区、广汉市、梓潼县、什邡市、名山区、峨眉山市、沐川县、荥经县、犍为县、中江县、五通桥区、宝兴县、井研县、夹江县、简阳市
川南	翠屏区、筠连县、古蔺县、自流井区、威远县、龙马潭区、叙永县、泸县	贡井区、屏山县、宜宾县、南溪区、江阳区、江安县、资中县、隆昌县、高县、兴文县、东兴区	珙县、合江县、大安区、沿滩区、长宁县、内江市中区、荣县、纳溪区、富顺县
川东北	平昌县、渠县、通江县、南江县、邻水县、顺庆区、苍溪县	万源市、嘉陵区、仪陇县、宣汉区、昭化区、岳池县、西充县、开江县、大竹县、高坪区、利州区	旺苍县、武胜县、达川区、青川县、朝天区、通川区、南部县、剑阁县、巴州区、蓬安县、营山县、阆中市、广安区
攀西	美西昌市、攀枝花市西区、姑县、布拖县、攀枝花市东、金阳县、喜德县、昭觉县、盐源县、仁和区	盐边县、木里县、甘洛县、普格县、越西县、德昌县、雷波县	会东县、冕宁县、米易县、宁南县、会理县

表4-4(续)

	核心经济增长极	次级经济增长极	边缘经济增长极
川西北	汶川县、若尔盖县、马尔康县、康定县、得荣县、色达县、乡城县、新龙县、巴塘县、壤塘县、九寨沟县	德格县、石渠县、黑水县、炉霍县、白玉县、康定县、泸定县、金川县、九龙县、道孚县、理县	阿坝县、茂县、理塘县、甘孜县、红原县、松潘县、丹巴县、雅江县、小金县、稻城县

　　表4-4划分的层级经济增长极，在空间上呈环状分布，核心经济增长极在最里层，次级经济增长极在次外层，而边缘经济增长极则在最外层。根据新型城镇化水平和网络流强度以及各区县的地理位置划分的层级增长极，可以使得经济增长极之间的产业优势最大化，发挥规模效应，促进经济增长极的影响。环状的层级网络可以有效促进经济增长层级之间的经济效应，发挥经济增长极的扩散效应与回流效应。

　　层级增长极网络化发展为四川省的经济发展提供了一个较好的发展模式，在发展核心经济增长极的同时，不断扩散边缘经济增长层级的范围，从而使得对经济发展较落后及偏远地区的辐射强度增大。

5 四川省城乡收入差距时空特征分析

本章首先对城乡收入差距测度进行介绍，然后采用传统的城镇居民可支配收入与农村居民纯收入之差和之比衡量城乡收入差距，并采用能够反映我国城乡二元经济结构特征的泰尔指数，从农村内部、城镇内部以及城乡间的泰尔指数，分析四川省区县层面城乡收入差距的时空特征。

5.1 城乡收入差距测度指标

5.1.1 城乡收入比或城乡收入差

学者们衡量城乡收入差距的指标主要有城乡收入差、城乡收入比[1]以及多因素综合的复合性指标[2]。测度城乡收入差距的方法主要有变异系数、泰尔指数[3]、洛伦兹曲线[4]等，在空间分析中主要有全局空间自相关和局部空间自相关[5]。

城乡收入差为城镇人均可支配收入减去农村人均纯收入，代表城乡收入之间的绝对差距；城乡收入比则是两者之比，代表城乡收入之间的相对差距，指标数

---

① 郭志富，宋博，张竟竟. 河南省城乡收入差距的时空格局分析［J］. 河南大学学报（自然科学版），2012（1）：62-68.

② 刘晨光，李二玲，覃成林. 中国城乡协调发展空间格局与演化研究［J］. 人文地理，2012（2）：97-102.

③ 丁志伟，张改素，王发曾. 中原地区多尺度城乡收入的时空分异［J］. 地理研究，2015（1）：131-148.

④ 游士兵，王原君. 研究收入分配问题的一种新洛伦兹曲线模型：建构与应用［J］. 经济评论，2014（2）：3-15.

⑤ 白素霞，陈井安. 收入来源视角下我国城乡收入差距研究［J］. 社会科学研究，2013（1）：27-31.

值越大，城乡收入差距就越大。人均可支配收入是个人收入经过初次分配与再分配后形成的人均可自由支配部分，反映了居民可用于最终消费、投资、非义务性支付以及储蓄的收入水平[①]。城乡收入比或城乡收入差用于衡量时，虽然没有考虑足够多的其他造成收入差距的影响因素，如人口结构变化、政府转移支付、城镇居民各种非收入性补贴等，但由于其能够简单、直接、确切地度量城乡收入差距，被大量学者在研究中采用[②]。

5.1.2 泰尔指数

泰尔指数（Theil Index）由信息理论中的熵概念发展而来，可以将收入差距分解为组内差距和组间差距，是用来反映地区之间的收入差距水平的重要指标。泰尔指数的大小与收入差距成正比，指数值越大，收入差距越大。用泰尔指数来衡量收入差异有其优势，即它可以衡量组内差距和组间差距对总差距的贡献大小。由于泰尔指数具有完全相加可分解的优点，且能体现城乡收入差距的两端收入变动，相对于基尼系数而言更为敏感[③]，因此用泰尔指数来衡量收入差距比基尼系数等指标更加科学合理。

对于分组数据的泰尔指数的计算，目前国际上通用的公式如下[④]：

$$T = \sum_i \sum_j \left(\frac{Y_{ij}}{Y}\right) Ln\left(\frac{Y_{ij}/Y}{N_{ij}/N}\right) \tag{5-1}$$

$$T_B = \sum_i \left(\frac{Y_i}{Y}\right) Ln\left(\frac{Y_i/Y}{N_i/N}\right) \tag{5-2}$$

$$T_W = \sum_i \left(\frac{Y_i}{Y}\right) T_{wi} \tag{5-3}$$

$$T_{Wi} = \sum_j \left(\frac{Y_{ij}}{Y_i}\right) Ln\left(\frac{Y_{ij}/Y_i}{N_{ij}/N_i}\right) \tag{5-4}$$

---

① 赫国胜，赵玉. 城镇化对城乡收入差距影响的实证研究 [J]. 技术经济与管理研究，2017（10）：115-119.

② 辛大楞，辛立国. 金融发展与城乡收入差距——来自中国 265 个城市的最新证据 [J]. 制度经济学研究，2017（2）：128-141.

③ 王少平，欧阳志刚. 我国城乡收入差距的度量及其对经济增长的效应 [J]. 经济研究，2007（10）：44-55.

④ 苑林娅. 中国收入差距不平等状况的泰尔指数分析 [J]. 云南财经大学学报，2008（1）：30-37.

公式（5-1）~（5-4）适用于进行了两次分组的数据，即每一基本收入单元中又分为了若干亚收入单元，公式（5-1）计算的是整体泰尔指数，公式（5-2）计算的是组间泰尔指数，公式（5-3）计算的是组内泰尔指数，公式（5-4）计算的是每一个基本收入单元内泰尔指数。其中，T、T_B、T_W、T_{wi}分别为城乡收入差距总体泰尔指数、组间泰尔指数、组内泰尔指数，以及每个基本单位内部泰尔指数。Y、N代表整体总收入和总人口，Y_i、N_i代表第i个单位的总收入和总人口，Y_{ij}、N_{ij}表示第i基本单位中j地区的收入和人口。

泰尔指数可以分解为$T = T_W+T_B$，其数值分布在$0~1$之间，数值越大，越接近于1，说明个人或地区间的收入不均衡程度越大。数值越小，越接近于0，说明个人之间或地区之间的收入不均等程度越小。

5.2 四川省城乡收入绝对差距时空特征

5.2.1 四川省城乡收入绝对差距时间特征

本部分首先从省域层面对四川省城乡收入绝对差距进行分析，如图5-1所示。

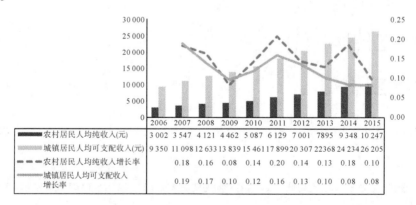

图5-1 四川省城镇居民人均可支配收入和农村居民人均纯收入趋势

2006—2015年，四川省农村居民人均纯收入从3 002元增长到10 247元，增长了2.4倍，城镇居民人均可支配收入从9 350元增长到26 205元，农村居民人均纯收入增长率大于城镇居民人均可支配收入增长率。从两者的年增长率来看，农村居民人均纯收入呈现较大的波动，但绝大多数年份都在 10% 以上，10 年间年均增长率约为 15%；城镇居民人均可支配收入在 2011 年增长率达到了 16%，2013 年之后增长率逐渐下降至 8%，并趋于稳定，10 年间年均增长率约为 13%。虽然农民收入增幅大于城镇居民收入增幅，但是两者之间的绝对差距还是逐年在扩大，随着农民收入的增长，两者之间差距的增长速度在逐年降低。

上述是省域层面数据的变化，下面以 2008—2015 年四川省区县为研究视角，对城镇居民人均可支配收入、农村居民人均收入以及城乡人均收入差进行描述性统计及比较分析，如表 5-1、图 5-2 和图 5-3 所示。

表 5-1   四川省区县城乡收入描述性统计分析①   单位：元

指标	年份	2008	2009	2010	2011	2012	2013	2014	2015
农村居民(176)	平均值	4 203	4 586	5 315	6 467	7 486	8 502	9 537	11 604
	最小	1 685	1 952	2 360	3 097	3 607	4 137	4 592	6 246
	最大	10 450	11 443	15 263	15 885	17 710	19 640	21 542	23 492
	极差	8 765	9 491	12 903	12 788	14 103	15 503	16 950	17 246
	最大/最小	6.202	5.862	6.467	5.129	4.910	4.747	4.691	3.761
	标准差	1 650	1 762	2 044	2 398	2 611	2 853	3 096	3 419
	变异系数	0.393	0.384	0.385	0.371	0.349	0.336	0.325	0.295
城镇居民(181)	平均值	11 366	12 965	14 647	16 997	19 614	21 648	23 733	25 546
	最小	6 500	8 374	9 558	11 268	13 003	14 382	16 373	18 526
	最大	19 195	21 403	24 210	27 058	30 671	33 525	36 274	35 991
	极差	12 695	13 029	14 652	15 790	17 668	19 143	19 901	17 465
	最大/最小	2.953	2.556	2.533	2.401	2.359	2.331	2.215	1.943
	标准差	1 936	2 094	2 340	2 688	3 042	3 348	3 599	3 380
	变异系数	0.170	0.162	0.160	0.158	0.155	0.155	0.152	0.132

由表 5-1 和图 5-2 可知，四川省 176 个县的农村居民人均纯收入平均值从 2008 年的 4 203 元，增加到了 2015 年的 11 604 元，增长了 1.76 倍。176 个区县平均值的年均增长率为 14.19%，处于较高的增长水平。176 个区县的最低值从

① 区县收入数据来自四川省统计局。

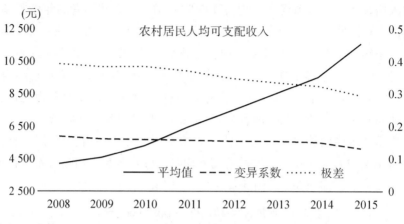

图 5-2　四川省 176 个区县农村居民人均纯收入相关指标时序图①

2008 年的 1 685 元，增长到了 2015 年的 6 246 元，提高了 2.71 倍，高于平均值的增长倍数。极差表示了收入分布的离散程度，2008 年农民收入的极差为 8 765 元，2015 年增长为 17 246 元，扩大了 97%，而最大值与最小值的比值，却从 2008 年的 6.2 倍降到了 3.8 倍。同时，表明地区相对差异的变异系数也从 2008 年的 0.393 降低到了 0.295。以上分析表明，四川省 176 个区县的农村居民人均纯收入之间的地区差异较均衡，且随着经济发展及新型城镇化的建设，地区差异在逐年缩小。

由表 5-1 和图 5-3 可知，四川省 181 个区县的城镇居民人均可支配收入的平均值从 2008 年的 11 366 元，增加到了 2015 年的 25 546 元，增长了 1.25 倍，低于农村居民人均纯收入的 1.76 倍，年均增长率为 10.74%，比农村居民人均收入增长率约低了 3.5%，增长最慢的普格县只有 7.55%，增长最快的为北川县，达到了 17%。

181 个区县的城镇居民人均可支配收入，最低值从 2008 年的 6 500 元，增长到了 2015 年的 18 526 元，提高了 1.85 倍，略高于平均值的增长倍数。最大值从 2008 年的 19 195 元提高为 2015 年的 35 991 元，提高了 88%。2008 年的极差为 12 695 元，2015 年增长为 17 465 元，扩大了 38%，低于农民人均收入的极差。

---

　　① 锦江区、青羊区、金牛区、武侯区、成华区均为城镇居民，没有农村居民，因此在相关农民收入统计与城乡收入之差统计分析中没有包括，只有 176 个区县（后续研究也采用同样方法进行处理）。

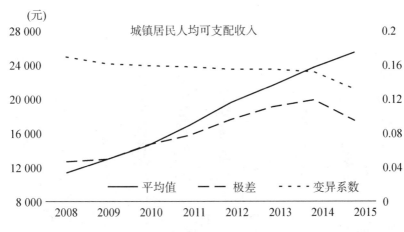

图 5-3　四川省 181 个区县城镇居民人均可支配收入相关指标时序图

最大值与最小值的比值从 2008 年的 2.953 倍降到了 1.943 倍，变异系数从 2008 年的 0.170 降低到了 0.132。以上分析表明，四川省 181 个区县的城镇居民人均可支配收入地区差异比农村居民人均纯收入的地区差异小，且随着经济发展和新型城镇化建设，城镇居民人均可支配收入的地区差异进一步逐年缩小。

　　图 5-4 是四川省区县城镇居民人均可支配收入、农村居民人均纯收入的平均值与变异系数的时序图。由该图可知，城镇居民与农村居民收入存在着较大差距，虽然农村居民收入增长快于城镇居民收入增长，但是由于农民收入基数低，因此两者差距在 2008—2015 年期间呈扩大趋势；城镇居民收入的变异系数低于农村居民收入的变异系数，且两者呈稳定持续下降趋势，表明无论是城镇居民还是农村居民，其人均收入的地区差异均在逐年降低。

　　由表 5-2 和图 5-5 可知，四川省 176 个区县的城镇居民人均可支配收入与农村居民人均纯收入之差（简称城乡收入之差）的平均值，整体上呈缓慢上升趋势，从 2008 年的 7 164 元，增加到了 2015 年的 13 942 元，增长了 95%，低于城镇居民和农村居民各自收入平均值的增长倍数，年均增长率为 8.93%。最低值从 2008 年的 3 307 元，增长到了 2015 年的 7 014 元，提高了 1.12 倍，略高于平均值的增长倍数。最大值从 2008 年的 11 936 元提升为 2015 年的 20 292 元，提高了 70%。2008 年极差为 8 629 元，2015 年增长为 13 278 元，扩大了 54%，低于农民收入极差，但高于城镇居民收入极差。最大值与最小值的比值从 2008 年的 3.6 倍降到了 2.9 倍。衡量地区相对差异的变异系数则从 2008 年的 0.235 降低到

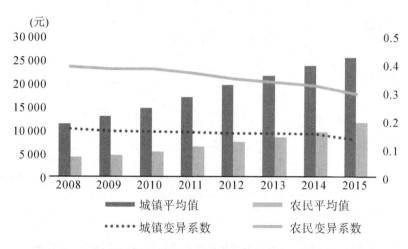

图5-4 四川省区县城镇居民与农村居民相关指标比较分析时序图

了2015年的0.149，降低了36%，降幅明显。上述分析表明，四川省区县的城乡收入之差的地区差异随着经济和社会发展，2008—2014年呈增长趋势，2014年达到"拐点"后逐渐回落。

表5-2 四川省176个区县城乡收入之差绝对差距描述性统计分析

单位：元

指标	2008	2009	2010	2011	2012	2013	2014	2015
平均值	7 164	8 379	9 332	10 530	12 128	13 147	14 196	13 942
最小	3 307	4 200	4 492	4 700	5 666	6 170	6 852	7 014
最大	11 936	13 185	14 492	16 058	18 189	19 620	20 729	20 292
极差	8 629	8 985	10 000	11 358	12 523	13 450	13 877	13 278
最大/最小	3.609	3.139	3.226	3.417	3.210	3.180	3.025	2.893
标准差	1 682	1 752	1 857	2 086	2 230	2 343	2 386	2 076
变异系数	0.235	0.209	0.199	0.198	0.184	0.178	0.168	0.149

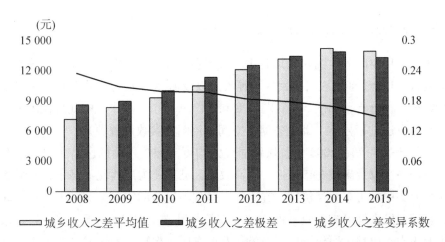

图 5-5 四川区县城镇居民与农村居民收入之差相关指标时序图

图 5-6 为四川省 176 个区县城乡收入之差分布随时间变化的散点图,由该图可知,四川省区县的城乡收入之差符合正态分布,发展相对均衡,且逐渐趋向分散。

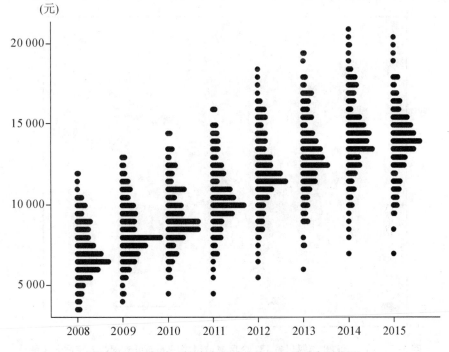

图 5-6 四川省 176 个区县城乡收入之差分布时序图

5.2.2　四川省城乡收入绝对差距空间特征

本书采用空间分位图对四川省 181 个区县 2008 年和 2015 年城镇居民人均可支配收入、176 个区县农村居民人均纯收入以及城乡收入之差的空间分布与空间结构特征进行分析，如图 5-7、图 5-8 和图 5-9 所示。其中，空间分位图采用的是自然断点法进行分类（此处省略了空间分位图的参数设置图）。

由图 5-7 可知，2008 年，城镇居民人均可支配收入高的区县主要集中在成都平原经济区以及攀枝花市东区，次高收入区域主要为川西北经济区，较低收入区域主要集中在川东北经济区，在空间上呈现出显著的空间集聚和差异性。2015年，城镇居民人均可支配收入的空间分布特征基本上与 2008 年一致，高收入区县主要集中在成都平原经济区以及攀枝花市东区，次高收入区域主要为川西北经济区，较低收入区域主要集中在川东北经济区，在空间上呈现出显著的空间集聚和差异性。产生差异的地方为进入次高区域的区县数量增多，主要分布在成都平原经济区和川南经济区，如江阳区、龙马潭区和顺庆区增长较快。

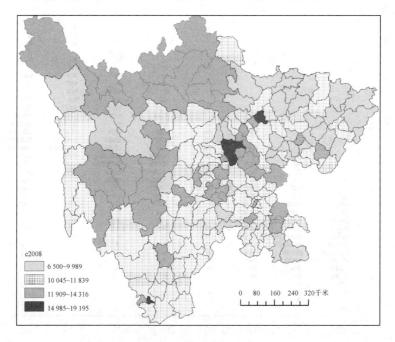

图 5-7（a）　2008 年四川省 181 个区县城镇居民人均可支配收入空间分位图

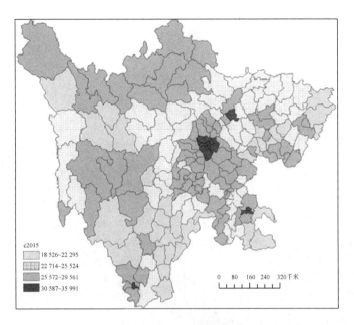

图 5-7（b）　2015 年四川省 181 个区县城镇居民人均可支配收入空间分位图

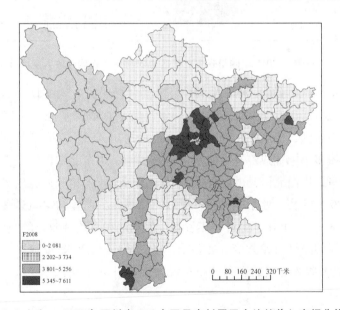

图 5-8（a）　2008 年四川省 176 个区县农村居民人均纯收入空间分位图

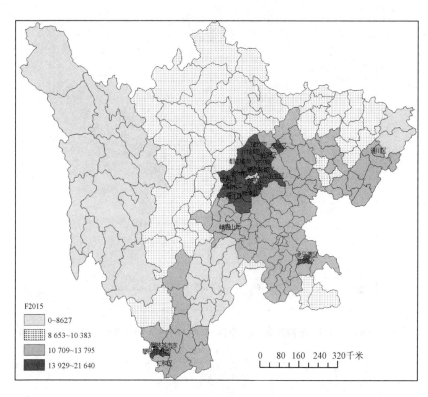

图 5-8 (b)   2015 年四川省 176 个区县农村居民人均纯收入空间分位图

由图 5-8 (a) 可知，四川省 176 个区县农村居民人均纯收入的空间分布特征为高收入农村居民与城镇居民收入一致，集中在成都平原经济区以及峨眉山市、攀枝花市东区、西区、仁和区和川东北的通川区；不一致的特征为农民收入为次高的区域多集中在成都平原经济区以及川南、川东北和攀西经济区的部分区县。与此同时，川西北区县的农民收入与城镇居民收入相比差异较大，农民收入在四川省 176 个区县中处于中下游，可以直接观察到明显的空间集聚和差异性。

由图 5-8 (b) 可知，经过 8 年发展，农村居民人均纯收入的空间分布特征，由于经济发展的路径依赖效应，并没有太大变化，与 2008 年基本一致。四川省 176 个区县城乡收入之差的空间分布直观分析如图 5-9 所示。

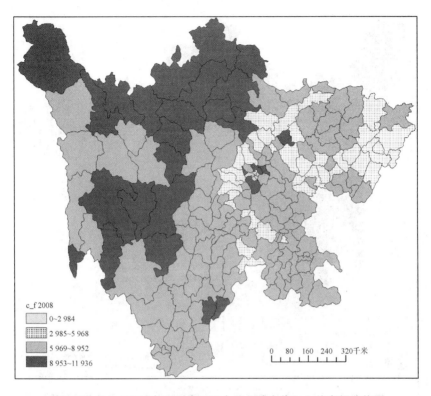

图 5-9（a） 2008 年四川省 176 个区县城乡收入之差空间分位图

图 5-9（a）可知，2008 年四川省 176 个区县城乡收入之差的空间分布特征呈现出明显的空间集聚性和差异性特征，差距较大的区县集中在川西北地区。其中，5 659~8 952 元区间占了较大份额，收入差距较小的区县较少，主要分布在成都平原和川东北地区。

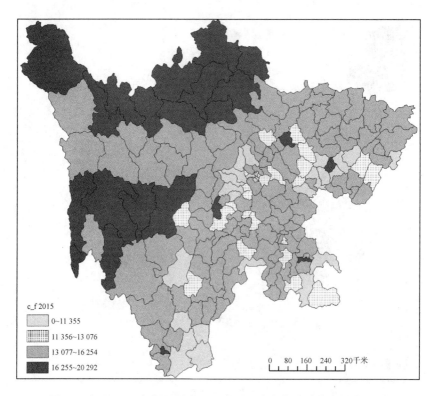

图 5-9 (b)   2015 年四川省 176 个区县城乡收入之差空间分位图

由图 5-9 (b) 可知，2015 年四川省 176 个区县的城乡收入之差的空间分布特征与 2008 年呈现出基本一致的空间集聚性和差异性特征，城乡收入之差较大的区域主要集中在川西地区，差距较小的区县所占比重相对较少。

本书采用全局空间自相关和局部空间自相关指标，进行空间集聚特征是否显著、空间结构模式的分析，如表 5-3 所示。

表 5-3   城乡收入绝对差距全局相关性的 Moran's I 指数值

指标	年份	2008	2009	2010	2011	2012	2013	2014	2015
农村居民收入	Moran's I	0.608 ***	0.599 ***	0.558 ***	0.573 ***	0.561 ***	0.558 ***	0.554 ***	0.495 ***
	Z-Value	12.33	12.23	11.39	11.72	11.52	11.46	11.36	10.13
城镇居民收入	Moran's I	0.516 ***	0.543 ***	0.554 ***	0.562 ***	0.541 ***	0.538 ***	0.548 ***	0.593 ***
	Z-Value	10.82	11.38	11.72	11.98	11.56	11.44	11.71	12.41

表5-3(续)

指标＼年份		2008	2009	2010	2011	2012	2013	2014	2015
城乡收入之差	Moran's I	0.571 ***	0.598 ***	0.610 ***	0.596 ***	0.557 ***	0.535 ***	0.521 ***	0.653 ***
	Z-Value	11.48	12.14	11.39	12.08	11.30	11.46	10.67	13.03

由表5-3和图5-10可知，四川省区县层面城镇居民人均可支配收入、乡村居民人均纯收入以及城乡收入之差，均呈现出显著的空间集聚特征。但是，三者随着时间的推移，发展趋势并不一致，乡村居民收入的空间集聚性逐渐下降，表明乡村居民收入在空间分布上趋于一定程度的分散，城镇居民收入的空间集聚性在轻微波动中总体呈现稳定上升，而城乡收入之差的空间集聚性则呈现出V形波动，在缓慢下降后2015年显著上升。

本书采用局部空间自相关的LISA指标进行城乡收入之差的局部空间自相关分析，如图5-11所示。

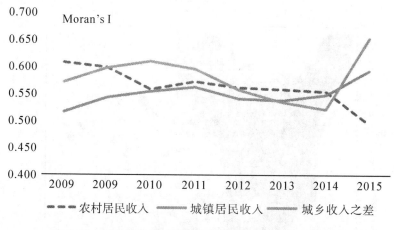

图 5-10　城乡收入绝对差距全局相关性 Moran's I 时序图

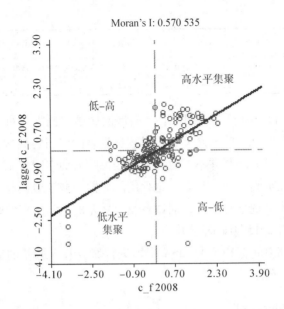

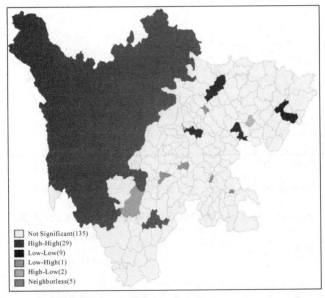

图 5-11（a） 2008 年四川省 176 个区县城乡收入之差 Moran 散点图和 LISA 集聚图

由图 5-11（a）可知，2008 年四川省 176 个区县城乡收入之差的空间结构主要为：川西北地区显著的高城乡收入之差集聚，其他三种空间结构并不显著，只有个别区县，如江油、达川、蓬溪为低城乡收入之差集聚；冕宁为"低-高"空间结构；顺庆为"高-低"空间结构。

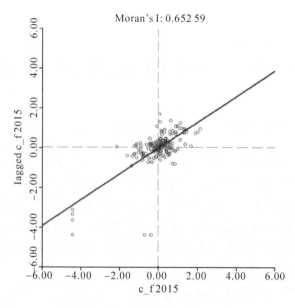

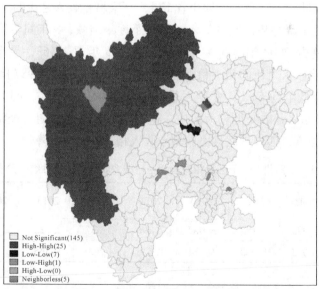

图 5-11（b）　2015 年四川省 176 个区县城乡收入之差 Moran 散点图和 LISA 集聚图

由图 5-11（b）可知，2015 年四川省 176 个区县城乡收入之差的空间结构与 2008 年相似，川西北地区城乡收入之差集聚比较显著，其他大多数区县空间结构并不显著。

5.3 四川省城乡收入相对差距时空特征

5.3.1 四川省城乡收入相对差距时间特征

使用城乡收入比的方法测度城乡收入相对差距，可获得性较高，计算结果较为直观，在经济学上有着较为良好的解释意义，缺点是指标简单，并不能反映城乡人口所占比重的变化，同时不可分解，较易出现误差（丁焕峰和刘心怡，2017）[①]。本部分以四川省城乡收入差距之比和泰尔指数测算为基础，揭示四川省城乡收入差距的城镇差异、农村差距、城乡收入差距以及省内区域差异变化，并发现差异变化的区域构成原因。

5.3.1.1 四川省城乡居民收入比

由表 5-4 和图 5-12 可知，四川省 176 个区县城乡收入之比的平均值在 2.3~3.1 之间呈缓慢下降趋势，城乡收入相对差距逐年缩减，8 年间下降了 35%。城乡收入之比的差从 2008 年的 6.385 减少到了 2015 年的 2.163，最小值变化幅度很小，但是城乡收入之比的最大值变化很大，从 2008 年的 7.987 降低到了 2015 年的 3.668，降低了约 54%，变异系数从 2008 年的 0.431 减少到了 2015 年的 0.193，分布形态从分散变得较为集中。这表明近 8 年间，随着经济的发展、城乡居民收入的提高，四川省区县之间城乡收入相对差距显著降低。

表 5-4　四川 181 个区县相对差距——城乡收入比描述性统计分析

年份 指标	2008	2009	2010	2011	2012	2013	2014	2015
平均值	3.093	3.184	3.067	2.896	2.837	2.732	2.651	2.311
最小	1.602	1.628	1.574	1.536	1.569	1.555	1.545	1.505

---

① 丁焕峰，刘心怡. 城镇化背景下城乡收入差距的时空演化 [J]. 经济地理，2017（4）：32-41.

表5-4(续)

年份\指标	2008	2009	2010	2011	2012	2013	2014	2015
最大	7.987	7.666	7.086	6.157	5.528	5.205	4.784	3.668
极差	6.385	6.038	5.511	4.621	3.959	3.649	3.239	2.163
最大/最小	4.986	4.708	4.501	4.009	3.523	3.346	3.097	2.437
标准差	1.333	1.247	1.097	0.952	0.809	0.720	0.642	0.447
变异系数	0.431	0.392	0.358	0.329	0.285	0.263	0.242	0.193

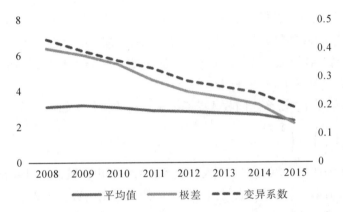

图 5-12（a） 2008—2015 年四川省 176 个区县城乡收入之比相关指标时序图

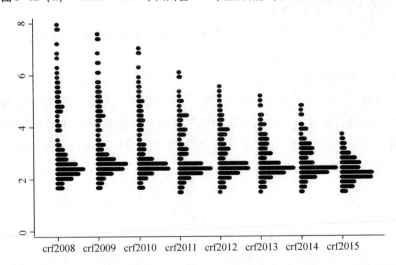

图 5-12（b） 2008—2015 年四川省 176 个区县城乡收入之比分布散点图

5.3.1.2　四川省城乡居民收入泰尔指数测度

根据泰尔指数的思想，本书进行两次分组，第一次分为城镇和农村两个基本单元，第二次在城镇和农村内部分为五大经济区，测算四川省总收入差距的泰尔指数、城乡之间收入差距的泰尔指数、城镇和农村内部收入差距的泰尔指数以及城乡内部收入差距的泰尔指数。

定义 T 为四川省全省总收入差距的泰尔指数，公式如下：

$$T = \sum_i \sum_j \left(\frac{Y_{ij}}{Y}\right) Ln\left(\frac{Y_{ij}/Y}{N_{ij}/N}\right) \tag{5-5}$$

其中，i 为城镇或农村两个单元，j 为四川省的五大经济区，Y_{ij} 为 i 单元（城镇或农村）中 j 经济区的居民收入。N_{ij} 为 i 单元（城镇或农村）中 j 经济区的人口数。Y 为全省居民年总收入（城镇居民总可支配收入+农村居民纯收入），N 为全省总人口数（城镇人口+农村人口）。

定义 T_B 为四川省城乡之间收入差距的泰尔指数，公式如下：

$$T_B = \sum_i \left(\frac{Y_i}{Y}\right) Ln\left(\frac{Y_i/Y}{N_i/N}\right) \tag{5-6}$$

其中，Y_i 为四川省城镇收入或农村收入，N_i 为四川省城镇人口或农村人口。

定义 T_{wi} 为四川省城镇或农村内部收入差距的泰尔指数，公式如下：

$$T_{wi} = \sum_j \left(\frac{Y_{ij}}{Y_i}\right) Ln\left(\frac{Y_{ij}/Y_i}{N_{ij}/N_i}\right) \tag{5-7}$$

四川省收入差距可以分解为城乡内部收入差距和城乡间收入差距。

$$T = T_W + T_B \tag{5-8}$$

根据泰尔指数的测算公式，我们可以计算出四川省总收入差距的泰尔指数、城乡间以及城乡内部收入差距的泰尔指数 T、T_B 和 T_W，并可以计算出城乡间收入差距的泰尔指数、城乡内部收入差距的泰尔指数，两者对全省总收入差距的泰尔指数的贡献率，用于分析全省收入差距扩大的主要原因。具体计算结果见表5-5，相关指标时序图见表5-13。

表 5-5 2006—2015 年四川省城乡居民收入差距泰尔指数

指标 ＼ 年份	2008	2009	2010	2011	2012	2013	2014	2015
城镇内部收入差距	0.054 5	0.068 0	0.069 4	0.072 1	0.071 2	0.061 9	0.061 5	0.024 5
城镇收入占总收入比重	0.435 3	0.508 4	0.514 0	0.516 4	0.523 0	0.533 5	0.536 2	0.687 8
农村内部收入差距	0.021 2	0.006 9	0.006 6	0.006 2	0.005 4	0.004 9	0.004 6	0.006 8
农村收入占总收入比重	0.564 7	0.491 6	0.486 0	0.483 6	0.477 0	0.466 5	0.463 8	0.312 2
总收入差距泰尔指数	0.184 9	0.185 1	0.182 7	0.173 6	0.174 9	0.164 7	0.160 4	0.104 8
城乡内部收入差距	0.044 4	0.037 9	0.038 9	0.040 2	0.039 8	0.035 3	0.035 1	0.018 9
城乡间收入差距	0.149 2	0.147 1	0.143 8	0.133 4	0.135 1	0.129 4	0.125 3	0.085 8
城乡间收入差距贡献率（%）	80.69	79.49	78.72	76.83	77.24	78.56	78.11	81.89
城乡内收入差距贡献率（%）	19.31	20.51	21.28	23.17	22.76	21.44	21.89	18.11
城乡间/城乡内之比	4.18	3.87	3.70	3.32	3.39	3.66	3.57	4.52

图 5-13（a） 2008—2015 年四川省 176 个区县泰尔指数指标时序图

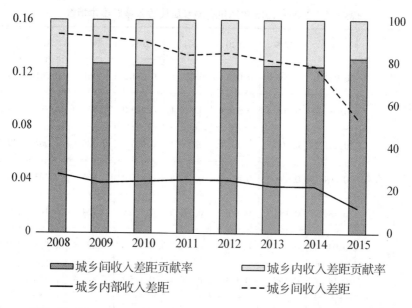

图5-13（b） 2008—2015年四川省176个区县泰尔指数指标时序图

由表5-5和图5-13可知，四川省176个区县总体收入差距泰尔指数2008年为0.1849，2015年为0.1048，表明四川省区县之间总体收入差距呈稳定下降趋势，特别是2015年下降趋势较显著。其中，城乡内部收入差距较小，地区差距主要为城乡之间收入差距，城乡内部收入差距只占总体收入差距的20%左右，且随着时间发展缓慢下降；而城乡之间收入差距占80%左右，且随着时间发展不断增大，从2008年的80.69%，缓慢增加到2015年的81.89%；城乡之间与城乡内部收入差距之比在3.32~4.52波动。以上分析表明，四川省城乡收入的相对差距以城乡间收入差距为主体，这种差距随经济社会发展呈缓慢下降趋势，2014年后下降幅度增大。

5.3.2 四川省城乡收入相对差距空间特征

本书采用空间分位图对四川省176个区县2008年和2015年城乡收入之比的空间分布及空间结构特征进行分析，如图5-14所示。

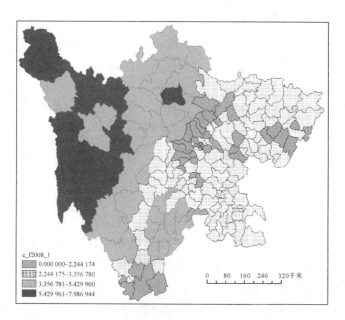

图 5-14（a）　2008 年四川省 176 个区县城镇收入之比空间分位图

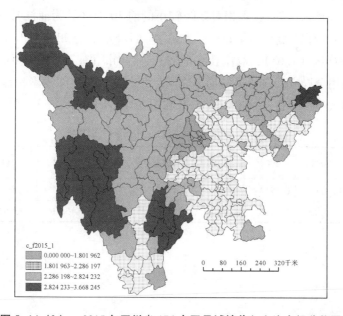

图 5-14（b）　2015 年四川省 176 个区县城镇收入之比空间分位图

由图 5-14（a）可知，2008 年四川省 176 个区县城乡收入之比的空间分布特征呈现出显著的空间集聚和差异特征，城乡收入之比较高的区县集中在川西北经济区；成都平原、川东北、川南和攀西经济区的城乡收入之比相对较低。其中，城乡收入之比最高的 10 个区县为色达县（7.99）、理塘县（7.79）、石渠县（7.70）、甘孜县（7.15）、雅江县（6.80）、得荣县（6.60）、稻城县（6.26）、壤塘县（6.12）、黑水县（5.97）和巴塘县（5.79）；城乡收入之比较低的 10 个区县为彭州市（1.72）、都江堰市（1.75）、蒲江县（1.77）、蓬安县（1.82）、大邑县（1.87）、龙泉驿区（1.84）、崇州市（1.88）、新津县（1.93）、绵竹市（1.95）和营山县（1.97）。

由图 5-14（b）可知，2015 年四川省 176 个区县城乡收入之比的空间分布特征与 2008 年相似，城乡收入相对差距大的区县集中在川西、川北地区。不同的地方在于，2015 年城乡收入相对差距较大的区县有所增多，川南和川东北地区的部分区县城乡收入差距相对有所扩大。城乡收入相对差距较大的前 10 个区县为色达县（3.67）、石渠县（3.61）、理塘县（3.50）、布拖县（3.34）、甘洛县（3.30）、金阳县（3.29）、美姑县（3.26）、甘孜县（3.20）、得荣县（3.18）和雅江县（3.15）；城乡收入相对差距较小的前 10 个区县为蒲江县（1.58）、温江区（1.59）、都江堰市（1.60）、大邑县（1.61）、彭州市（1.61）、蓬安县（1.64）、郫都区（1.68）、双流县（1.69）、崇州市（1.70）和邛崃市（1.71）。

本书采用全局空间自相关和局部空间自相关指标对空间集聚特征的显著性和空间结构模式进行分析，结果如表 5-6 和图 5-15 所示。

表 5-6　城乡收入之比的 Moran's I 指数值

指标 \ 年份	2008	2009	2010	2011	2012	2013	2014	2015
Moran's I	0.806 ***	0.821 ***	0.815 ***	0.804 ***	0.777 ***	0.766 ***	0.756 ***	0.816 ***
Z-Value	16.29	16.81	16.76	16.47	15.92	15.76	15.64	16.25

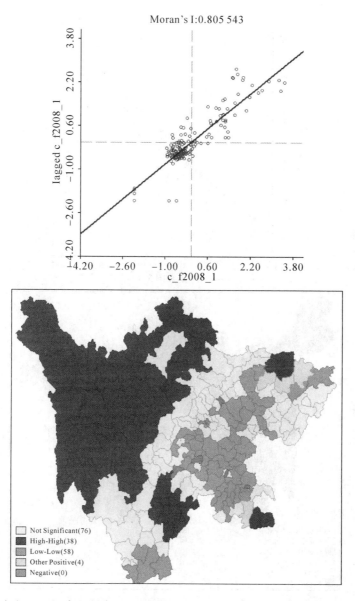

图 5-15（a）　2008 年四川省 176 个区县城乡收入之比 Moran 散点图和 LISA 集聚图

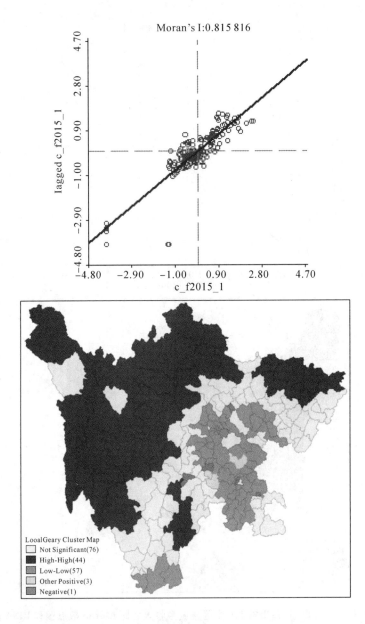

图 5-15（b）　2015 年四川省 176 个区县城乡收入之比 Moran 散点图和 LISA 集聚图

由表5-6和图5-16可知，四川省区县城乡收入之比的全部自相关和局部空间自相关，均呈现出显著的空间集聚和空间结构差异特征。2015年较2008年相比并没有发生较大的变化，"高-高"集聚的空间结构集中在川西北地区、"低-低"集聚的空间结构主要集中在成都平原地区与川南地区。

6 四川省新型城镇化与工业化 对城乡收入差距影响实证研究

前文对于城镇化、工业化影响城乡收入差距的理论分析,定性探讨了城市化与工业化影响城乡居民收入差距变动的一般规律和特殊机制,不过由于新型城镇化和工业化处于不同发展阶段,理论分析中难以判断城市化与工业化对城乡居民收入差距的影响及方向,因此还需要通过实证分析进行定量研究。

我们在前述研究中还发现,对于四川省区县层面样本而言,无论是新型城镇化、工业化,还是城乡收入的绝对差距和相对差距,都存在显著的空间相关性和空间异质性,因此本章纳入对空间相关性以及空间异质性特征的考量,采用空间常系数面板模型和空间变系数面板模型,分别就四川省新型城镇化、工业化对城乡居民收入差距的影响及其空间溢出效应、时空异质性进行实证研究。

6.1 变量选取与模型设定

6.1.1 变量选取与数据来源

6.1.1.1 被解释变量

城乡居民收入差距(Incomegap)用城镇居民人均可支配收入与农村居民人均纯收入之差和之比分别表示,即 Incomegap1 = 城镇居民人均可支配收入/农村居民人均纯收入,Incomegap2 = 城镇居民人均可支配收入-农村居民人均纯收入。所有收入数据以 2000 年为基年,用不变价格来表示。

6.1.1.2 解释变量

新型城镇化水平(Urban):采用本书第三章新型城镇化测算结果。

工业化水平(Industry):采用本书第四章工业化水平测算结果。

数据来源于《四川省统计年鉴》《中国区县统计年鉴》《中国城市统计年鉴》与四川省统计局。

6.1.2 计量模型设定

本书中的新型城镇化是综合指标体系，包含了经济发展、社会发展、环境发展、人口、人民生活五个方面，因此在实证模型中不再引入控制变量。根据第二章空间面板基本模型理论，我们建立如下两类空间计量实证模型：空间常系数面板模型和空间变系数面板模型（时空地理加权回归模型）。

6.1.2.1 空间常系数模型

空间滞后模型（SAR）：

$$\mathrm{Ln}Incomegap_{it} = \mu_i + \tau_t + \rho WIncomegap_{it} + Urban_{it} + Industry_{it} + \varepsilon_{it} \quad (6-1)$$

空间误差模型（SEM）：

$$\mathrm{Ln}Incomegap_{it} = \mu_i + \tau_t + Urban_{it} + Industry_{it} + \mu_{it}, \ \mu_{it} = \rho W\mu_{it} + \varepsilon_{it} \quad (6-2)$$

空间杜宾模型（SDM）：

$$\mathrm{Ln}Incomegap_{it} = \mu_i + \tau_t + \rho WIncomegap_{it} + Urban_{it} + \beta WUrban_{it}$$
$$+ Industry_{it} + \gamma WIndustry_{it} + \varepsilon_{it} \quad (6-3)$$

6.1.2.2 时空地理加权回归模型

空间变系数模型（也被称为局部回归模型）作为一种能够有效识别差异性的统计方法，已经得到较好的理论发展和广泛的应用。考虑时间因素的时空变系数模型对于时空数据的适用性大大增强，同时也具备更加优良的统计性质[①]，因此本书基于现有文献研究成果，结合地理加权回归模型（GWR）、时间加权回归模型（TWR）以及时空地理加权回归模型（GTWR），分别从空间、时间和时空三个视角，探讨四川省区县层面新型城镇化、工业化对城乡收入差距影响的时空差异性。模型如下：

$$\mathrm{Ln}Incomegap_i = \beta_0(long_i, \ lat_i, \ t_i) + \beta_{\mathrm{lnUrban}}(long_i, \ lat_i, \ t_i) + \beta_{\mathrm{lnindustry}}(long_i,$$
$$lat_i, \ t_i) + \varepsilon_i \quad (6-4)$$

---

① 韩兆洲，林仲源. 我国最低工资增长机制时空差异性测度研究 [J]. 统计研究，2017（6）：38-51.

6.2 新型城镇化与工业化对
城乡收入绝对差距影响实证模型

6.2.1 空间常系数面板模型实证结果

根据上文空间自相关的检验，我们发现四川省区县层面城乡居民收入差距、城镇化率、工业化均存在着空间自相关性，因此在建模的过程中应考量纳入这种空间交互效应，避免模型设定偏误。本节以城乡收入绝对差距——城乡居民收入之差为被解释变量，新型城镇化、工业化为解释变量，构建空间常系数面板模型进行实证研究，测度四川省区县层面新型城镇化、工业化对于城乡收入绝对差距的影响及空间溢出效应。

6.2.1.1 SAR、SEM 与 SDM 模型的选择

为选择合适的模型，本书首先针对空间滞后模型与空间误差模型，利用 LM 以及 robust −LM 检验选择合适的模型，结果如表 6-1 所示。

表 6-1 城乡收入绝对差距实证模型 LM 检验结果

检验方法	普通面板模型	空间固定效应	时间固定效应	空间和时间双固定效应
LM test no spatial lag	59.917 1*** (0.000)	2 332.675 4*** (0.000)	375.343 6*** (0.000)	523.452 2*** (0.000)
robust LM test no spatial lag	1.522 5 (0.217)	457.674 8*** (0.000)	48.671 9*** (0.000)	0.047 3 (0.828)
LM test no spatial error	1 756.785 3*** (0.000)	1 875.142 4*** (0.000)	335.358 6*** (0.000)	526.566 5*** (0.000)
robust LM test no spatial error	1 698.390 8 (0.000)***	0.141 7 (0.707)	8.686 9*** (0.003)	3.161 6* (0.075)

注：括号中为 P 值，*、＊＊、＊＊＊分别表示在置信水平为 10%、5%以及 1%下显著，下同。

由表 6-1 可知，LM 检验表明，无论是否包括空间固定效应和时间固定效应，在 1%的显著水平上，分别拒绝了没有空间滞后被解释变量的原假设和没有空间自相关误差项的原假设；当使用稳健 LM 检验时，如果包括了空间固定效应或时

间固定效应，在1%的显著水平上，同样拒绝了没有空间滞后被解释变量的原假设。如果包括了时间固定效应，在1%的显著水平上，拒绝了没有空间自相关误差项的原假设，由此推断出，城乡居民收入绝对差距在各个对应模型下均存在空间相关性，但从统计显著性来讲，空间滞后模型比空间误差模型更加显著，即建立空间滞后模型将优于建立空间误差模型。同时，为研究空间固定效应的联合非显著性的原假设，进行似然比（LR）检验，结果如表6-2所示。

表6-2　空间和时间固定效应的联合非显著性检验

原假设	LR 统计值	P 值
空间固定效应的联合显著性	3 565.996 8	0.000 0
时空固定效应的联合显著性	3 891.455 7	0.000 0

由表6-2可知，把模型扩展为具有空间固定效应和时间固定效应的模型，即采用双向固定效应模型，模型解释效果更好。在经过稳健LM检验后，虽然初步判定空间滞后模型较好，但是仍需考虑空间杜宾模型是否可以被简化为空间滞后模型或空间误差模型，通过Wald检验进行判断，结果如表6-3所示。

表6-3　Wald 检验结果

检验方法	空间和时间固定效应	空间随机效应、时间固定效应
Wald 检验空间滞后	15.776 4 *** (0.003)	23.350 1 *** (0.000 0)
Wald 检验空间误差	11.068 7 *** (0.003 9)	9.969 1 *** (0.006 8)

由表6-3可知，在时空双固定效应或空间随机效应、时间固定效应和1%置信水平条件下，分别拒绝了空间杜宾模型简化为空间滞后模型和空间误差模型的原假设，因此本模型采用空间杜宾模型更为合适。这意味着在研究城镇化、工业化对城乡居民收入绝对差距影响的时候，不仅要考虑新型城镇化、工业化对于城乡居民收入绝对差距的直接影响，还要考虑新型城镇化、工业化对于城乡居民收入绝对差距的空间溢出效应，否则会带来模型设定误差。

6.2.1.2　固定效应与随机效应的检验

基于上述空间面板模型的设定，模型的截距项根据空间地区的特性，可分为固定效应与随机效应。这是由于在以空间地区为单位进行研究时，需考虑地区的差异性与地域特色，从而在截距项进行设定。截距项包括固定效应和随机效应，其中固定效应包括地区固定效应、时间固定效应以及地区和时间双重固定效应，随机效应包括地区随机效应、时间随机效应以及地区和时间双重随机效应。基于简单面板的随机效应与固定效应 Hausman 检验，萨热（LeSage）等将 Hausman 检验用于空间面板模型的随机效应与固定效应。本书利用 LR 检验与 Hausman 检验来选择混合空间面板模型与固定效应或者随机效应的模型结果，如表6-4所示。

表6-4　随机效应与空间固定效应的检验

检验方法	原假设 H0	Hausman 统计量	P 值	检验结论
Hausman 检验	模型设定为随机效应	53. 169 6	0. 000 0	拒绝原假设

根据 Hausman 检验的结果，拒绝原假设，则模型的截距项存在固定效应。因此，新型城镇化、工业化对城乡收入之差影响的空间杜宾固定效应模型估计结果如表6-5所示。

表6-5　具有空间、时间效应的空间杜宾模型的估计结果

变量	空间固定效应	时间固定效应	时空固定效应
Industry	0. 115 9*** （5. 271 2）	0. 112 4*** （5. 699 6）	0. 108 8*** （5. 814 1）
Urban	0. 106 9*** （4. 540 3）	0. 119 8*** （7. 891 4）	0. 093 1*** （4. 551 5）
W * industry	0. 086 8*** （4. 494 9）	−0. 223 2*** （−9. 170 6）	−0. 062 1*** （−3. 065 8）
W * urban	−0. 154 6*** （−4. 639 1）	−0. 121 1*** （−6. 491 3）	−0. 068 2** （−2. 140 5）
W * dep.var.	0. 937 9 （127. 802 5）***	−0. 029 0 （−0. 728 4）	0. 479 0*** （15. 837 8）
logL	2 001. 684	382. 522	2 320. 325
R^2	0. 924 8	0. 666 2	0. 978 4

由表6-5可知，三种固定效应的空间杜宾模型估计结果中，新型城镇化、工业化及其空间滞后系数、城乡收入之差空间滞后变量，均在5%的置信水平下显著。比较三个模型的拟合优度和调整拟合优度，具有时空固定效应的空间杜宾自回归模型，其拟合优度较另外两种模型高，即具有时空固定效应的空间杜宾模型拟合效果更好。这一模型中，各区县城乡收入绝对差距不仅受本区县解释变量的影响，还受到相邻区县城乡收入绝对差距和解释变量空间溢出效应的影响。本地区新型城镇化水平提高，对于本地区城乡收入绝对差距缩小有着负向扩大作用，而周边地区的城镇化水平提高，对于本地区城乡收入绝对差距则有着正向减

少作用，工业化对城乡收入绝对差距与新型城镇化影响效应一致，城乡收入绝对差距的空间溢出为正效应。

以上分析表明，2008—2015 年，四川省区县层面新型城镇化、工业化水平的提高，城乡收入绝对差距的空间溢出，均加剧了城乡之间收入绝对差距的扩大；而新型城镇化、工业化空间溢出效应则有利于城乡之间收入绝对差距的缩小。

6.2.2　空间变系数面板模型实证结果

空间常系数模型的估计结果是对研究所用的样本平均意义上影响效应的反映，只体现了空间溢出性，没有考虑地区间的差异性。由前述分析可知，四川省区县，无论是新型城镇化、工业化，还是城乡收入差距，都存在显著的空间差异，如上模型无法全面反映空间差异性。考虑时空因素的时空变系数模型，对于时空数据异质性具有更好的测度，具备更加优良的统计性质。因此，接下来本书采用空间变系数模型进行更深入的实证分析。为了比较不同模型的拟合效果，先采用普通固定效应面板模型进行估计，采用 stata 软件进行计算，结果如表 6-6 所示。

表 6-6　城乡收入绝对差距普通面板模型估计结果

模型 / 变量	混合回归模型	固定效应模型	随机效应模型
Urban	−0.244 0 (0.162)	−0.533 2*** (0.000)	−0.112 4*** (0.000)
Industry	−0.179 5 (0.315)	0.706 0*** (0.000)	0.210 0*** (0.000)
截距项	9.206*** (0.000)	8.805 4 (0.000)	9.219 9*** (0.000)
检验指标	拟合优度 R^2：0.002 4　F检验值：1.76	拟合优度（R^2）：0.221 3　F检验值：179.72	拟合优度（R^2）：0.219 2

由表 6-6 可知，普通固定效应面板的拟合效果相对较好，但是拟合优度 R^2 也仅为 0.221 3，即全局回归模型效果较差，解释能力很弱，进一步验证有必要建立局部回归模型进行研究。因此，为提高模型拟合效果，并探讨四川省区县层面城乡收入绝对差距形成机制的时空差异性，本部分分别从时间、空间和时空角度，构建 TWR、GWR 以及 GTWR 局部加权回归模型[1]，并比较三种局部回归模

---

[1] 局部回归模型估计采用 B. Huang 提供的基于 Arcgis 的 GTWR1.1（2018）模块完成，采用 adaptive kernel 类型。

型与全局回归估计结果，从模型拟合优度、优良性和预测能力等方面选择最优模型，结果分别如表6-7、表6-8和表6-9所示。

表6-7　城乡收入绝对差距TWR估计结果

年份 变量	2008	2009	2010	2011	2012	2013	2014	2015
Urban	0.041 8	0.026 8	0.000 0	−0.006 9	0.009 6	0.007 0	0.005 7	0.003 0
Industry	−0.127 7	−0.111 4	−0.098 2	−0.105 7	−0.095 0	−0.085 4	−0.071 3	−0.065 1
截距项	8.853 4	8.929 5	9.008 6	9.130 9	9.336 9	9.431 2	9.486 3	9.465 2
检验指标	拟合优度 R^2：0.618 1　　　　　　Adjusted R^2：0.617 6 AICc：−633.415　　　　　　　　带宽：0.187 8 回归标准差（Sigma）：0.192 1　　　残差平方和RSS：53.412							

表6-7~表6-9分别报告了TWR、GWR和GTWR模型的系数估计结果和模型检验指标，对比全局回归模型与三种局部回归模型检验指标，如表6-10所示。

由表6-10可知，从模型诊断性信息来看，GTWR模型的拟合优度达到0.786 7，高于GWR模型、TWR模型和固定效应全局面板回归模型。回归标准差、残差平方和以及AICc值越小说明模型效果越好，上述四种模型中这些指标最低的均为GTWR模型，因此从模型预测能力和拟合优良性来看，GTWR模型优于其他两种模型，即考虑了时空差异性的GTWR模型为最优的模型。

上述局部回归模型中的新型城镇化、工业化的上、下四分位数以及中位数，多表现出同向的作用系数，变量的作用强度有所差异，但也不排除存在异向的作用系数，这是由于这三种模型分别考虑了时间、空间以及时空方面的差异性，即四川省区县层面新型城镇化、工业化发展水平对城乡收入绝对收入差距的影响表现出较强的时间和空间差异性。下面以拟合效果最好的GTWR模型进行实证结果分析。

在表6-9中，GTWR模型中新型城镇化发展对于城乡收入绝对差距影响存在显著的时空差异性，最大值为1.431 3，最小值为−0.353 2，两者不仅差异显著，而且作用的方向也存在显著差异，相应的空间分位图也呈现出影响效应的动态。下面进行新型城镇化对城乡收入绝对差距影响的描述性统计和空间分位图制作，对其时空特征进行深入分析，如表6-11和图6-1所示。

表6-8　　　城乡收入绝对差距GWR估计结果

变量	GWR			
	最大值	上四分位数	中位数	下四分位数	最小值
Urban	0.745 0	0.138 3	0.061 8	-0.039 4	-0.412 8
Industry	0.773 3	0.357 2	0.249 7	0.163 9	-0.097 1
截距项	11.322 9	9.742 6	9.594 0	9.337 5	8.555 7

检验指标：拟合优度(R²): 0.276 4　Adjusted R²: 0.275 5
AICc: 328.765　带宽: 0.264
回归标准差(Sigma): 0.264
残差平方和RSS: 101.203

表6-9　　城乡收入绝对差距GTWR估计结果

变量	GTWR（整体）			
	最大值	上四分位数	中位数	下四分位数	最小值
Urban	1.431 3	0.148 1	0.097 7	0.032 4	-0.353 2
Industry	0.575 5	0.231 5	0.122 7	-0.009 2	-0.298 1
截距项	12.925 3	9.738 6	9.538 0	9.312 1	7.867 7

检验指标	
拟合优度（R²）：0.786 7	Adjusted R²：0.786 4
AICc：-1 349.86	带宽：0.115 0
回归标准差（Sigma）：0.143 5	残差平方和RSS：29.828

数据空间分布

表 6-10　城乡收入绝对差距的 GWR 和 OLS 模型效果比较

模型	R^2	RSS	AICc	Sigma
OLS	0.221 3			
TWR	0.618 1	53.412	−633.415	0.192 1
GWR	0.276 4	101.203	328.765	0.264
GTWR	0.786 7	29.828	−1 349.86	0.143 5

表 6-11　城乡收入绝对差距的 GTWR 模型系数描述性统计

系数 \ 年份		2008	2009	2010	2011	2012	2013	2014	2015
Urban	平均值	0.125	0.083	0.049	0.069	0.120	0.142	0.144	0.142
	中位数	0.108	0.083	0.058	0.079	0.102	0.109	0.105	0.093
	最小值	−0.147	−0.306	−0.353	−0.292	−0.186	−0.157	−0.148	−0.150
	最大值	0.414	0.329	0.270	0.338	0.733	1.003	1.245	1.431
	极差	0.561	0.635	0.623	0.630	0.918	1.160	1.393	1.581
	标准差	0.114	0.108	0.113	0.117	0.146	0.168	0.191	0.211
	变异系数	0.913	1.299	2.290	1.696	1.217	1.182	1.331	1.487
Industry	平均值	0.072	0.120	0.180	0.195	0.129	0.066	0.056	0.065
	中位数	0.044	0.115	0.210	0.216	0.137	0.054	0.047	0.056
	最小值	−0.211	−0.298	−0.273	−0.167	−0.156	−0.214	−0.212	−0.207
	最大值	0.322	0.422	0.541	0.576	0.465	0.371	0.374	0.399
	极差	0.533	0.720	0.814	0.742	0.621	0.585	0.586	0.605
	标准差	0.150	0.149	0.156	0.153	0.133	0.132	0.127	0.117
	变异系数	2.090	1.242	0.866	0.784	1.031	2.000	2.250	1.814

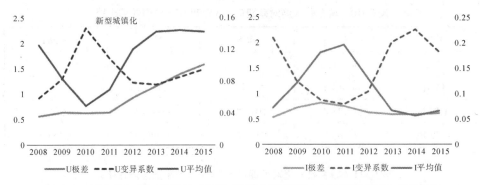

图6-1 城乡收入绝对差距的 GTWR 模型系数时序图（平均值采用次坐标轴）

由表6-11和图6-1可知，新型城镇化与工业化对城乡居民收入绝对差距影响模型中变量均为显著，新型城镇化的影响效应大于工业化的影响，且这种影响效应随着时间演变显现出不同的变化趋势。新型城镇化对于城乡居民收入绝对差距影响效应的平均值均为正效应，随时间呈现 U 形变动趋势。工业化对城乡收入绝对差距影响效应的平均值也均为正效应，但随着时间推进，呈现出与新型城镇化截然不同的倒 U 形变动趋势，趋势分界点与新型城镇化一致，为 2010 年和 2013 年。

新型城镇化、工业化对城乡居民收入绝对差距影响效应的最小值均为负数，分别呈现出与平均值类似的 U 形和倒 U 形趋势。新型城镇化与工业化的变异系数与极差也呈现出不同的变化趋势，新型城镇化影响效应空间上呈现出绝对差距持续增大的趋势，且在 2010 年的时候有一个跃升，其后又快速下降至平稳。本书通过空间分位图进行更为细致的分析，如图6-2和图6-3所示。

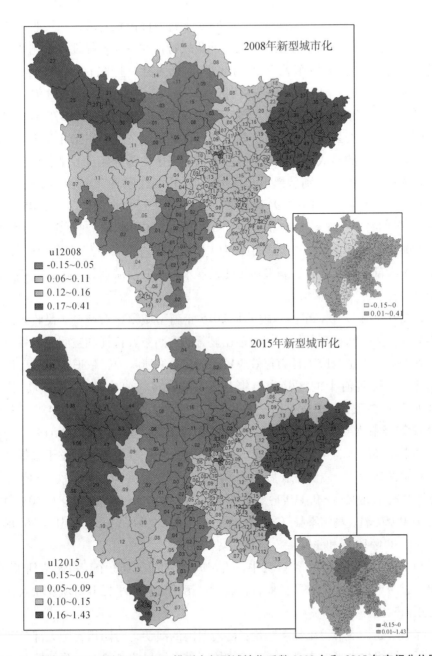

图6-2   城乡收入绝对差距 **GTWR** 模型中新型城镇化系数 2008 年和 2015 年空间分位图

在图6-2中，第一个图呈现的是2008年新型城镇化对城乡居民收入绝对差距影响效应的空间分布，存在显著的空间集聚特征和空间差异性，影响效应多为正效应，主要分布在川东北和川西北的部分区县。排名前十的区县为渠县（0.414 4）、营山县（0.402 4）、达川区（0.394 5）、平昌县（0.389 9）、大竹县（0.388 6）、通川区（0.384 4）、广安区（0.378 3）、仪陇县（0.375 6）、巴州区（0.363 1）和蓬安县（0.360 3）。其次是成都平原经济区、川东北和川南的部分区县，影响较小的是成都平原经济区和攀西经济区的部分区县。排名最后十名的区县均为负向影响，分别是黑水县（-0.147 0）、红原县（-0.114 1）、松潘县（-0.089 3）、理县（-0.077 9）、小金县（-0.047 1）、金阳县（-0.045 4）、得荣县（-0.044）、布拖县（-0.037 5）、马尔康县（-0.034 4）和茂县（-0.033 2）。

2008年，四川省176个区县中，为正向效应的有154个，占比87%，表明对四川省绝大部分区县而言，新型城镇化发展水平提升对城乡收入绝对差距是正向效应。

在图6-2中，第二个图呈现的是2015年新型城镇化对城乡居民收入绝对差距影响效应的空间分布特征，依旧存在显著的空间集聚特征和空间差异性，影响效应绝大部分为正效应，且为正效应较大的区县有所扩大，依旧主要位于川东北和川西北。排名前十的区县为石渠县（1.431 3）、德格县（1.376）、甘孜县（1.090 7）、白玉县（1.064 3）、色达县（0.841 1）、巴塘县（0.584 4）、炉霍县（0.532 7）、新龙县（0.473 9）、壤塘县（0.436 2）和大竹县（0.414 7）。其次是成都平原经济区、川东北和川南的部分区县，影响较小的区县位于成都平原经济区和攀西经济区。排名最后十名的区县也均为负向影响，分别是黑水县（-0.149 8）、理县（-0.110 1）、红原县（-0.107 8）、松潘县（-0.103 4）、小金县（-0.097 3）、马尔康县（-0.080 6）、茂县（-0.078 9）、金川县（-0.057 9）、丹巴县（-0.054 6）和北川县（-0.022）。

2015年，四川省176个区县中，为正向效应的有163个，占比达到了93%，表明对于四川省绝大部分区县而言，新型城镇化发展水平提升对城乡收入绝对差距为正向效应。

综上所述，本书得出如下结论：随着时间的演变，对四川省绝大部分区县而言，新型城镇化水平的提升，进一步加剧了城乡居民收入绝对差距的扩大。

在图6-3中，第一个图呈现的是2008年工业化对城乡居民收入绝对差距影响的空间分布特征，与新型城镇化影响效应一样，也存在显著的空间集聚特征和空间差异性，并且与新型城镇化影响效应一致，工业化的影响也多为正效应。影响效应为正且较大的区县，主要分布在成都平原经济区和川南经济区。排名前十的区县为叙永县（0.321 6）、古蔺县（0.320 5）、兴文县（0.308 6）、纳溪区（0.305 8）、江安县（0.298 6）、江阳区（0.293 7）、合江县（0.293 0）、长宁县（0.292 9）、龙马潭区（0.285 9）和宜宾县（0.279 8）。其次是成都平原经济区、川西北的部分区县，影响较小多位于川西北。排名最后十名的区县均为负向影响，分别为石渠县（−0.210 9）、得荣县（−0.195 5）、九寨沟县（−0.179 5）、稻城县（−0.164 2）、木里县（−0.158 4）、西区（−0.157 8）、盐边县（−0.154 1）、乡城县（−0.153 4）、仁和区（−0.147 4）和东区（−0.142）。

2008 年，四川省 176 个区县中工业化效应为正向效应的有 101 个，占比约为 57%，表明对于四川省一半的区县，特别是川西北、川东北、攀西经济区的区县，工业化发展水平提升对城乡收入绝对差距是正向效应，即工业化水平越高，城乡居民收入的绝对差距越大。但是同时也有约 43%的区县，主要是成都平原经济区和川南经济的区县，工业化为负向效应，即工业化水平的发展促进了城乡居民收入绝对差距的减少，工业化水平越高，城乡居民收入的绝对差距越小。

在图 6-3 中，第二个图呈现的是 2015 年工业化对于城乡居民收入绝对差距影响效应的空间分布特征，与 2008 年相比没有太大变化，依旧存在显著的空间集聚特征和空间差异性，不同的是正向影响效应较大的区县数量扩大，但依旧主要分布在成都平原和川南地区。排名前十的区县为古蔺县（0.398 5）、叙永县（0.357 9）、兴文县（0.317 4）、纳溪区（0.302 5）、合江县（0.288 2）、江安县（0.285）、江阳区（0.283 5）、长宁县（0.278 2）、龙马潭区（0.273 5）和珙县（0.271 4）。其次是成都平原经济区的部分区县，影响较小的区县为川西北的部分区县。排名最后十名的区县分别是得荣县（−0.206 6）、稻城县（−0.202 2）、木里县（−0.181 2）、九寨沟县（−0.172 8）、乡城县（−0.161）、达川区（−0.122 3）、大竹县（−0.120 5）、渠县（−0.116 1）、通川区（−0.114 7）和开江县（−0.114 3）。

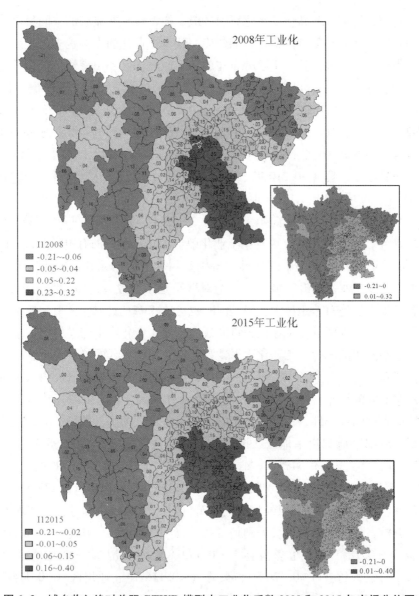

图 6-3　城乡收入绝对差距 GTWR 模型中工业化系数 2008 和 2015 年空间分位图

　　2015 年，四川省 176 个区县中工业化为正向效应的有 114 个，占比约为 65%，这一数据较 2008 年提升了 8%，表明对于四川省大部分区县，特别是川南地区，2015 年工业化发展水平提升对城乡收入绝对差距是正向效应，即工业化水平提升加剧了城乡居民收入绝对差距的扩大，工业化水平越高，城乡居民收入的绝对差距越大。

综上所述，本书得出如下结论：随着时间的演变，以四川省区县层面为研究对象，工业化水平的提升，对于城乡居民收入绝对差距的影响效应存在显著的空间集聚性和异质性，对于川南、成都平原经济区和攀西经济区中大部分区县，工业化水平的提升加剧了城乡居民收入绝对差距的扩大，而对于川西北、川东北经济区大部分区县，工业化水平的提升促进了城乡居民收入绝对差距的减少。

6.3　新型城镇化与工业化对城乡收入相对差距影响实证模型

6.3.1　空间常系数面板模型实证结果

本部分以城乡收入相对差距——城乡居民收入之比为被解释变量，新型城镇化、工业化为解释变量，构建空间常系数面板模型进行实证研究，测度四川省区县层面新型城镇化、工业化对于城乡收入相对差距的影响及空间溢出效应。

6.3.1.1　SAR、SEM 与 SDM 模型的选择

为选择合适的模型，本书首先针对空间滞后模型与空间误差模型，利用 LM 以及 robust-LM 检验选择合适的模型，结果如表 6-12 所示。

表 6-12　城乡收入相对差距实证模型 LM 检验结果

检验方法	普通面板模型	空间固定效应	时间固定效应	空间和时间固定效应
LM test no spatial lag	812. 476 2*** (0. 000)	2 004. 625 4*** (0. 000)	847. 492 6*** (0. 000)	1 473. 955 8 *** (0. 000)
robust LM test no spatial lag	174. 263 8*** (0. 000)	228. 369 6*** (0. 000)	332. 463 6*** (0. 000)	90. 440 4 *** (0. 000)
LM test no spatial error	683. 675 9*** (0. 000)	1 776. 754 3*** (0. 000)	523. 199 5*** (0. 000)	1 415. 437 9 *** (0. 000)
robust LM test no spatial error	5. 463 5 (0. 208)	0. 498 5 (0. 480)	4. 170 5** (0. 014)	6. 922 5** (0. 018)

由表6-12可知，LM检验表明，无论是否包括空间固定效应和时间固定效应，在1%的显著水平上，分别拒绝了没有空间滞后被解释变量和没有空间自相关误差项的原假设。当使用稳健LM检验时，如果包括了空间固定效应和时间固定效应，在1%的显著水平上，同样拒绝了没有空间滞后被解释变量的原假设。如果包括了时间固定效应，在1%的显著水平上，拒绝了没有空间自相关误差项的原假设。由此可知，城乡居民收入相对差距在各个对应模型下均存在空间相关性，但从统计显著性来讲，空间滞后模型更加显著。同时，为研究时间和空间固定效应联合非显著性的原假设，进行似然比（LR）检验，结果如表6-13所示。

表6-13 空间和时间固定效应的联合非显著性检验

原假设	LR 统计值	P 值
joint significance spatial fixed effects	2 944.690 5	0.000 0
joint significance time-period fixed effects	955.730 5	0.000 0

由表6-13可知，把上述模型扩展为具有空间固定效应和时间固定效应的模型，即双向固定效应模型效果更好。在经过稳健LM检验后，虽然初步判定空间滞后模型较好，但是仍需考虑空间杜宾模型是否可以被简化为空间滞后模型或空间误差模型。通过Wald检验进行判断，结果如表6-14所示。

表6-14 Wald 检验结果

检验方法	空间和时间固定效应	空间随机效应，时间固定效应
Wald 检验空间滞后	23.253 2 (0.000 0)	45.264 9 (0.000 0)
Wald 检验空间误差	16.716 3 (0.000 2)	45.112 8 (0.000 0)

由表6-14可知，在1%的置信水平条件下，Wald检验拒绝模型设置为空间滞后模型的假设和空间误差模型的原假设，模型设定应选择空间杜宾模型，即在研究城镇化以及工业化对城乡居民收入差距的影响的时候，应该考虑纳入城镇化、工业化以及城乡居民收入差距的空间溢出效应，模型效果会更好。

6.3.1.2 固定效应与随机效应的检验

利用Hausman检验选择空间面板模型是固定效应还是随机效应，如表6-15所示。

表6-15 随机效应与空间固定效应的检验

	原假设 H0	Hausman 统计量	P 值	检验结论
Hausman 检验	模型设定为随机效应	46.376 9	0.000	拒绝原假设

由表6-15可知，Hausman 检验的结果为拒绝原假设，则模型的截距项存在固定效应，因此采用时空双固定效应的空间杜宾模型进行估计，结果如表6-16所示。

表6-16 具有空间、时间效应的空间杜宾模型的估计结果

变量	空间固定效应	时间固定效应	时空固定效应
Industry	0.005 2（0.493 8）	0.012 4（0.899 6）	0.068 8*（2.814 1）
Urban	0.037 3**（2.170 0）	0.047 4*（2.942 1）	0.063 1*（3.551 5）
W * industry	−0.093 2***（−5.020 8）	−0.073 2***（−7.286 7）	−0.062 1***（−4.284 9）
W * urban	−0.081 2***（−3.390 2）	−0.093 2***（−5.276 2）	−0.068 2**（−3.462 0）
W * dep. var.	0.792 0***（46.149 2）	0.629 0***（32.728 4）	0.879 0***（54.290 8）
logL	1 832.432 1	2 421.391	2 543.622
R²	0.971 7	0.746 2	0.989 6

由表6-16可知，三种固定效应的空间杜宾模型估计结果中，新型城镇化、工业化及其空间滞后系数、城乡收入之比空间滞后变量，均在10%的置信水平下显著。比较三个模型的拟合优度和修正的拟合优度，具有时空效应的空间杜宾自回归模型的拟合优度较另外两种模型高，即具有时空固定效应的空间杜宾模型，拟合效果最好。

这一模型中，各区县城乡收入相对差距不仅受本区县新型城镇化和工业化的影响，还受到相邻区县城乡收入相对差距和新型城镇化、工业化空间溢出效应的影响。本地区新型城镇化水平提高，对于本地区城乡收入相对差距缩小有着负向扩大作用，而周边地区的城镇化水平提高，对于本地区城乡收入相对差距则有着正向促进作用，工业化对城乡收入相对差距与新型城镇化影响效应一致，城乡收入相对差距的空间溢出为正效应。

以上分析表明，2008—2015年，四川省区县层面新型城镇化、工业化水平的提高以及城乡收入相对差距的空间溢出，均加剧了城乡之间收入相对差距的扩大；而新型城镇化、工业化空间溢出效应则有利于城乡之间收入相对差距的缩

小，与采用城乡收入绝对的模型结论一致，只是影响效应大小存在差异。

6.3.2 空间变系数面板模型实证结果

本书先采用普通固定效应面板模型进行测算估计，结果如表6-17所示。

表6-17　城乡收入相对差距普通面板模型估计结果

变量	混合回归模型		固定效应模型		随机效应模型	
	参数估计值	t 统计量	参数估计值	t 统计量	参数估计值	t 统计量
Urban	-0.289 5	-22.84 (0.000)	0.240 1***	-6.53 (0.000)	-0.073 5	-2.95 (0.003)
Industry	-0.248 0	-19.15 (0.000)	-0.237 0***	-12.32 (0.000)	-0.257 7	-14.84 (0.000)
截距项	0.226 0	8.66 (0.000)	1.273 4	17.01 (0.000)	0.641 4	12.16 (0.000)
检验指标	拟合优度 (R^2)：0.422 4 F 检验值：528.76 AICc：-203.726 8 残差平方和 RSS：73.349		拟合优度 (R^2)：0.140 0 F 检验值：102.98		拟合优度 (R^2)：0.321 7	

由表6-17可知，混合回归模型板的拟合效果相对较好，拟合优度为0.422 4，但是这一拟合优度相对还是较低，模型解释能力较弱，模型拟合优良性需要进一步提高。为了探讨四川省区县层面城乡收入相对差距形成机制的时空差异性，本部分分别从时间、空间和时空角度构建 TWR、GWR 以及 GTWR 局部加权回归模型，并比较三种局部回归模型与全局回归估计结果，如表6-18、表6-19和表6-20所示。

表6-18　城乡收入相对差距 TWR 估计结果

年份 变量	2008	2009	2010	2011	2012	2013	2014	2015
Urban	-0.273 3	-0.285 8	-0.297 3	-0.317 1	-0.304 3	-0.297 6	-0.280 9	-0.262 2
Industry	-0.312 2	-0.300 4	-0.285 7	-0.251 9	-0.194 9	-0.168 2	-0.154 8	-0.137 7
截距项	0.242 4	0.256 5	0.244 6	0.194 1	0.252 4	0.250 8	0.241 4	0.226 9
检验指标	拟合优度 (R^2)：0.495 3　Adjusted R^2：0.494 6　AICc：-367.112 带宽：0.114 4　回归标准差（Sigma）：0.210 5　残差平方和 RSS：64.149 5							

表6-19 城乡收入相对差距GWR估计结果

变量	GWR				
	最大值	上四分位数	中位数	下四分位数	最小值
Urban	0.321 5	-0.053 4	-0.132 1	-0.218 8	-0.434 5
Industry	0.183 0	0.059 25	-0.088 1	-0.202 6	-0.430 1
截距项	1.677 3	0.794 7	0.672 7	0.504 3	-0.211 9

检验指标	拟合优度(R^2): 0.704 2 Adjusted R^2: .070 38 AICc: -104.78
	带宽: 0.115 0 回归标准差(Sigma): 0.161 2 残差平方和
	RSS: 37.603 9

数据空间分布

表6-20

城乡收入相对差距GTWR估计结果

变量	GTWR			
	最大值	上四分位数	中位数	下四分位数	最小值
Urban	0.698 1	-0.069 4	-0.149 2	-0.234 0	-0.575 9
Industry	0.191 2	0.074 9	-0.058 9	-0.059 6	-0.422 2
截距项	3.181 3	0.780 3	0.652 1	0.461 0	-0.458 0
检验指标	拟合优度(R²): 0.778 8 AICc: -1 455.23 回归标准差(Sigma): 0.139 4 残差平方和RSS: 28.124		Adjusted R²: 0.778 5 带宽: 0.115 0		

数据空间分布

表6-18～表6-20分别报告了新型城镇化、工业化对城乡收入相对差距影响的三种局部回归模型——TWR、GWR和GTWR模型的系数估计结果和模型检验指标。对比全局回归模型与三种局部回归模型检验指标如表6-21所示。

表6-21　城乡收入相对差距的 GWR 和 OLS 模型效果比较

模型	R^2	RSS	AIC	Sigma
OLS	0.422 4	73.349	−203.726 8	
TWR	0.495 3	64.149 5	−367.112	0.210 5
GWR	0.704 2	37.603 9	−1 104.78	0.161 2
GTWR	0.778 8	28.124	−1 455.23	0.139 4

由表6-21可知，对比全局回归模型与三种局部回归模型结果可以发现，从模型诊断性信息来看，GTWR 模型的拟合优度达到 0.778 8，高于 GWR 模型、TWR 模型和 OLS 模型，而且回归标准差、残差平方和以及 AIC 值最低的均为GTWR 模型，即对于城乡居民收入相对差距，考虑了时空差异性的 GTWR 模型为最优的模型。三种模型中新型城镇化、工业化估计的上、下四分位数以及中位数不仅作用强度有所差异，而且作用方向也呈现出显著不同。下面以拟合效果最好的 GTWR 模型进行实证结果分析。

在表6-20中，GTWR 模型中新型城镇化发展对于城乡收入相对差距的影响存在显著的时空间差异性，其中最大值为 0.698 1，最小值为−0.575 9，两者不仅差异非常显著，而且作用的方向也存在显著差异，表现出较强的时空差异性，相应的空间分位图也呈现出影响效应的动态演变。下面就新型城镇化、工业化对城乡收入相对差距影响效应进行描述性统计分析和空间分位图制作，从而对其时空特征进行探究，结果如表6-22和图6-4所示。

表6-22　城乡收入相对差距的 GTWR 模型系数描述性统计

系数	年份	2008	2009	2010	2011	2012	2013	2014	2015
Urban	平均值	-0.141	-0.136	-0.134	-0.141	-0.151	-0.159	-0.160	-0.150
	中位数	-0.155	-0.150	-0.143	-0.136	-0.145	-0.154	-0.152	-0.149
	最小值	-0.576	-0.540	-0.495	-0.457	-0.429	-0.448	-0.492	-0.465
	最大值	0.698	0.543	0.342	0.183	0.196	0.168	0.138	0.141
	极差	1.274	1.084	0.837	0.639	0.625	0.616	0.630	0.607
	标准差	0.172	0.160	0.149	0.134	0.125	0.126	0.126	0.124
	变异系数	-1.225	-1.181	-1.111	-0.952	-0.826	-0.791	-0.792	-0.829
Industry	平均值	-0.074	-0.076	-0.080	-0.079	-0.071	-0.058	-0.045	-0.038
	中位数	-0.067	-0.077	-0.081	-0.087	-0.088	-0.068	-0.055	-0.026
	最小值	-0.422	-0.417	-0.418	-0.407	-0.388	-0.369	-0.340	-0.317
	最大值	0.191	0.191	0.188	0.184	0.180	0.171	0.157	0.142
	极差	0.614	0.608	0.606	0.591	0.568	0.540	0.497	0.459
	标准差	0.156	0.155	0.154	0.153	0.149	0.139	0.126	0.116
	变异系数	-2.124	-2.041	-1.932	-1.940	-2.090	-2.386	-2.786	-3.075

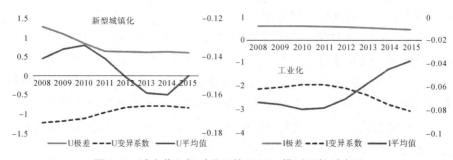

图6-4　城乡收入相对差距的 GTWR 模型系数时序图

由表6-22 和图6-4 可知，新型城镇化、工业化对城乡居民收入相对差距实证模型中变量的影响均显著，且多为负向影响效应，新型城镇化的影响大于工业化的影响，这种影响效应随时间呈现出不同的变化趋势。新型城镇化对城乡居民收入相对差距影响效应的平均值均为负效应，2008—2010 年呈上升趋势，2010—2013 年逐渐减少，2014—2015 年缓慢反弹，随时间呈现倒 U 形变动；工业化对城乡收入相对差距影响效应的平均值也为负效应，但随时间呈现出与新型城镇化截然不同的 U 形变动趋势，但是趋势较缓，负向效应逐年减少。

新型城镇化的变异系数与极差也呈现出相同的变化趋势，即新型城镇化对于城乡居民收入相对差距影响效应，空间上相对差距逐渐减少，工业化的极差和变异系数则呈现出不同的趋势，表示绝对差距的极差在逐渐减少，表示相对差距的变异系数则有所增大。下面通过空间分位图进行更为细致的分析，如图 6-5 和图 6-6 所示。

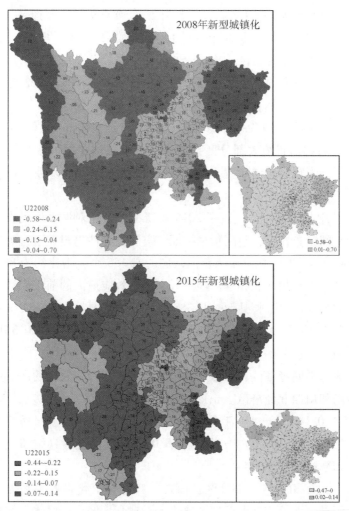

图 6-5　城乡收入相对差距 GTWR 模型中新型城镇化系数 2008 年和 2015 年空间分位图

在图 6-5 中，第一个图呈现了 2008 年新型城镇化对城乡居民收入相对差距影响效应的空间分布特征，观察到存在显著的空间集聚和空间差异特征，176 个区县中为负向效应的有 147 个，占比约为 84%，与 6.2.2 中，新型城镇化对于城乡居民收入绝对差距的影响效应相反。

负向效应较大的区县分布在川西北、成都平原和攀西经济区。排名前十的区县分别为黑水县（-0.575 9）、理县（-0.484 9）、松潘县（-0.481 4）、茂县（-0.441 1）、马尔康县（-0.430 8）、金川县（-0.409 9）、布拖县（-0.401 1）、小金县（-0.398 4）、金阳县（-0.397 1）和昭觉县（-0.392 1）。负向效应较小的区县主要位于川南经济区。正效应的区县主要分布在川东北、川南和川西北经济区。正向效应较大的十个区县分别为石渠县（0.698 1）、德格县（0.295 5）、大竹县（0.211 9）、渠县（0.203 9）、达川区（0.202）、通川区（0.191 8）、开江县（0.191）、邻水县（0.179 3）、广安区（0.174 8）和营山县（0.168 3）。

2008 年，对四川省绝大部分区县而言，新型城镇化发展水平提升，对城乡收入相对差距的影响是负向效应，即新型城镇化水平越高，城乡居民收入的相对差距越小。

在图 6-5 中，第二个图呈现了 2015 年新型城镇化对城乡居民收入相对差距影响效应的空间分布特征，空间集聚特征和空间差异性也很显著，负向效应较大的区县有所扩大，176 个区县中为负向效应的有 155 个，占比约为 88%。负向效应较大的区县分布在川西北和攀西经济区，负向效应最大的前十个区县分别为得荣县（-0.465 3）、黑水县（-0.388 6）、乡城县（-0.387 8）、金阳县（-0.387）、布拖县（-0.369 9）、小金县（-0.362）、理县（-0.361 8）、昭觉县（-0.359 4）、美姑县（-0.348 6）和稻城县（-0.345 2）。位于其次的区县主要分布在成都平原经济区、川东北和川南经济区。影响较小的区县则主要位于川东北、川南和川西北经济区。正向效应较大的十个区县分别为邻水县（0.141 2）、大竹县（0.140 9）、开江县（0.128 6）、华蓥市（0.118 7）、广安区（0.109 4）、渠县（0.104 6）、达川区（0.096 4）、色达县（0.085 5）、通川区（0.081 4）和德格县（0.074 2）。

2015 年，对四川省绝大部分区县而言，新型城镇化发展水平提升，对城乡收入相对差距是负向效应，即新型城镇化水平越高，城乡居民收入的相对差距越小。随着经济的发展、新型城镇化水平的提升，城乡居民收入的相对差距进一步减少了。

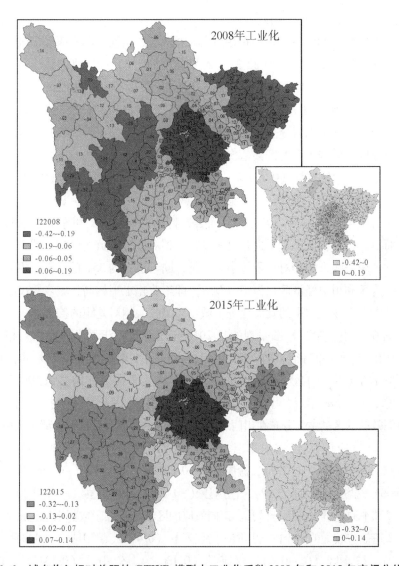

图 6-6   城乡收入相对差距的 GTWR 模型中工业化系数 2008 年和 2015 年空间分位图

在图 6-6 中，第一个呈现了 2008 年工业化对城乡居民收入相对差距影响效应的空间分布特征，与新型城镇化影响效应一样，空间集聚特征和空间差异性显著，与新型城镇化影响效应也趋于一致，工业化影响大多也为负向效应，176 个区县中为负向效应的有 115 个，占比约为 65%，与 6.2.2 中工业化对于城乡居民收入绝对差距的影响效应相反。

负向效应较大的区县主要分布在川东北经济区、川西北和攀西经济区，排名前十的区县依次为康定县（-0.422 3）、木里县（-0.409 5）、泸定县（-0.401 5）、通川区（-0.375）、稻城县（-0.374）、开江县（-0.371）、达川区（-0.369 6）、宣汉区（-0.368 6）、平昌县（-0.365 9）和巴州区（-0.336 2）。影响较小的区县主要位于川西北和攀西经济区，为正向效应的区县主要位于成都平原和川南经济区。正向效应较大的十个的区县依次为新津县（0.191 2）、彭山县（0.190 6）、双流县（0.185 9）、仁寿县（0.172 7）、东坡区（0.171 6）、温江区（0.17）、郫都区（0.164 6）、龙泉驿区（0.163 2）、新都区（0.159 8）和蒲江县（0.155）。

2008 年，对四川省多一半的区县而言，特别是川西北、川东北、攀西经济区的区县而言，工业化发展水平提升对城乡收入相对差距是负向效应，即工业化水平越高，城乡居民收入的相对差距越小。但是，同时也有约35%的区县，主要位于成都平原经济区和川南经济区，为正向效应，即工业化水平越高，城乡居民收入的相对差距越大，工业化水平的发展促进了城乡居民收入相对差距的扩大。

在图6-6中，第二个图呈现的是2015年工业化对于城乡居民收入相对差距影响效应的空间分布特征。与2008年相比，空间集聚特征和空间差异性依旧显著，不同的是正向影响效应较大的区县有所扩大，负向效应的县为100个，占比约为57%，比2008年减少了8%，为正向效应的区县占比从35%提升到了43%。

负向效应的区县主要分布在川西北、川东北、攀西以及成都平原部分区域。排名前十的负向效应的区县为木里县（-0.316 7）、稻城县（-0.291 6）、得荣县（-0.289 2）、石渠县（-0.279）、盐源县（-0.274 2）、乡城县（-0.269 7）、九龙县（-0.258 6）、盐边县（-0.233 7）、色达县（-0.224）和康定县（-0.212 1）。位于其次的是成都平原经济区的部分区县。正向效应的区县主要位于成都平原经济区和川南经济区。正效应较大的十个的区县依次为仁寿县（0.459）、彭山县（0.142）、新津县（0.141 9）、东坡区（0.140 6）、双流县（0.136 4）、资中县（0.134 6）、蒲江县（0.132 6）、威远县（0.13）、雁江区（0.128 5）和简阳市（0.127 6）。

2015 年，对于四川省大部分区县而言，特别是川南经济区部分区县而言，工业化水平提升对城乡收入相对差距是正向效应，即工业化水平越高，城乡居民收入的相对差距越大，工业化水平提升加剧了城乡居民收入相对差距的扩大。

综上所述，我们可以得出如下结论：以四川省区县层面为研究对象，随着时间演变，工业化水平的提升对于城乡居民收入相对差距的影响效应存在显著的空间集聚性和异质性；川南、成都平原经济区的部分区县，工业化水平的提升加剧了城乡居民收入相对差距的扩大，而川西北、成都平原经济和川东北经济区的部分区县，工业化水平提升促进了城乡居民收入相对差距的减少。

6.4 四川省整体和五大经济区新型城镇化与 工业化对城乡收入差距影响比较

对 6.2 和 6.3 的实证研究发现，2008—2015 年，四川省区县层面新型城镇化、工业化对城乡居民收入差距的影响存在显著的空间集聚性以及时间、空间两个维度的差异性，综合考虑以上效应的空间面板变系数模型具有更好的解释能力。因此，本部分继续采用空间面板变系数模型，对四川省区县层面的新型城镇化与工业化对城乡收入差距（包括绝对差距和相对差距）的影响效应，从整体和五大经济区进行比较分析。

6.4.1 四川省整体

四川省区县层面，新型城镇化、工业化对城乡收入绝对和相对差距影响效应结果总结如表 6-23 所示。由该表可知，对于四川省区县而言，新型城镇化与工业化发展对于城乡居民收入差距的影响具有显著的空间集聚、空间溢出和时空差异性特征，且两者对于城乡收入绝对、相对差距影响效应存在如下显著差异：

第一，对于城乡居民收入绝对差距而言，新型城镇化发展的正向效应，逐渐占绝大部分，即新型城镇化水平的提升，加剧了城乡收入绝对差距的扩大，效应强度呈现 U 形趋势，并且大于工业化影响效应；工业化发展对城乡收入绝对差距的正向效应也占主体地位，即工业化水平的提升，加剧了城乡收入绝对差距的扩大，工业化效应强度与新型城镇化相反，呈现倒 U 形趋势。

第二，对于城乡居民收入相对差距而言，新型城镇化发展负向效应占绝大部分，即新型城镇化水平的提升，减少了城乡收入相对差距，效应强度呈倒 U 形趋势；工业化发展对城乡收入相对差距的负向效应占大部分，工业化水平的提升减少了城乡相对收入差距，但走势与新型城镇化相反，呈现 U 形趋势。

表6-23 新型城镇化、工业化发展对城乡居民收入差距的影响

新型城镇化

效应类型		2008	2009	2010	2011	2012	2013	2014	2015
	平均效应	0.125	0.083	0.049	0.069	0.120	0.142	0.144	0.142
正向效应	正向效应比率	88%	81%	69%	72%	84%	92%	93%	93%
	典型地区	川东北、川西北							
	典型区县	渠县、营山、达川、平昌、大竹、通川、广安、仪陇、巴州、蓬安；石渠、德格、甘孜、白玉、色达、巴塘、沪霍、新龙、壤塘							
负向效应	负向效应比率	13%	19%	31%	28%	16%	8%	7%	7%
	典型地区	成都平原、攀西、川西北							
	典型区县	黑水、红原、松潘、理县、马尔康阳、得荣、布拖、马尔康；东坡、理县、茂县、金川；黑水、理县、红原、松潘、小金、马尔康							

工业化

效应类型		2008	2009	2010	2011	2012	2013	2014	2015
	平均效应	0.072	0.120	0.180	0.195	0.129	0.066	0.056	0.065
正向效应	正向效应比率	57%	74%	84%	86%	80%	65%	60%	65%
	典型地区	成都平原、川南							
	典型区县	叙永、古蔺、兴文、纳溪、江安、江阳、合江、长宁；古蔺、叙永、兴文、纳溪、江安、合江、江阳、长宁							
负向效应	负向效应比率	43%	26%	16%	14%	20%	35%	40%	35%
	典型地区	川西北							
	典型区县	石渠、得荣、九寨沟、稻城、木里、西区、盐边、乡城；得荣、稻城、木里、九寨沟、乡城、达川、大竹、渠县							

主要结论

城镇化对于城乡收入绝对差距的正向效应占绝大部分，且效应大于工业化。新型城镇化水平的提升促进了城乡收入绝对差距的扩大，并呈现U形趋势。工业化发展对于城乡收入绝对差距的正向效应占大部分，工业化水平的提升促进了城乡收入绝对差距的扩大，与新型城镇化相反，呈现倒U形趋势。

表6-23（续）

效应类型			新型城镇化								工业化							
			2008	2009	2010	2011	2012	2013	2014	2015	2008	2009	2010	2011	2012	2013	2014	2015
平均效应			-0.141	-0.136	-0.134	-0.141	-0.151	-0.159	-0.160	-0.150	-0.074	-0.076	-0.080	-0.079	-0.071	-0.058	-0.045	-0.038
相对差距	正向效应	正向效应比率	16%	16%	15%	14%	10%	10%	10%	12%	35%	32%	32%	34%	35%	38%	41%	43%
		典型地区	川东北、川南、川西北								成都平原、川南							
		典型区县	石渠、德格、大竹、渠区县、通川、开江、邻水、广安、营山				邻水、大竹、开江、华蓥、广安、渠县、达川、色达、通川				新津、彭山、双流、仁寿、东坡、温江、郫都、龙泉驿				仁寿、彭山、新津、东坡、双流、资中、浦江、威远、雁江			
	负向效应	负向效应比率	84%	84%	85%	86%	90%	90%	90%	88%	65%	68%	68%	66%	65%	62%	59%	57%
		典型地区	川西北、成都平原、攀西								川东北、川西北、攀西							
		典型区县	黑水、理县、松潘、茂县、小金、金川、布拖、小金、金阳				得荣、黑水、乡城、金阳、布拖、美姑、小金、理县、昭觉、美姑				康定、木里、泸定、通川、稻城、开江、达川、宣汉、平昌				木里、稻城、得荣、石渠、盐源、乡城、九龙、盐边、色达			

主要结论：新型城镇化对于城乡差距的负向效应占绝大部分，且效应大于工业化，新型城镇化水平的提升减少了城乡收入相对差距，略微呈现倒U形趋势。

工业化发展对于城乡差距的负向效应占大部分，工业化水平的提升对于城乡人均收入相对差距的负向效应相对减弱，小于城乡相对水平收入差距，与新型城镇化相反，呈现缓慢的U形趋势。

第三，从空间差异而言，新型城镇化对城乡收入绝对差距影响的空间差异越来越大，对相对差距影响的空间差异则逐渐减少；工业化对城乡收入绝对和相对差距影响的空间差异都大于新型城镇化，且均在逐渐减少。

在四川省"多点多极支撑"战略下，下面对四川省"多点多极"支撑战略中划分的五大经济区进行比较分析。

6.4.2 成都平原经济区

成都平原经济区新型城镇化、工业化对城乡居民收入绝对差距和相对差距的影响如表6-24所示。

表6-24 成都平原经济区新型城镇化、工业化对城乡居民收入差距的影响

类型		年份	2008	2009	2010	2011	2012	2013	2014	2015	与整体效应比较
绝对差距	新型城镇化	平均值	0.142	0.123	0.106	0.113	0.127	0.124	0.111	0.098	方向一致趋势一致强度较大
		正比率	100%	98%	94%	94%	97%	97%	97%	97%	
		负比率	0%	2%	6%	6%	3%	3%	3%	3%	
	工业化	平均值	0.156	0.199	0.249	0.249	0.181	0.123	0.109	0.107	方向一致趋势一致强度较大
		正比率	89%	98%	100%	100%	98%	88%	88%	88%	
		负比率	11%	2%	0%	0%	2%	12%	12%	12%	

类型		年份	2008	2009	2010	2011	2012	2013	2014	2015	与整体效应比较
相对差距	新型城镇化	平均值	-0.147	-0.150	-0.151	-0.152	-0.152	-0.151	-0.148	-0.147	方向一致趋势相反强度相似
		正比率	9%	9%	8%	6%	6%	5%	5%	5%	
		负比率	91%	91%	92%	94%	94%	95%	95%	95%	
	工业化	平均值	0.035	0.037	0.037	0.039	0.045	0.050	0.051	0.048	方向相反
		正比率	68%	70%	70%	71%	73%	76%	77%	79%	
		负比率	32%	30%	30%	29%	27%	24%	23%	21%	

表6-24(续)

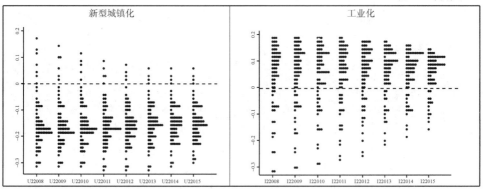

由表6-24可知，对成都平原经济区而言，新型城镇化、工业化发展对城乡居民收入差距影响与四川省整体影响有一致的地方，也存在一定差异。一致的地方是新型城镇化、工业化对于城乡居民收入绝对差距的影响效应方向与整体效应影响方向一致、趋势一致。不同的是相对差距中工业化的影响效应，整体中占主体效应的为负向效应，而成都平原经济区则主要为正向效应。同时，成都平原经济区绝对差距中，新型城镇化、工业化以及相对差距中的新型城镇化对城乡居民收入影响的强度均较整体强；绝对差距中新型城镇化、工业化为正向效应的区县高于整体，相对差距中新型城镇化为负向效应的比率也高于整体，成都平原经济区内区县之间的差异也较大。

6.4.3 川南经济区

川南经济区新型城镇化、工业化对城乡居民收入绝对差距和相对差距的影响如表6-25所示。

由表6-25可知，对川南经济区而言，新型城镇化、工业化发展对城乡居民收入差距影响与四川省整体影响有一致的地方，也存在一定差异。一致的地方是新型城镇化、工业化对于城乡居民收入绝对差距的影响效应方向与整体效应影响方向一致、趋势一致。不同的是绝对差距中，新型城镇化对收入差距的影响均为正效应，且强度小于四川省整体效应，工业化对收入差距的影响也均为正效应，但强度大于四川省整体效应。相对差距中，新型城镇化对收入差距的影响均为负效应，且强度小于四川省整体效应；工业化对收入差距的影响效应方向则完全不一致，存在从负向效应向正向效应转变的趋势。

表 6-25　川南经济区新型城镇化、工业化对城乡居民收入差距的影响

类型		年份	2008	2009	2010	2011	2012	2013	2014	2015	与整体效应比较
绝对差距	新型城镇化	平均值	0.090	0.063	0.049	0.080	0.123	0.131	0.125	0.121	方向一致趋势一致强度较小
		正比率	100%	100%	86%	100%	100%	100%	100%	100%	
		负比率	0%	0%	14%	0%	0%	0%	0%	0%	
	工业化	平均值	0.269	0.334	0.414	0.432	0.342	0.262	0.250	0.256	方向一致趋势一致强度较大
		正比率	100%	100%	100%	100%	100%	100%	100%	100%	
		负比率	0%	0%	0%	0%	0%	0%	0%	0%	

新型城镇化

工业化

类型		年份	2008	2009	2010	2011	2012	2013	2014	2015	与整体效应比较
相对差距	新型城镇化	平均值	-0.069	-0.070	-0.072	-0.076	-0.080	-0.081	-0.079	-0.076	方向一致趋势不同强度较小
		正比率	0%	0%	0%	0%	0%	0%	0%	0%	
		负比率	100%	100%	100%	100%	100%	100%	100%	100%	
	工业化	平均值	0.001	-0.008	-0.018	-0.018	-0.008	0.005	0.014	0.019	方向不完全一致
		正比率	41%	23%	23%	23%	27%	41%	59%	68%	
		负比率	59%	77%	77%	77%	73%	59%	41%	32%	

新型城镇化

工业化

6.4.4 川东北经济区

川东北经济区新型城镇化、工业化对城乡居民收入绝对差距和相对差距的影响，如表 6-26 所示。

表 6-26 川东北经济区新型城镇化、工业化对城乡居民收入差距的影响

类型		年份	2008	2009	2010	2011	2012	2013	2014	2015	与整体效应比较
绝对差距	新型城镇化	平均值	0.226	0.164	0.114	0.135	0.189	0.191	0.173	0.168	方向一致趋势一致强度较大
		正比率	100%	97%	89%	83%	100%	100%	97%	97%	
		负比率	0%	3%	11%	17%	0%	0%	3%	3%	
	工业化	平均值	0.002	0.088	0.187	0.215	0.107	-0.01	-0.022	0.005	方向不完全一致
		正比率	34%	86%	100%	100%	86%	51%	37%	49%	
		负比率	66%	14%	0%	0%	14%	49%	63%	51%	

新型城镇化

工业化

类型		年份	2008	2009	2010	2011	2012	2013	2014	2015	与整体效应比较
相对差距	新型城镇化	平均值	-0.018	-0.036	-0.053	-0.067	-0.078	-0.083	-0.08	-0.074	方向不完全一致趋势不同强度较弱
		正比率	51%	43%	37%	34%	34%	34%	34%	34%	
		负比率	49%	57%	63%	66%	66%	66%	66%	66%	
	工业化	平均值	-0.199	-0.188	-0.179	-0.167	-0.146	-0.115	-0.085	-0.067	方向一致趋势不同强度较大
		正比率	14%	14%	14%	17%	20%	20%	20%	20%	
		负比率	86%	86%	86%	83%	80%	80%	80%	80%	

表6-26(续)

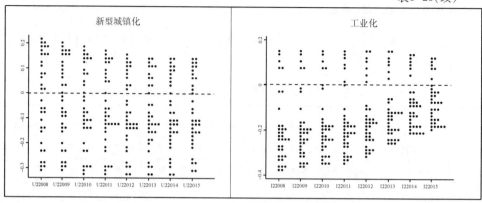

由表6-26可知,对川东北经济区而言,新型城镇化、工业化对城乡居民收入差距影响效应与四川省整体影响效应一致的地方是新型城镇化对城乡居民收入绝对差距的影响效应与整体效应影响方向一致、趋势一致,都是正向效应,且正向效应比率较高。不同的是绝对差距中效应强度有所不同,新型城镇化强度大于整体效应,工业化强度则小于整体效应,工业化影响效应的方向有所波动,大部分年份为正向效应,但2008年和2014年则以负向效应为主。相对差距中新型城镇化的效应除2008年之外,也主要为负向效应,但是为负向效应的区县比率低于整体比率,而且趋势和强度也不同,强度弱于整体效应。工业化的效应占负向效应的比率高于整体比率,但是趋势不同,强度也较整体效应大。

6.4.5 攀西经济区

攀西经济区新型城镇化、工业化对城乡居民收入绝对差距和相对差距的影响如表6-27所示。

由表6-27可知,攀西经济区区县新型城镇化、工业化发展对城乡居民收入差距影响与四川省整体影响效应一致的地方是工业化对于城乡居民收入相对差距的影响效应方向与整体影响的效应方向一致、趋势一致,不同的是新型城镇化、工业化对城乡收入绝对差距的影响效应的方向存在较大波动,主要是正向效应,但是2009—2011年则为负向效应,有显著的时间差异性;新型城镇化、工业化发展对城乡居民收入相对差距影响全部为负向效应,且强度均大于整体效应。由表6-27中相应分布图可知,新型城镇化空间差异较大。

表 6-27　攀西经济区新型城镇化、工业化发展对城乡居民收入差距的影响

类型		年份	2008	2009	2010	2011	2012	2013	2014	2015	与整体效应比较
绝对差距	新型城镇化	平均值	0.021	−0.007	−0.038	−0.028	0.016	0.052	0.072	0.083	方向不完全趋势一致强度较小
		正比率	55%	32%	18%	23%	55%	95%	100%	100%	
		负比率	45%	68%	82%	77%	45%	5%	0%	0%	
	工业化	平均值	−0.059	−0.016	0.048	0.068	0.016	−0.023	−0.016	0.005	方向不完全一致趋势一致
		正比率	27%	45%	77%	86%	55%	36%	36%	59%	
		负比率	73%	55%	23%	14%	45%	64%	64%	41%	

新型城镇化　　　　工业化

类型		年份	2008	2009	2010	2011	2012	2013	2014	2015	与整体效应比较
相对差距	新型城镇化	平均值	−0.305	−0.292	−0.285	−0.286	−0.288	−0.288	−0.284	−0.275	方向一致趋势不一致强度较大
		正比率	0%	0%	0%	0%	0%	0%	0%	0%	
		负比率	100%	100%	100%	100%	100%	100%	100%	100%	
	工业化	平均值	−0.163	−0.183	−0.203	−0.211	−0.207	−0.193	−0.179	−0.172	方向一致趋势一致强度较大
		正比率	0%	0%	0%	0%	0%	0%	0%	0%	
		负比率	100%	100%	100%	100%	100%	100%	100%	100%	

新型城镇化　　　　工业化

6.4.6 川西北经济区

川西北经济区新型城镇化、工业化对城乡居民收入绝对差距和相对差距的影响如表6-28所示。

表6-28 川西北经济区新型城镇化、工业化发展对城乡居民收入差距的影响

指标		年份	2008	2009	2010	2011	2012	2013	2014	2015	与整体效应比较
绝对差距	新型城镇化	平均值	0.075	−0.017	−0.083	−0.036	0.096	0.198	0.245	0.262	方向并不完全一致趋势一致
		正比率	61%	48%	19%	26%	48%	65%	68%	68%	
		负比率	39%	52%	81%	74%	52%	35%	32%	32%	
	工业化	平均值	−0.078	−0.066	−0.045	−0.024	−0.025	−0.045	−0.053	−0.051	方向相反趋势一致强度较弱
		正比率	6%	13%	26%	32%	39%	26%	16%	13%	
		负比率	94%	87%	74%	68%	61%	74%	84%	87%	

指标		年份	2008	2009	2010	2011	2012	2013	2014	2015	与整体效应比较
相对差距	新型城镇化	平均值	−0.201	−0.155	−0.126	−0.141	−0.186	−0.229	−0.242	−0.203	方向一致趋势一致强度较大
		正比率	16%	23%	26%	26%	6%	6%	6%	19%	
		负比率	84%	77%	74%	74%	94%	94%	94%	81%	
	工业化	平均值	−0.153	−0.161	−0.172	−0.181	−0.182	−0.172	−0.152	−0.131	方向一致趋势一致强度较大
		正比率	6%	3%	3%	3%	3%	3%	3%	6%	
		负比率	94%	97%	97%	97%	97%	97%	97%	94%	

表6-28(续)

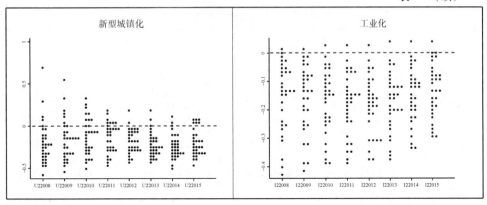

由表6-28可知,对川西北经济区而言,新型城镇化、工业化对城乡居民收入差距影响一致的地方是新型城镇化、工业化对城乡居民收入相对差距的影响效应与整体效应影响方向一致、趋势一致,但是强度较整体效应大。存在较大差异的则是在绝对差距中,新型城镇化的占主体的影响效应与整体效应方向并不完全一致,存在波动,2008年占主体的影响效应为正向效应,但是2009—2012年占主体的影响效应则变为负向效应,2013年占主体的影响效应又变为了正向效应,且效应强于整体效应;工业化的影响效应则完全相反,占主体的影响效应为负向效应。

6.4.7　四川省整体与五大经济区比较分析

综上所述,四川省整体与五大经济区内新型城镇化、工业化对城乡居民收入差距影响及作用机制总结如表6-29所示。由表6-29可知,对于四川省区县层面而言,新型城镇化、工业化对城乡居民收入差距的影响效应及作用机制存在方向、趋势与强度上的时空方面的差异。因此,在"多点多极支撑"战略指导下,四川省要根据各大经济区中新型城镇化、工业化的不同发展阶段,对新型城镇化、工业化的建设应该因地制宜,进行有针对性、区别性的政策和制度设计,充分发挥新型城镇化、工业化对城乡收入差距减少的作用。

表 6-29　四川省整体及五大经济区域新型城镇化与工业化
对城乡居民收入差距影响比较分析

地区	绝对差距		相对差距	
	新型城镇化	工业化	新型城镇化	工业化
四川整体	扩大作用 U 形 [0.049, 0.142]	扩大作用 倒 U 形 [0.056, 0.195]	减少作用 倒 U 形 [-0.160, -0.134]	减少作用 U 形 [-0.080, -0.038]
成都平原	扩大作用 U 形 [0.098, 0.142]	扩大作用 倒 U 形 [0.107, 0.249]	减少作用 U 形 [-0.152, -0.147]	扩大作用 倒 U 形 [0.035, 0.051]
川南	扩大作用 U 形 [0.049, 0.131]	扩大作用 倒 U 形 [0.256, 0.414]	减少作用 U 形 [-0.081, -0.069]	减少→扩大 U 形 [-0.018, 0.019]
川东北	扩大作用 U 形 [0.114, 0.226]	扩大作用 倒 U 形 [-0.022, 0.215]	减少作用 U 形 [-0.083, -0.018]	减少作用 单边上升 [-0.199, -0.067]
攀西	减少→扩大 U 形 [-0.007, 0.083]	减少→扩大 倒 U 形 [-0.059, 0.068]	减少作用 倒 U 形 [-0.305, -0.275]	减少作用 倒 U 形 [-0.211, -0.163]
川西北	减少→扩大 U 形 [-0.083, 0.262]	减少作用 倒 U 形 [-0.078, -0.024]	减少作用 倒 U 形 [-0.242, -0.126]	减少作用 U 形 [-0.182, -0.131]

注：括号中的数值为 2008—2015 年解释变量系数平均值的取值范围；U 形和倒 U 形指的是新型城镇化和工业化两个解释变量的系数随时间变化的趋势。

由表 6-29 可知，本书在第一章绪论中提出的观点——城镇化以及工业化对城乡居民收入差距确实存在影响，但影响的方向，即消极影响或积极影响并不能一概而论，在城镇化、工业化的过程中，要素收入的差异、城镇化与工业化发展的不同阶段、城镇化与工业化水平的不匹配、城乡居民收入差距衡量的指标等均会对城乡居民收入差距产生影响，且影响的方向与强度也会有所差异，这一论断在四川省区县整体及五大经济区的相关实证研究中得到了充分的证实。

由于农民收入的基数相对较低，因此在分析中我们更关注城乡居民收入的相对差距，本书以相对差距的研究结果为主进行分析。对于四川省整体而言，新型城镇化和工业化对城乡收入相对差距的影响占主体地位的均为减少作用，即对于大部分区县而言新型城镇化和工业化的发展促进了城乡收入绝对差距的收缩，但是两者的影响强度、作用路径和所处的发展阶段并不同，新型城镇化为倒 U 形，而工业化为 U 形，而且新型城镇化的影响强度大于工业化，新型城镇化的作用路径比较合理。

　　细分到五大经济区的研究，本书发现大部分经济区中新型城镇化、工业化对城乡收入相对差距的影响占主体地位的都是减少作用，但是成都平原经济区中工业化影响占主体地位的效应却是为正的，即成都平原经济区中大部分区县工业化的发展扩大了城乡居民收入相对差距，川南经济区也逐渐由减少作用转向扩大作用。新型城镇化和工业化对城乡收入相对差距的效应强度也不一致，成都平原、川南、攀西、川西北经济区的新型城镇化作用强度要大于工业化，川东北经济区则相反，工业化的作用强度大于新型城镇化。

7   研究结论与政策建议

城乡居民收入不平等是制约我国经济运行的重要因素,并阻碍着经济社会的长期可持续发展,对于四川省尤其如此,以成都市为中心的单核式发展格局以及城镇化与工业化的相对滞后,使得四川省内城乡收入差距较大,严重制约着四川省实现区域协调发展。2013 年,四川省提出"多点多极支撑"的发展战略,理顺了新型城镇化、工业化与城乡统筹发展的内在逻辑关系,对于四川省区域协调发展具有重要的意义。为实现这一战略思想的有效贯彻执行,本书在"多点多极支撑"发展战略背景下,以区县微观层面为研究对象,对四川省城镇化、工业化和城乡居民收入差距的历史、现状、特征与态势进行了深入分析,对四川省经济发展的"增长极"进行科学的选择;就四川省新型城镇化、工业化对城乡收入差距的影响和作用机制及其时空差异性进行研究。

本章对研究主要结论进行归纳总结,并依据理论和实证研究结论提出促进四川省城镇化、工业化与缩小城乡收入差距的目标实现和协调发展的相关对策建议,并对研究中存在的问题及深入研究的方向进行阐释。

7.1   主要研究结论

第一章以城镇化、工业化及其对城乡收入差距影响及作用机制为研究主题,进行文献综述,主要结论如下:

第一,面对城乡收入差距持续扩大的严峻现实,城镇化与工业化对于城乡居民收入差距究竟起到了什么影响,它的作用机制是什么?关于这一问题,学者们并无定论,有各种不同的观点:第一种观点认为城镇化、工业化对缩小城乡收入差距具有积极作用;第二种观点认为现阶段城镇化、工业化普遍具有大城市偏好，资源向城市集中，因此拉大了城乡收入差距且具有长期作用；第三种观点认为城镇化、工业化对城乡收入差距具有显著的门槛效应，当城镇化水平低于门槛值时，对收入差距的作用不显著，而一旦超越这一水平，则会显著地缩小城乡收入差距。本书认为城镇化与工业化对城乡居民收入差距会存在影响，但影响的方向，即消极影响或积极影响并不能一概而论，在城镇化、工业化的过程中，所处的发展阶段、两者发展水平的匹配程度、城乡居民收入差距衡量的指标等均会对城乡居民收入差距产生影响，且影响的方向与强度也会有一定差异，需要根据地区实际情况进行分析。

第二，目前围绕城镇化、工业化与城乡收入差距关系的研究有了很多丰富的实证研究成果，但是仍然需要从以下两方面进行深入研究：一方面，在研究区域上，现有研究大多是基于宏观层面，如国家或省级数据进行，这类研究过于宏观，难以反映城镇化最基础的载体——广大中小城市城镇化的真实状况，需要深入微观层面，如以区县为研究对象，对于理解和解释三者关系，避免新型城镇化、工业化的推进路径出现偏误具有重要意义。另一方面，在实证方法上，经典计量经济学理论假定研究样本为均质、独立，地区之间的经济活动是没有相互联系的，而这种假设过于简化，忽略了经济活动，如自然资源、劳动、资本和技术知识等要素的空间依赖性和时空差异性，与经济现实不符，估计的模型有一定设定误差。为解决这一问题，空间统计与空间计量经济学近年来得到了大力的发展，推动实证研究方法从时间序列模型、面板计量模型向时空计量模型转变。

第三，增长极是指在经济发展过程中，资源、要素以及政策会偏向某一区域，使得这个地区先一步发展。增长极理论的最新发展是层级增长极网络发展理论，是指在交通条件比较好的区域内，由一个或几个大型或特大型核心增长极率领的若干个不同等级、不同规模的增长极构成的增长极体系。增长极网络内的增长极之间在自然条件、历史发展、经济结构、社会文化等某一个或几个方面有密切联系。其中，核心增长极对网络系统内其他增长极有较强的经济、社会、文化辐射和向心作用。

第二章针对基础理论与方法研究，主要结论如下：

第一，城镇化与工业化对城乡收入差距影响及作用机制的理论分析。一种理论观点是：城镇化与工业化的进程中，两者是相辅相成的，城镇化的内涵包括产业结构的转换、人口结构的转换，城镇化与工业化两者的协调发展尤为重要，对城乡收入差距有着重要的影响。在城镇化与工业化协调发展的情况下，两者形成良性循环，有效地缩小城乡居民收入差距；两者不协调的情况下，工业化和城镇化则会拉大城乡收入差距。另一种理论观点是：城市化与工业化对城乡居民收入差距的影响具有双重性，同时存在着扩大收入差距和缩小收入差距双重效应。

第二，基于区域的经济社会等数据具有独特的空间性质，经典的计量模型掩盖了变量的空间性质，不能有效识别，降低了模型的估计精度，从而造成一定的估计偏误。空间统计分析和空间计量经济学对于空间数据的空间自相关性和空间异质性进行刻画、估计和检验，为区域经济研究提供了崭新的实证研究方法。目前，空间计量前沿的模型是空间面板模型和时空地理加权回归（或称为时空变系数）模型。

第三章四川省新型城镇化、工业化时空特征分析，主要结论如下：

第一，新型城镇化建设不仅仅是城镇规模不断扩大、城镇人口不断增加的过程，更是产业结构不断升级和人民生活质量不断提高的过程。为准确而全面地评价新型城镇化的含义，本书从经济发展、社会发展、人口发展、资源环境以及人民生活五个维度下的 18 项具体指标，构建了四川省区县新型城镇化水平综合评价指标体系，并采用熵值法进行测度。

第二，采用描述性统计方法，对四川省整体和五大经济区新型城镇化水平进行分析。研究发现，2006—2015 年，四川省人口城镇化率低于全国平均水平，但增速高于全国平均水平，以年均 3.73% 的速度从 2006 年 34.30% 增加为 2015 年 47.68%，差距逐步缩小；基础设施建设和环境污染治理成效显著；人居环境条件在出行、医疗、教育、社会保障等方面不断完善，人民生活质量显著提高；新型城镇化水平在中西部地区较突出，但与东部地区发达省份，如北京市、上海市、广东省等相比，仍存在较大差距。四川省五大经济区中，成都平原经济区新型城镇化水平最高，其经济、人口、社会发展以及人民生活方面均居首位，但在资源环境方面则居末位。成都平原经济区集经济、人口、社会发展为一体，产业、人口、资本、技术仍向其集聚，在带来了经济发展的同时，也给资源环境带来了较大压力。川南经济区作为经济发展总量第二的经济区，其社会发展水平较高，但资源环境水平为倒数第二。川东北经济区新型城镇化水平逐年升高，且增速在五大经济区中最快，作为四川省重要的经济增长极，其整体经济实力明显增强，但新型城镇化水平仍偏低。攀西经济区和川西北经济区的新型城镇化水平尚需进一步提升。

第三，采用空间统计分析方法，对四川省区县层面新型城镇化水平时空特征进行分析。研究发现，2006—2015 年，四川省区县新型城镇化水平的平均值在 0.2 以下，处在较低水平，且十年间小幅度波动，只增加了 8%；新型城镇化水平很不均衡，地区差异显著，极差和变异约在 0.5~0.7，十年间差异下降缓慢，仅下降了 16%。空间上，新型城镇化水平呈现出显著的空间差异性和低水平集聚的空间结构模式，大部分区县的新型城镇化水平都处于 0.3 以下。新型城镇化水平较高的区县多分布在成都平原经济区，并以成都市各个区县为中心向外辐射，形成一条新型城镇化高水平带，低水平的集聚在数量上逐渐减少，空间集聚特征逐渐减弱，不再显著扩大。

第四，采用描述性统计和空间统计分析方法，对四川省区县工业化水平时空特征进行分析。研究发现，四川省的工业化水平的平均值均在 0.4~0.5 波动，处于中等发展水平，且呈稳定增长趋势，年均增长 2.5%，2006—2015 年增加了 25%。空间上，区县间工业化水平的地区差异整体分布符合正态分布，大部分区县的工业化水平都处于 0.3~0.6，发展相对均衡，新型城镇化发展则非常不均衡，且地区间的差异还在逐渐减小。工业化水平同样呈现出空间集聚和空间差异性特征以及同样为显著的低水平的空间集聚，低水平的集聚较明显主要集中在川西北经济区。与新型城镇化水平空间分布特征不同的是，工业化水平发展较高的区域较分散，主要分布在成都平原、川南与攀西经济区。

第四章四川省区县"多点多极支撑"经济增长极的选择研究，主要结论如下：

第一，区域经济受自然资源、社会政策等因素的影响，在一定阶段上呈现非均衡发展的特征，"多点多极支撑"发展战略符合区域经济发展的客观规律，其中的"极"是经济增长极，指某一区域内具有创新能力和较高增长率，并能通过创新和增长的扩散带动周围区域的地区。本书以四川省新型城镇化和网络流强度测算为基础，按照四川省五大经济区划分，分别在五大经济区内选择得分相对较高的区县构成核心增长极、次级增长极以及边缘增长极三个增长层级，从而构成四川省区县经济发展的层级增长极网络。

第二，根据新型城镇化水平和网络流强度以及各区县的地理位置划分的层级增长极，可以使得经济增长极之间的产业优势最大化，极大地发挥规模效应，发挥经济增长极的影响，而环状的层级网络可以有效发挥经济增长层级之间的经济效应，极大地发挥经济增长极的扩散效应与回流效应。层级增长极网络化发展为四川省的经济发展提供了一个较好的发展模式，在发展核心经济增长极的同时，应不断扩散边缘经济增长层级的范围。因为从地理位置来考虑，在四川省的很多偏远地区，经济发展较落后，经济增长极的扩散效应相对于其他地区而言也比较弱，边缘经济增长范围的扩大可以使得偏远地区的辐射强度增大。

第五章四川省城乡收入差距时空特征分析，主要结论如下：

第一，本章除采用城镇居民可支配收入与农村居民纯收入之差、之比分别衡量城乡收入差距外，还采用了能够反映我国城乡二元经济结构特征的泰尔指数分析城乡收入差距的演变特征。本章以泰尔指数为分析工具，以《四川省统计年鉴》数据为支撑，对四川省2008—2015年的区县城乡收入差距进行量化，并从农村内部、城镇内部、城乡间的泰尔指数及其贡献率进行分析。

第二，在四川省宏观层面，2006—2015年，四川省农村居民人均纯收入增长了2.4倍，城镇居民人均可支配收入增长了1.8倍，农民收入年均增长率约为15%，城镇居民收入年均增长率约为13%。虽然农民收入增幅大于城镇居民收入增幅，但是两者之间的绝对差距还是在逐年扩大，随着农民收入的增长，两者之间绝对差距的增长速度在逐年降低。

第三，在微观区县层面，就城乡居民收入的绝对差距而言，城镇居民与农村居民收入存在着较大差距。虽然农村居民收入增长快于城镇居民收入增长，但是由于农村居民收入基数低，因此两者的绝对差距在2008—2015年呈扩大趋势。空间上，农村居民人均纯收入之间的地区差异首先并不大，比较均衡，而且随着经济发展和新型城镇化的推进，地区差异逐年缩小。城镇居民人均可支配收入之间的地区差异比农村居民收入地区差异要小且逐年减少。

第四，城镇居民收入、农村居民收入以及城乡收入绝对差距都呈现出显著的空间集聚特征，但是三者随着时间的推移，呈现出各异的发展趋势，农村居民收入的空间集聚性呈现出逐渐下降的趋势，表明农村居民收入在空间分布上趋于一定程度的分散。城镇居民收入的空间集聚性在轻微波动中总体呈现出稳定上升的趋势，而城乡收入之差的空间集聚性呈现出V形波动，在缓慢下降后2015年呈现出显著上升。

第五，对于城镇居民而言，2008年高收入的区县主要集中在成都平原经济区以及攀枝花市东区，次高区域主要为川西北经济区，较低收入主要集中在川东北经济区。2015 年，进入次高区域的区县数量增多，主要分布在成都平原经济区和川南经济区，如江阳区、龙马潭区和顺庆区增长较快。对于农村居民而言，高收入的区县主要集中在成都平原经济区以及峨眉山市、攀枝花市东区、西区、仁和区和川东北的通川区，次高区域多集中在成都平原经济区、川南、川东北和攀西经济区的部分区县，川西北区县的农民收入与城镇居民收入相比，差异较大，处于落后地位。

第六，就城乡居民收入的相对差距而言，随着经济发展，城乡居民收入提高，城乡居民收入的相对差异呈显著减少趋势。根据四川省区县泰尔指数及其分解计算结果可知，四川省区县之间总体收入差距呈稳定逐年下降趋势。其中，城乡内部收入差距较小，主要为城乡之间收入差距，城乡内部收入差距只占总体收入差距的 20% 左右，且随着时间发展呈缓慢下降趋势；城乡之间收入差距则占 80% 左右，呈小幅递增趋势。空间分布上，城乡收入之比的空间分布特征呈现出非常显著的空间集聚和差异特征，城乡收入之比较高的区县主要集中在川西北，成都平原、川东北和攀西经济区的城乡收入之比相对较低。2015 年，川南和川东北的部分区县城乡收入差距相对有所扩大。空间结构上，"高-高"集聚的空间结构集中在川西北经济区、"低-低"集聚的空间结构主要集中在成都平原与川南经济区。

第六章四川省新型城镇化与工业化对城乡收入差距影响与作用机制的实证研究，主要结论如下：

第一，本章在考虑空间相关性以及空间异质性特征之下，分别从时间、空间和时空角度，构建空间面板常系数模型和 TWR、GWR 以及 GTWR 局部加权回归模型等空间面板变系数模型，分别就四川省新型城镇化、工业化对城乡居民收入绝对差距与相对差距的影响及其空间溢出效应、时空异质性进行实证研究，发现综合考虑时间因素的时空面板变系数模型（GTWR）具备更加优良的统计性质、拟合效果和解释能力。

第二，本章的实证研究结果验证了本书提出的观点：一是城镇化以及工业化对城乡居民收入差距确实存在影响，但影响的方向，即消极影响或积极影响并不能一概而论，在城镇化、工业化的过程中，要素收入的差异、城镇化与工业化发展的不同阶段、城镇化与工业化水平匹配程度、城乡居民收入差距衡量的指标等都会对城乡居民收入差距产生影响,且影响的方向与强度也会有所差异。二是城镇化、工业化对城乡居民收入差距的影响,不能忽略两者的空间依赖性和时空异质性,否则会带来误差。三是仅基于全国范围研究城镇化与工业化对城乡居民收入差距的影响是不够全面的,应该深入省域内部,在区县层面考虑在不同的经济背景下,分析城镇化、工业化对城乡收入差距的影响及其时空差异性,会得到更深入的认识和理解。

第三,通过空间面板变系数模型的实证研究发现,对四川省区县而言,新型城镇化与工业化发展对于城乡居民收入差距的影响具有显著的空间溢出、时空差异和差异性特征,且两者对于城乡收入绝对、相对差距的影响效应存在显著差异。对城乡居民收入绝对差距而言,新型城镇化发展的正向效应逐渐占绝大部分,即新型城镇化水平的提升加剧了城乡收入绝对差距的扩大,效应强度呈现 U 形趋势,并且大于工业化效应;工业化发展对于城乡收入绝对差距的正向效应也占主体地位,即工业化水平的提升也促进了城乡收入绝对差距的扩大,但工业化效应强度与新型城镇化相反,呈现倒 U 形趋势。

第四,对城乡居民收入相对差距而言,新型城镇化发展负向效应占绝大部分,即新型城镇化水平的提升减少了城乡收入相对差距,效应强度呈现倒 U 形趋势;工业化发展对于城乡收入相对差距的负向效应占大部分,工业化水平的提升减少了城乡相对收入差距,与新型城镇化相反,呈现 U 形趋势。

7.2 政策建议

综上所述,在"多点多极支撑"发展战略指导下,四川省要根据各大经济区中新型城镇化、工业化的不同发展阶段,对于新型城镇化、工业化的发展应该因地制宜,进行有针对性、区别性的政策和制度设计。

第一,统筹新型城镇化,推进城乡发展一体化。缩小城乡差别的根本出路在于统筹城乡经济社会发展,推动城乡要素平等交换和巩固资源均衡配置。城镇化意味着农村居民的市民化,农村居民在再分配和基本公共服务方面能够达到城市的水平,就能有效地缩小城乡差距,从而缩小城乡收入差距。城镇化建设是一项复杂的系统性工程,尽管我国城镇化速度较快,容纳的人口较多,但是我国城镇化的整体水平较低，与我国当前经济发展水平严重不符，我国要着力进行新型城镇化建设，提高城镇化质量和内在承载力。

第二，结合自身特色，四川省五大经济区应走差异化发展道路。四川省在切实落行"多点多极支撑"发展战略、构建"一轴三带、四群一区"城镇化发展格局的同时，五大经济区应因地制宜、扬长避短。

成都平原经济区应强化辐射带动能力，利用自身区位条件，率先发展第三产业，努力形成高端产业集聚，重点发展高新技术产业、现代服务业、先进制造业，同时还应注重资源环境保护，发挥四川省核心经济增长极的引领作用。

川南经济区应加强环境污染治理，发挥自身工业集聚优势，加快推进转型升级，减小工业对环境的污染，强化第二产业集聚对新型城镇化的正向影响，利用该区域已有的产业基础、区位优势和资源禀赋，提升区域城市综合承载能力。

川东北经济区应持续壮大特色优势产业。作为川渝合作区经济发展腹地，川东北经济区应继续保持新型城镇化在城镇化建设、人民生活、环境污染治理方面的良好发展速度，强化城镇职能分工，克服产业布局分散的问题，促进工业化进程，发展三次产业融合的现代农业产业体系，大力发挥第二产业和第三产业集聚对新型城镇化的促进作用，推动特色发展。

攀西经济区应推动攀枝花、西昌错位发展，注重提高新型城镇化水平，利用战略资源建设创新开发试验区，进一步提升矿产资源和水资源的综合循环利用能力，推动第一产业和第三产业集聚发展，结合攀枝花与西昌良好的第二产业集聚条件，发挥区县间的促进作用，提高城市建设和质量水平。

川西北生态经济区应以绿色发展、改善生态为基调，因地制宜开发矿产资源，合理发展第二产业，改良传统农牧业发展方式，进一步加强第一产业，尤其是牧业的集聚优势，大力发展以生态文化旅游经济为代表的第三产业，实施全域旅游发展格局，建设特色鲜明、生态文明的产业体系，同时加强基础配套设施，推进高原特色城镇化。

第三，促进新型城镇化与工业化的协调发展。在城镇化水平不断提高、城市规模不断扩大的过程中，四川省要注重解决城镇化与工业化不协调的问题，加快工业结构升级，提高现代制造业在工业部门中的份额，同时加快生产性服务业的发展。四川省要深化产城融合，促进协调发展，优化城镇规模结构，完善基础配套设施建设，以推动产业集聚，确保产业融合、城镇融合、人口融合同步发展；

大力发展第三产业,努力提升第一产业和第二产业集聚效应,坚持以新型工业化引领城镇化,以农业现代化支撑城镇化,以现代服务业促进城镇化,以生态旅游产业带动城镇化,构建产城融合发展机制;以城镇作为承载产业的主体,将产业功能、城镇功能融为一体,协调和处理好产业与城镇的关系,增强产业对城镇发展的动力支持,提升城镇对产业的服务功能。

第四,发展优势产业,培育产业集群。四川省应根据区域经济发展的实际情况,在产业集聚发展规划的指导下重点发展传统优势产业和战略性新兴产业。一方面,继续发展具有一定优势的饮料食品业、能源电力与现代中药等优势产业,利用先进的高新技术改造传统产业,以资源优势为依托,大力发展精深加工,促进优势产业集群;另一方面,结合自身的产业优势,因势利导,科学合理地承接技术密集型产业扩散,将其与发展战略新兴产业融合在一起,努力实现"建成国家战略性新兴产业发展聚集高地"的十三五规划目标。

第五,坚持绿色发展,努力补齐短板。四川省要以创新、协调、绿色、开放、共享的发展理念为引领,认真落实新型城镇化发展战略,提高城镇化质量;进一步加强建设公共基础设施与服务设施,健全社会保障体系,提升公共服务水平;注重生态环境保护建设,使城镇布局与资源环境承载能力相匹配,促进绿色低碳循环发展;提高城镇居民生活水平,完善城镇化体制机制,推进城乡发展一体化,缩小城乡差距,努力推动四川省就地就近城镇化进程。

7.3 不足及深入研究的方向

第一,本书对于工业化的衡量只采用了单一指标进行,应对新型工业化的内涵进行更深入的研究,构建更为完善的综合性指标体系进行测度,并基于新型城镇化和新型工业化的测度,进行两者协调度或耦合度的研究,这对于本书实证研究结果的解释和分析会更为充分。

第二,本书只是单方向研究了新型城镇化与工业化发展对城乡居民收入差距的影响,但实际中两者有着互动的作用机制,后续研究中可以构建空间联立方程组模型进行深入分析。

第三,本书对于四川省区县层级增长极网络化发展模式的探讨,由于研究主题和研究篇幅的限制，论述不够充分，后续在深入分析四川省各层级增长极资源禀赋和经济发展状况的基础上，可以进一步深入分析，提出更有针对性的政策建议。

参考文献

[1] ANSELIN L. Spatial Econometrics: Methods and Models [M]. Dordrecht: Kluwer Academic Publishers, 1998.

[2] BAE KEE-HONG, JUN-KOO KANG, KIM JIN-MO. Tunneling or Value-added: Evidence from Mergers by Korean Business Groups [J]. Journal of Fiance, 2002 (6): 25-34.

[3] BJRON GUSTAFSSON, LI SHI. The Anatomy of Rising Earning Inequality in Urban China [J]. Journal of Comparative Economics, 2001 (29), 118-135

[4] CASETTI E. Generating Models by The Expansion Method: Application to Geographical Research [J]. Geographical Analysis, 1972 (1): 81-91.

[5] CLIFF A D, J K ORD. Spatial Processes: Models and Applications [M]. London: Pion Ltd., 1981.

[6] CHRIS BRUNSDON, A STEWART FOTHERINGHAM, MARTIN E CHARL-TON, Geographically Weighted Regression: A Method for Exploring SpatialNonstation-arity [M]. Wiley, 1996.

[7] ELHORST J P. Spatial Econometrics: from Cross-sectional Data to Spatial-panels [M]. Berlin: Springer, 2014.

[8] FOTHERINGHAM A S, CHARLTON M, BRUNSDON C. The Geography of Parameter Space: an Investigation of Spatial Nonstationarity [J]. International Journal of Geographical Information Science, 1996, 10 (5) : 605-627.

[9] FOTHERINGHAM A S, CRESPO R, YAO J. Geographical and Temporal Weighted Regression (GTWR) [J]. Geographical Analysis, 2015, 47 (4) : 431-452.

[10] GELFAND A E, KIM H J, SIRMANS C F, et al. Spatial Modeling with Spatially Varying Coefficient Processes [J]. Journal of the American Statistical Association, 2003, 462 (98) : 387-396.

［11］HUANG B, WU B, BARRY M. Geographically and Temporally Weighted Regression for Modeling Spatio-temporal Variation in House Prices ［J］. International Journal of Geographical Information Science, 2010, 24（3）: 383-401.

［12］JOHN O'LOUGHLIN, COLIN FLINT, LUC ANSELIN. Reply to Robert A. Muller ［J］. Annals of the Association of American Geographers, 1995, 85（2）: 34-56.

［13］KRUGMAN P. Geography and Trade ［M］. Cambridge: MIT Press, 1991.

［14］KRUGMAN P. Increasing Returns and Economic Geography ［J］. Journal of Political Economy, 1991, 99（3）: 484-499.

［15］KUZNET S. Economic Growth and Income Inequality ［J］. American Economic Review, 1955, 45（1）: 1-28.

［16］LESAGE P, PACE R. Introduction to Spatial Econometrics ［M］. Florida: CRC Press, 2009.

［17］LEWIS A W. Economic Development with Unlimited Supplies of Labor ［J］. The Manchester School of Economic and Social Studies, 1954（22）: 139-191.

［18］TOBLER W. A Computer Movie Simulating Urban Growth in the Detroit Region ［J］. Economic Geography, 1970, 46（2）: 234-240.

［19］TODARO M P. A Model of Labour Migration and Urban Unemployment in Less Developed Countries ［J］. American Economic Review, 1969, 59（1）: 138-148.

［20］WILSON T D. On User Studies and Information Needs ［J］. Journal of Documentation, 1981, 37（1）, 3-15.

［21］白素霞, 陈井安. 收入来源视角下我国城乡收入差距研究 ［J］. 社会科学研究, 2013（1）: 27-31.

［22］蔡武, 吴国兵, 朱荃. 集聚空间外部性——城乡劳动力流动对收入差距的影响 ［J］. 产业经济研究, 2013（2）: 21-30.

［23］曹裕, 陈晓红, 马跃如. 城市化、城乡收入差距与经济增长——基于我国省级面板数据的实证研究 ［J］. 统计研究, 2010（3）: 29-36.

［24］陈芳, 陈可澄. 攀西经济增长极创建途径研究——基于多点多极支撑发展战略 ［J］. 人民论坛, 2014（32）: 217-219.

［25］陈宗胜. 中国居民收入分配差别的深入研究——评《中国居民收入分配再研究》［J］. 经济研究，2000（7）：68-71.

［26］陈佳贵，黄群慧，钟宏武. 中国地区工业化进程的综合评价和特征分析［J］. 经济研究，2006（6）：4-15.

［27］陈迅，童华建. 城市化与城乡收入差距变动的实证研究—基于 1985 年~2003 年中国数据［J］. 生产力研究，2007（10）：64-65.

［28］陈晓毅. 城市化、工业化与城乡收入差距——基于 SVAR 模型的研究［J］. 经济经纬，2010（6）：21-24.

［29］程开明，李金昌. 城市偏向、城市化与城乡收入差距的作用机制及动态分析［J］. 数量经济技术经济研究，2007（7）：116-125.

［30］程前昌. 中国区域协调发展的多极格局——基于城市群的培育［J］. 城市发展研究，2013（10）：94-100.

［31］丁志国，赵晶，赵宣凯，等. 我国城乡收入差距的库兹涅茨效应识别与农村金融政策应对路径选择［J］. 金融研究，2011（7）：142-151.

［32］丁志伟，张改素，王发曾. 中原地区多尺度城乡收入的时空分异［J］. 地理研究，2015（1）：131-148.

［33］丁焕峰，刘心怡. 城镇化背景下城乡收入差距的时空演化［J］. 经济地理，2017（4）：32-41.

［34］窦欣. 基于层级增长极网络化发展模式的西部区域城市化研究［D］. 西安：西安电子科技大学，2009.

［35］段会娟，吴俊. 产业集聚与空间收入差距研究述评［J］. 经济问题探索，2012（2）：116-119.

［36］方维慰. 以信息化推动江苏城市化进程［J］. 现代经济探讨，2003（1）：23-25.

［37］傅忠贤，蒲小梅，程子彪. 经济-空间-人口视角的四川城镇化水平研究［J］. 西华师范大学学报（哲学社会科学版），2014（6）：85-89.

［38］高展军，于文祥，杜寒芳. 城乡收入差距解释变量的实证研究［J］. 长安大学学报（社会科学版），2005（3）：46-51.

［39］高新才，程艳. 中国城乡居民收入差距及影响因素研究［J］. 社科纵横，2014（6）：20-24

［40］郭克莎. 工业化中结构转变的趋势与特点［J］. 经济纵横, 2000（9）: 4-7.

［41］郭军华. 中国城市化对城乡收入差距的影响——基于东、中、西部面板数据的实证研究［J］. 经济问题探索, 2009（12）: 1-7.

［42］郭志富, 宋博, 张竟竟. 河南省城乡收入差距的时空格局分析［J］. 河南大学学报（自然科学版）, 2012（1）: 62-68.

［43］贺建清. 城镇化、工业化与城乡收入差距的实证分析［J］. 广东商学院学报, 2013（4）: 30-37.

［44］韩兆洲, 林仲源. 我国最低工资增长机制时空差异性测度研究［J］. 统计研究, 2017（6）: 38-51.

［45］赫国胜, 赵玉. 城镇化对城乡收入差距影响的实证研究［J］. 技术经济与管理研究, 2017（10）: 115-119.

［46］黄群慧. 中国的工业化进程: 阶段、特征与前景［J］. 经济与管理, 2013（7）: 5-11.

［47］黄娟. FDI 对我国城市化水平的影响研究——基于 2003~2007 年 21 个市数据［J］. 经济问题, 2011（4）: 44-47.

［48］黄亚平, 陈瞻, 谢来荣. 新型城镇化背景下异地城镇化的特征及趋势［J］. 城市发展研究, 2011（8）: 11-16.

［49］纪超. 省域城乡收入差距的空间计量分析［J］. 农业经济, 2010（9）: 13-15.

［50］姜爱林. 论对中国城镇化水平的基本判断［J］. 江苏社会科学, 2002（6）: 56-60.

［51］金荣学, 解洪涛. 中国城市化水平对省际经济增长差异的实证分析［J］. 管理世界, 2010（2）: 167-168.

［52］李梦觉. 工业化城市化发展与农民收入增长的实证分析［J］. 经济纵横, 2008（6）: 72-74.

［53］林佳丽. 福建省城乡居民收入非均衡现象探究——基于泰尔指数的视角［J］. 福建行政学院学报, 2012（3）: 106-112.

［54］李尚蒲, 罗必良. 城乡收入差距与城市化战略选择［J］. 农业经济问题, 2012（8）: 37-42.

[55] 刘文忻，陆云航. 要素积累、政府政策与我国城乡收入差距 [J]. 经济理论与经济管理，2006（4）：13-20.

[56] 刘耀彬. 中国城市化发展与经济增长关系的实证分析 [J]. 商业研究，2006（24）：23-27.

[57] 刘晨光，李二玲，覃成林. 中国城乡协调发展空间格局与演化研究 [J]. 人文地理，2012（2）：97-102.

[58] 陆玉麒. 双核型空间结构模式的探讨 [J]. 地域研究与开发，1998（4）：45-49.

[59] 陆大道. 关于"点-轴"空间结构系统的形成机理分析 [J]. 地理科学，2002（1）：1-6.

[60] 陆铭，陈钊. 城市化、城市倾向的经济政策与城乡收入差距 [J]. 经济研究，2004（6）：50-58.

[61] 马晓河，蓝海涛，黄汉权. 工业反哺农业的国际经验及我国的政策调整思路 [J]. 管理世界，2005（7）：55-63.

[62] 麻昌港，蒋伏心. 经济集聚与我国收入差距研究 [J]. 上海经济研究，2013（7）：157-165.

[63] 潘文轩. 城市化与工业化对城乡居民收入差距的影响 [J]. 山西财经大学学报，2010（12）：20-29.

[64] 秦美玉，吴建国. 重点生态功能区民族城镇化发展评价指标体系构建研究——以四川羌族四区县为例 [J]. 西南民族大学学报（人文社科版），2015（10）：136-140.

[65] 秦润新. 我国沿海发达地区农村城市化之路——无锡农村城市化的历程与经验 [J]. 江南学院学报，2000（3）：16-20.

[66] 丘兆逸. 碳排放强度与工业化的关系研究——基于2000—2008年省级面板数据分析 [J]. 广西师范学院学报（自然科学版），2011（1）：83-88.

[67] 沈凌，田国强. 贫富差别、城市化与经济增长——一个基于需求因素的经济学分析 [J]. 经济研究，2009（1）：17-29.

[68] 孙新雷，郭鸿雁. 河南省工业化与城市化协调发展研究 [J]. 经济经纬，2003（5）：28-32.

[69] 孙永强. 金融发展、城市化与城乡居民收入差距研究 [J]. 金融研究, 2012 (4): 98-109.

[70] 孙勇, 李慧中. 城市化、政府生产性支出与城乡收入均等化 [J]. 经济社会体制比较, 2014 (3): 24-37.

[71] 唐传志, 王安民, 张建军. 基于层级增长极网络理论的陕西城市化战略研究 [J]. 统计与决策, 2008 (24): 92-94.

[72] 田新民, 王少国, 杨永恒. 城乡收入差距变动及其对经济效率的影响 [J]. 经济研究, 2009 (7): 107-118.

[73] 王德文, 何宇鹏. 城乡差距的本质、多面性与政策含义 [J]. 中国农村观察, 2005 (3): 25-37.

[74] 王洪亮, 徐翔. 收入不平等孰甚: 地区间抑或城乡间 [J]. 管理世界, 2006 (11): 41-50.

[75] 王子敏. 我国城市化与城乡收入差距关系再检验 [J]. 经济地理, 2011 (8): 1289-1293.

[76] 王春元, 方齐云. 城市化对城乡居民收入的影响 [J]. 城市问题, 2014 (2): 2-7.

[77] 王少平, 欧阳志刚. 我国城乡收入差距的度量及其对经济增长的效应 [J]. 经济研究, 2007 (10): 44-55.

[78] 魏后凯. 跨世纪我国区域经济发展与制度创新 [J]. 财经问题研究, 1998 (12): 4-9.

[79] 卫言. 四川省新型城镇化水平及指标体系构建研究 [D]. 成都: 四川师范大学, 2012.

[80] 吴传清, 周晨晨. 增长极理论在中国的新发展: 基于学说史视角的考察 [J]. 贵州社会科学, 2013 (10): 47-52.

[81] 吴浜源, 王亮. 城镇化、工业化与城乡收入差距——基于我国 1990—2011 年数据的实证分析 [J]. 经济问题探索, 2014 (5): 7-12.

[82] 肖卫. 工业化和城市化过程中的城乡收入差距研究——基于中国改革 30 年的实证分析 [J]. 产经评论, 2010 (3): 33-40.

[83] 辛大楞, 辛立国. 金融发展与城乡收入差距—来自中国 265 个城市的最新证据 [J]. 制度经济学研究, 2017 (2): 128-141.

[84] 许秀川, 王钊. 城市化、工业化与城乡收入差距互动关系的实证研究 [J]. 农业经济问题, 2008 (12): 65-71, 111-112.

[85] 许海平, 王岳龙. 我国城乡收入差距与全要素生产率——基于省域数据的空间计量分析 [J]. 金融研究, 2010 (10): 54-67.

[86] 邰红艳, 谭清美, 孙君. 工业化城镇化对农民增收影响的空间计量分析——基于安徽省区县数据 [J]. 统计与信息论坛, 2014 (2): 75-82.

[87] 杨超. 城镇化与工业化对城乡居民收入差距的影响——基于空间相关性与空间异质性研究 [D]. 成都: 西南财经大学, 2015.

[88] 杨国安, 徐勇. 中国西部城乡收入差距与城镇化的关系检验——以青海省为例 [J]. 地理科学发展, 2010 (8): 961-967.

[89] 杨志海, 刘雪芬, 王雅鹏. 区县城镇化能缩小城乡收入差距吗?——基于1523个区县(市)面板数据的实证检验 [J]. 华中农业大学学报(社会科学版), 2013 (4): 42-48.

[90] 姚耀军. 金融发展、城市化与城乡收入差距——协整分析及其 Granger 因果检验 [J]. 中国农村观察, 2005 (2): 2-8.

[91] 袁春霞, 杨莉芸. 新型城镇化背景下四川城镇化发展路径选择 [J]. 成都行政学院学报, 2016 (3): 47-52.

[92] 苑林娅. 中国收入差距不平等状况的泰尔指数分析 [J]. 云南财经大学学报, 2008 (1): 30-37.

[93] 游士兵, 王原君. 研究收入分配问题的一种新洛伦兹曲线模型: 建构与应用 [J]. 经济评论, 2014 (2): 3-15.

[94] 曾国安. 论工业化过程中导致城乡居民收入差距扩大的自然因素与制度因素 [J]. 经济评论, 2007 (3): 41-47.

[95] 曾燕. 新型城镇化与地方财政运行间协调度研究——以四川省为例 [D]. 成都: 西南财经大学, 2015.

[96] 翟彬, 童海滨. 我国东、中、西部地区农民收入差距的实证研究——基于收入来源视角的分析 [J]. 经济问题探索, 2012 (8): 7-12.

[97] 张红宇. 城乡居民收入差距的平抑机制: 工业化中期阶段的经济增长与政府行为选择 [J]. 管理世界, 2004 (4): 9-21.

［98］张克俊. 我国城乡居民收入差距的影响因素分析［J］. 人口与经济，2005（6）：52-56.

［99］张建军，蒲伟芬. 西部区域层级增长极网络发展战略构想［J］. 科技进步与对策，2006（9）：49-51.

［100］赵君，肖洪安. 农村城市化动力机制和战略思路探讨［J］. 农业现代化研究，2004（1）：22-25.

［101］赵红军，孙楚仁. 二元结构、经济转轨与城乡收入差距分化［J］. 财经研究，2008（3）：121-131.

［102］周少甫，元寿伟，卢忠宝. 地区差异、城市化与城乡收入差距［J］. 中国人口·资源与环境，2010（8）：115-120.

附　录

附录1　　四川省新型城镇化发展水平二级指标——经济发展指数

年份 区县	2006	2007	2008	2009	2010	2011	2012	2013	2014	2015
锦江区	0.129 1	0.117 4	0.103 2	0.102 1	0.097 2	0.092 4	0.100 4	0.099 1	0.108 4	0.108 7
青羊区	0.135 3	0.129 1	0.119 3	0.119 5	0.117 0	0.108 0	0.119 0	0.113 6	0.128 6	0.129 6
金牛区	0.113 6	0.105 1	0.094 3	0.091 7	0.085 7	0.085 0	0.101 2	0.091 7	0.103 4	0.104 5
武侯区	0.118 5	0.106 6	0.103 0	0.105 1	0.095 5	0.088 3	0.099 1	0.095 7	0.118 3	0.108 7
成华区	0.094 5	0.088 7	0.076 9	0.077 6	0.075 6	0.069 6	0.073 0	0.073 8	0.081 4	0.080 9
龙泉驿区	0.056 0	0.047 2	0.045 4	0.060 7	0.055 1	0.049 7	0.057 6	0.056 3	0.067 0	0.060 8
青白江区	0.053 6	0.042 9	0.044 4	0.043 1	0.039 1	0.036 3	0.042 7	0.042 8	0.047 2	0.042 8
新都区	0.055 1	0.042 4	0.044 8	0.047 2	0.031 1	0.025 1	0.026 7	0.026 9	0.035 1	0.030 4
温江区	0.093 6	0.093 0	0.094 7	0.093 1	0.086 9	0.069 2	0.080 2	0.077 0	0.115 9	0.107 0
金堂区	0.051 7	0.051 4	0.049 3	0.051 9	0.045 8	0.043 5	0.048 2	0.057 3	0.057 5	0.050 8
双流县	0.079 9	0.069 7	0.064 2	0.063 9	0.053 5	0.049 8	0.052 6	0.052 9	0.050 5	0.052 3
郫都区	0.071 1	0.071 7	0.068 4	0.068 2	0.063 9	0.065 4	0.078 0	0.072 1	0.073 1	0.067 8
大邑县	0.047 1	0.054 8	0.052 3	0.062 0	0.055 7	0.048 5	0.054 8	0.051 7	0.056 5	0.048 5
蒲江县	0.041 0	0.045 1	0.037 5	0.041 3	0.037 5	0.034 5	0.039 5	0.038 2	0.042 9	0.035 7
新津县	0.032 8	0.042 5	0.038 6	0.044 0	0.036 3	0.034 4	0.041 6	0.038 3	0.045 5	0.040 7
都江堰市	0.057 1	0.067 1	0.058 6	0.067 5	0.057 7	0.054 3	0.062 0	0.058 2	0.063 8	0.057 6
彭州市	0.053 2	0.053 1	0.049 0	0.058 4	0.053 2	0.048 7	0.056 6	0.059 3	0.062 5	0.052 3
邛崃市	0.057 1	0.050 3	0.049 4	0.052 3	0.045 7	0.037 5	0.045 5	0.049 0	0.050 5	0.045 6
崇州市	0.049 4	0.041 6	0.040 7	0.055 9	0.051 1	0.042 4	0.042 9	0.045 2	0.046 5	0.043 4
自流井区	0.070 4	0.059 5	0.055 1	0.059 1	0.058 8	0.051 9	0.063 9	0.053 0	0.064 1	0.060 9
贡井区	0.066 1	0.057 2	0.053 7	0.064 6	0.054 5	0.043 3	0.054 4	0.051 3	0.057 9	0.053 9

附录1(续)

年份 区县	2006	2007	2008	2009	2010	2011	2012	2013	2014	2015
大安区	0.039 7	0.031 7	0.031 5	0.034 4	0.030 9	0.026 6	0.027 8	0.029 5	0.030 3	0.027 2
沿滩区	0.033 7	0.027 6	0.029 0	0.031 4	0.026 8	0.025 6	0.026 6	0.028 7	0.030 2	0.026 3
荣县	0.052 9	0.041 7	0.040 7	0.046 4	0.043 4	0.039 7	0.041 0	0.043 0	0.046 8	0.039 9
富顺县	0.045 2	0.037 3	0.035 7	0.035 6	0.035 7	0.035 3	0.035 3	0.038 7	0.036 6	0.034 9
东区	0.074 8	0.069 6	0.063 8	0.071 0	0.070 6	0.065 2	0.074 2	0.062 1	0.067 3	0.062 0
西区	0.037 3	0.036 8	0.039 5	0.042 6	0.037 5	0.027 4	0.032 3	0.029 1	0.039 1	0.034 8
仁和区	0.068 4	0.049 1	0.047 6	0.046 0	0.038 6	0.033 7	0.040 0	0.032 6	0.040 1	0.036 9
米易县	0.061 0	0.041 9	0.039 7	0.045 8	0.036 1	0.030 0	0.032 4	0.030 8	0.033 6	0.029 1
盐边县	0.053 3	0.039 9	0.040 3	0.043 1	0.037 7	0.031 1	0.035 1	0.033 9	0.034 5	0.032 4
江阳区	0.056 8	0.052 3	0.054 8	0.058 6	0.055 9	0.046 2	0.059 7	0.057 0	0.064 1	0.060 4
纳溪区	0.044 0	0.032 4	0.031 6	0.032 8	0.029 6	0.030 6	0.029 9	0.030 6	0.032 0	0.028 2
龙马潭区	0.036 3	0.033 4	0.031 1	0.035 4	0.032 6	0.025 4	0.032 7	0.033 3	0.036 1	0.031 9
泸县	0.044 5	0.038 6	0.038 3	0.039 7	0.038 7	0.045 6	0.043 9	0.044 2	0.045 0	0.041 0
合江县	0.043 9	0.035 3	0.035 3	0.038 4	0.039 2	0.038 2	0.043 6	0.042 1	0.042 3	0.037 5
叙永县	0.034 5	0.032 4	0.035 3	0.034 9	0.035 3	0.034 5	0.036 7	0.037 7	0.039 4	0.035 9
古蔺县	0.038 5	0.030 9	0.030 4	0.033 6	0.034 4	0.033 7	0.037 4	0.038 7	0.040 3	0.034 0
旌阳区	0.069 4	0.061 1	0.058 1	0.067 7	0.065 8	0.062 6	0.067 1	0.059 9	0.067 4	0.062 5
中江县	0.047 6	0.045 3	0.042 9	0.047 7	0.044 4	0.040 7	0.052 5	0.053 2	0.055 5	0.049 4
罗江县	0.050 9	0.039 1	0.036 5	0.043 2	0.039 5	0.030 6	0.034 4	0.034 4	0.037 6	0.030 8
广汉市	0.057 7	0.048 9	0.047 1	0.057 3	0.048 1	0.040 6	0.033 1	0.046 2	0.048 4	0.045 4
什邡市	0.069 9	0.059 7	0.057 4	0.064 3	0.057 5	0.044 0	0.053 9	0.049 5	0.057 1	0.050 6
绵竹市	0.060 4	0.052 2	0.049 8	0.058 8	0.059 5	0.048 2	0.049 6	0.044 1	0.055 3	0.050 9
涪城区	0.110 5	0.099 9	0.089 2	0.105 8	0.100 9	0.085 5	0.092 1	0.091 7	0.094 1	0.084 6
游仙区	0.037 7	0.038 2	0.057 9	0.045 3	0.043 9	0.042 2	0.048 2	0.051 0	0.054 7	0.049 6
三台县	0.042 8	0.041 0	0.051 3	0.059 6	0.055 7	0.052 5	0.057 2	0.059 7	0.055 6	0.048 8
盐亭县	0.035 5	0.036 8	0.036 9	0.049 6	0.042 1	0.038 2	0.046 9	0.048 7	0.055 0	0.046 3
安县	0.040 4	0.036 6	0.042 8	0.049 6	0.045 3	0.038 7	0.043 0	0.042 8	0.044 5	0.039 6
梓潼县	0.042 7	0.036 9	0.034 8	0.045 6	0.045 4	0.036 0	0.041 0	0.040 4	0.043 7	0.038 2
北川县	0.033 2	0.029 7	0.031 1	0.042 1	0.040 0	0.034 3	0.047 2	0.044 8	0.047 6	0.039 8

附录1（续）

年份 区县	2006	2007	2008	2009	2010	2011	2012	2013	2014	2015
平武县	0.031 4	0.033 8	0.033 4	0.043 2	0.042 3	0.029 2	0.033 7	0.038 7	0.044 8	0.038 8
江油市	0.074 2	0.066 3	0.064 9	0.077 1	0.070 2	0.061 3	0.067 6	0.063 9	0.067 5	0.061 2
利州区	0.065 0	0.071 6	0.072 0	0.075 5	0.078 4	0.064 8	0.076 8	0.068 5	0.078 3	0.073 7
昭化区	0.026 0	0.030 5	0.036 6	0.054 6	0.051 6	0.038 1	0.043 6	0.044 3	0.053 3	0.046 8
朝天区	0.019 4	0.023 1	0.023 8	0.038 6	0.036 4	0.033 0	0.036 1	0.034 5	0.038 9	0.036 5
旺苍县	0.039 2	0.037 0	0.036 4	0.048 8	0.045 1	0.039 4	0.042 2	0.043 4	0.046 8	0.045 4
青川县	0.046 8	0.032 7	0.037 0	0.048 9	0.046 4	0.035 9	0.037 2	0.045 2	0.051 6	0.044 5
剑阁县	0.035 7	0.037 8	0.040 4	0.049 6	0.047 1	0.040 1	0.044 7	0.046 9	0.052 3	0.046 2
苍溪县	0.047 7	0.055 3	0.051 2	0.058 5	0.051 4	0.041 8	0.046 9	0.052 3	0.051 9	0.047 6
船山区	0.046 5	0.053 5	0.049 3	0.039 0	0.052 3	0.048 9	0.052 6	0.058 9	0.067 3	0.062 5
安居区	0.023 5	0.029 0	0.029 0	0.034 6	0.035 5	0.032 8	0.033 1	0.039 5	0.046 7	0.037 7
蓬溪县	0.034 6	0.036 7	0.039 2	0.044 2	0.042 9	0.038 4	0.038 6	0.040 9	0.044 3	0.040 5
射洪县	0.046 7	0.051 1	0.045 8	0.044 0	0.049 4	0.044 5	0.051 4	0.055 5	0.061 0	0.053 7
大英县	0.021 0	0.022 3	0.029 1	0.031 4	0.028 4	0.026 1	0.028 9	0.030 6	0.031 1	0.026 3
内江市中区	0.051 2	0.050 6	0.047 3	0.048 4	0.047 0	0.041 2	0.047 9	0.046 6	0.054 5	0.048 6
东兴区	0.056 8	0.047 8	0.046 6	0.046 3	0.043 7	0.040 9	0.046 4	0.046 4	0.049 8	0.045 2
威远县	0.054 3	0.047 9	0.047 8	0.055 4	0.048 8	0.043 5	0.049 5	0.047 7	0.052 5	0.044 8
资中县	0.068 9	0.055 8	0.057 2	0.062 3	0.055 3	0.050 0	0.052 6	0.053 9	0.054 1	0.052 3
隆昌县	0.049 7	0.041 4	0.038 2	0.047 0	0.039 0	0.034 5	0.037 7	0.039 6	0.040 8	0.038 3
乐山市中区	0.089 0	0.090 1	0.075 9	0.072 9	0.069 1	0.061 9	0.065 0	0.060 4	0.068 2	0.064 8
沙湾区	0.044 0	0.041 1	0.036 3	0.042 3	0.038 0	0.032 1	0.035 4	0.031 5	0.048 2	0.032 1
五通桥区	0.052 1	0.042 4	0.040 5	0.052 9	0.046 8	0.037 5	0.041 0	0.039 5	0.048 9	0.041 2
金口河区	0.038 1	0.032 9	0.028 6	0.036 3	0.028 9	0.021 8	0.025 6	0.025 5	0.032 3	0.027 2
犍为县	0.043 1	0.037 0	0.039 7	0.051 3	0.044 9	0.038 0	0.037 3	0.037 7	0.040 3	0.032 5
井研县	0.038 0	0.034 8	0.035 6	0.051 1	0.043 1	0.034 6	0.035 3	0.035 6	0.033 1	0.029 8
夹江县	0.042 2	0.037 2	0.039 2	0.048 1	0.041 7	0.032 8	0.035 4	0.036 7	0.046 4	0.036 6
沐川县	0.025 4	0.023 4	0.022 6	0.032 9	0.029 9	0.025 8	0.027 9	0.034 3	0.037 6	0.030 6
峨边县	0.030 1	0.028 8	0.025 7	0.036 2	0.031 0	0.026 5	0.029 5	0.028 5	0.032 5	0.024 3
马边县	0.020 1	0.021 1	0.018 0	0.027 1	0.021 8	0.019 6	0.022 3	0.020 3	0.019 1	0.016 7

附录1（续）

区县＼年份	2006	2007	2008	2009	2010	2011	2012	2013	2014	2015
峨眉山市	0.041 7	0.039 3	0.035 1	0.051 1	0.046 1	0.039 8	0.043 5	0.042 3	0.055 3	0.043 0
顺庆区	0.057 8	0.058 5	0.053 1	0.058 7	0.062 4	0.059 5	0.063 7	0.058 3	0.073 2	0.064 2
高坪区	0.029 9	0.030 2	0.034 7	0.043 4	0.036 4	0.032 0	0.035 3	0.033 1	0.030 5	0.028 5
嘉陵区	0.031 5	0.023 8	0.023 1	0.049 6	0.040 0	0.038 1	0.036 3	0.044 0	0.046 7	0.039 8
南部县	0.034 8	0.032 0	0.036 5	0.055 2	0.049 7	0.046 9	0.044 9	0.052 9	0.056 1	0.049 9
营山县	0.028 4	0.029 1	0.028 8	0.036 2	0.038 7	0.037 1	0.037 0	0.043 5	0.046 6	0.041 6
蓬安县	0.036 2	0.026 8	0.024 6	0.036 8	0.035 9	0.033 9	0.035 5	0.037 9	0.045 7	0.036 3
仪陇县	0.024 3	0.029 4	0.027 4	0.044 8	0.041 3	0.039 9	0.042 0	0.046 7	0.051 0	0.042 4
西充县	0.025 8	0.022 3	0.020 2	0.042 5	0.033 4	0.037 8	0.042 3	0.045 8	0.057 3	0.041 9
阆中市	0.050 1	0.040 5	0.035 4	0.059 9	0.052 8	0.049 2	0.050 8	0.055 6	0.060 3	0.051 4
东坡区	0.053 6	0.045 0	0.050 9	0.058 6	0.057 0	0.047 3	0.053 1	0.054 5	0.058 1	0.050 8
仁寿县	0.062 7	0.046 0	0.041 0	0.062 8	0.059 1	0.057 2	0.064 1	0.068 3	0.067 0	0.064 4
彭山县	0.033 7	0.031 6	0.029 4	0.044 2	0.037 6	0.030 0	0.032 5	0.033 8	0.038 1	0.031 3
洪雅县	0.034 2	0.029 2	0.027 5	0.039 9	0.036 0	0.028 1	0.034 9	0.034 7	0.039 7	0.033 7
丹棱县	0.021 5	0.026 8	0.023 1	0.046 6	0.032 0	0.035 2	0.039 3	0.028 8	0.031 4	0.028 5
青神县	0.035 3	0.029 0	0.025 5	0.043 6	0.036 6	0.033 6	0.036 0	0.033 8	0.038 5	0.033 4
翠屏区	0.079 5	0.074 0	0.070 3	0.076 5	0.073 8	0.065 5	0.078 1	0.074 8	0.087 1	0.074 9
南溪区	0.039 6	0.039 0	0.040 6	0.060 6	0.059 1	0.038 3	0.037 6	0.037 1	0.039 8	0.042 9
宜宾县	0.038 7	0.037 0	0.036 3	0.035 6	0.030 7	0.038 5	0.051 2	0.052 8	0.054 0	0.038 7
江安县	0.022 3	0.036 0	0.032 5	0.033 7	0.028 9	0.030 9	0.033 5	0.034 8	0.035 7	0.033 8
长宁县	0.024 6	0.030 6	0.033 1	0.034 4	0.033 8	0.034 3	0.038 3	0.038 1	0.040 1	0.034 0
高县	0.025 4	0.028 8	0.027 5	0.032 4	0.030 5	0.027 6	0.029 3	0.029 1	0.029 0	0.027 0
珙县	0.035 7	0.031 9	0.043 9	0.040 9	0.037 7	0.035 3	0.039 0	0.036 0	0.038 2	0.038 2
筠连县	0.028 0	0.024 5	0.025 0	0.028 4	0.029 4	0.028 2	0.030 9	0.030 3	0.027 1	0.024 4
兴文县	0.023 2	0.025 5	0.040 4	0.036 5	0.028 5	0.037 8	0.029 6	0.033 8	0.031 6	0.027 7
屏山县	0.024 1	0.021 7	0.021 5	0.023 9	0.024 0	0.022 8	0.026 0	0.028 2	0.034 0	0.025 2
广安区	0.053 7	0.043 9	0.042 7	0.047 3	0.048 5	0.044 4	0.046 5	0.044 3	0.050 8	0.046 8
岳池县	0.034 1	0.035 5	0.035 5	0.038 4	0.035 9	0.034 9	0.037 1	0.038 7	0.042 0	0.040 1
武胜县	0.033 8	0.031 3	0.025 5	0.027 8	0.029 3	0.028 1	0.030 5	0.032 1	0.035 3	0.033 7

附录1(续)

年份 区县	2006	2007	2008	2009	2010	2011	2012	2013	2014	2015
邻水县	0.035 8	0.032 0	0.035 0	0.037 1	0.036 4	0.034 5	0.035 6	0.036 5	0.039 9	0.039 1
华蓥市	0.033 5	0.030 6	0.031 5	0.031 7	0.029 6	0.026 3	0.029 9	0.027 6	0.029 4	0.031 4
通川区	0.080 2	0.051 1	0.053 4	0.048 5	0.047 8	0.041 5	0.054 6	0.046 3	0.049 1	0.049 2
达川区	0.044 2	0.045 6	0.047 7	0.053 8	0.051 9	0.047 2	0.052 9	0.052 2	0.053 5	0.047 5
宣汉区	0.036 6	0.043 0	0.048 8	0.054 6	0.056 6	0.046 4	0.049 1	0.050 7	0.049 8	0.045 8
开江县	0.023 6	0.027 3	0.025 6	0.027 3	0.024 3	0.025 1	0.028 4	0.031 6	0.037 4	0.025 9
大竹县	0.041 3	0.044 4	0.041 3	0.047 2	0.046 6	0.041 3	0.043 9	0.045 3	0.047 6	0.040 9
渠县	0.033 1	0.034 3	0.036 3	0.040 6	0.039 1	0.037 1	0.045 7	0.052 6	0.054 0	0.048 4
万源市	0.042 1	0.037 7	0.038 1	0.039 9	0.037 4	0.038 6	0.040 4	0.041 0	0.056 1	0.040 9
雨城区	0.042 9	0.048 6	0.050 7	0.045 3	0.054 0	0.048 8	0.058 5	0.046 8	0.058 1	0.053 4
名山区	0.025 6	0.027 1	0.026 6	0.029 8	0.028 8	0.020 8	0.026 1	0.026 1	0.029 0	0.022 9
荥经县	0.026 0	0.025 6	0.029 6	0.034 4	0.031 0	0.024 7	0.034 6	0.026 9	0.027 4	0.030 0
汉源县	0.025 7	0.025 1	0.029 4	0.039 3	0.033 2	0.028 0	0.028 3	0.030 8	0.032 3	0.030 6
石棉县	0.047 7	0.042 0	0.043 4	0.052 8	0.043 3	0.038 8	0.047 6	0.036 4	0.048 1	0.043 1
天全县	0.037 4	0.041 3	0.038 4	0.042 7	0.037 4	0.031 2	0.037 5	0.031 8	0.034 9	0.038 1
芦山县	0.033 6	0.024 4	0.023 6	0.026 2	0.026 1	0.019 7	0.027 7	0.025 8	0.035 7	0.027 2
宝兴县	0.039 4	0.030 6	0.031 2	0.040 2	0.033 8	0.026 1	0.027 2	0.028 8	0.038 1	0.039 7
巴州区	0.051 4	0.067 1	0.054 4	0.056 9	0.068 5	0.064 7	0.068 5	0.057 1	0.073 3	0.068 9
通江县	0.032 3	0.020 5	0.017 6	0.029 6	0.035 0	0.030 2	0.034 9	0.040 7	0.052 7	0.047 3
南江县	0.025 2	0.043 6	0.044 0	0.040 9	0.046 1	0.038 4	0.040 0	0.044 8	0.048 1	0.046 2
平昌县	0.036 0	0.022 5	0.036 7	0.041 0	0.039 6	0.036 4	0.034 6	0.045 6	0.050 2	0.047 2
雁江区	0.056 4	0.059 0	0.062 0	0.064 9	0.060 3	0.060 8	0.068 8	0.064 4	0.070 6	0.063 1
安岳县	0.053 7	0.048 7	0.051 3	0.054 9	0.057 4	0.061 8	0.063 2	0.063 8	0.064 6	0.061 7
乐至县	0.037 9	0.036 4	0.037 8	0.044 8	0.038 2	0.034 8	0.036 2	0.037 1	0.040 4	0.033 9
简阳市	0.054 8	0.051 7	0.052 0	0.055 2	0.049 8	0.051 0	0.052 3	0.052 4	0.056 4	0.047 9
汶川县	0.035 0	0.041 2	0.038 2	0.060 1	0.049 8	0.034 3	0.039 7	0.036 6	0.044 6	0.035 6
理县	0.045 8	0.047 4	0.036 2	0.053 7	0.060 9	0.038 4	0.044 7	0.044 4	0.054 6	0.072 5
茂县	0.030 8	0.027 7	0.028 1	0.045 0	0.037 1	0.027 6	0.035 3	0.035 6	0.039 9	0.029 9
松潘县	0.026 5	0.025 3	0.024 3	0.032 5	0.031 2	0.026 1	0.029 3	0.029 9	0.042 0	0.038 1

年份 区县	2006	2007	2008	2009	2010	2011	2012	2013	2014	2015
九寨沟县	0.035 1	0.030 9	0.031 7	0.042 7	0.038 4	0.031 7	0.034 2	0.031 9	0.038 5	0.035 0
金川县	0.030 0	0.033 3	0.030 6	0.038 5	0.042 9	0.032 8	0.037 9	0.038 1	0.051 9	0.044 0
小金县	0.025 6	0.025 3	0.024 7	0.032 7	0.035 1	0.028 1	0.034 2	0.032 4	0.041 1	0.034 1
黑水县	0.024 0	0.019 9	0.026 6	0.027 6	0.025 9	0.023 1	0.028 9	0.027 9	0.033 8	0.034 3
马尔康县	0.052 2	0.054 5	0.051 9	0.066 3	0.057 1	0.044 6	0.055 8	0.053 8	0.065 5	0.050 2
壤塘县	0.042 1	0.059 6	0.045 4	0.049 1	0.048 4	0.042 8	0.037 3	0.034 0	0.041 6	0.036 0
阿坝县	0.035 5	0.039 1	0.032 2	0.027 3	0.022 8	0.021 6	0.022 0	0.025 3	0.029 9	0.024 3
若尔盖县	0.025 5	0.020 1	0.033 5	0.030 2	0.025 6	0.022 4	0.021 7	0.022 9	0.028 5	0.023 5
红原县	0.037 9	0.029 2	0.032 6	0.037 3	0.037 3	0.030 7	0.033 0	0.030 4	0.034 9	0.031 1
康定县	0.056 6	0.053 3	0.045 1	0.050 9	0.040 4	0.037 2	0.045 5	0.040 5	0.050 0	0.044 5
泸定县	0.035 6	0.029 1	0.023 2	0.040 5	0.029 3	0.020 1	0.022 5	0.021 6	0.029 9	0.030 2
丹巴县	0.033 3	0.029 7	0.040 4	0.031 9	0.029 7	0.022 6	0.026 5	0.030 1	0.038 2	0.035 7
九龙县	0.039 7	0.028 0	0.024 0	0.026 9	0.018 2	0.016 0	0.019 9	0.014 6	0.019 9	0.021 4
雅江县	0.026 1	0.027 6	0.021 4	0.025 5	0.025 1	0.020 1	0.021 0	0.019 3	0.023 6	0.023 9
道孚县	0.034 1	0.024 9	0.022 4	0.032 3	0.023 8	0.021 7	0.025 3	0.025 2	0.029 0	0.025 5
炉霍县	0.034 8	0.027 8	0.020 6	0.046 7	0.038 0	0.023 2	0.029 5	0.029 1	0.036 0	0.030 0
甘孜县	0.028 5	0.023 8	0.024 3	0.031 0	0.021 1	0.018 9	0.025 0	0.030 2	0.033 6	0.029 3
新龙县	0.045 3	0.037 5	0.028 9	0.041 9	0.025 4	0.022 1	0.020 8	0.024 1	0.033 9	0.029 3
德格县	0.050 3	0.028 3	0.024 2	0.024 2	0.019 7	0.011 5	0.012 4	0.029 4	0.035 8	0.027 9
白玉县	0.042 1	0.030 1	0.026 1	0.025 2	0.025 2	0.021 0	0.026 0	0.034 8	0.039 7	0.034 6
石渠县	0.048 5	0.027 6	0.028 8	0.026 2	0.017 7	0.012 5	0.013 9	0.028 0	0.026 1	0.024 9
色达县	0.046 6	0.028 2	0.029 3	0.032 7	0.045 8	0.014 3	0.019 4	0.023 8	0.031 6	0.030 7
理塘县	0.044 1	0.034 6	0.030 8	0.026 8	0.022 9	0.016 5	0.019 1	0.024 4	0.028 9	0.029 9
巴塘县	0.032 1	0.030 4	0.026 2	0.046 1	0.028 8	0.024 1	0.028 6	0.026 6	0.032 6	0.028 3
乡城县	0.044 9	0.035 5	0.030 4	0.055 1	0.033 9	0.021 5	0.026 1	0.028 7	0.040 1	0.035 2
稻城县	0.050 0	0.035 2	0.026 0	0.034 2	0.037 7	0.029 8	0.034 4	0.025 8	0.044 1	0.032 4
得荣县	0.055 4	0.043 1	0.035 5	0.044 6	0.035 3	0.024 7	0.030 8	0.029 1	0.044 4	0.038 8
西昌市	0.069 1	0.056 7	0.050 8	0.057 6	0.060 9	0.060 3	0.068 1	0.060 9	0.067 4	0.093 4
木里县	0.038 7	0.040 2	0.026 8	0.028 3	0.028 4	0.027 6	0.024 8	0.025 3	0.033 8	0.030 6

附录1（续）

年份 区县	2006	2007	2008	2009	2010	2011	2012	2013	2014	2015
盐源县	0.025 2	0.028 7	0.024 2	0.024 9	0.025 9	0.025 3	0.024 8	0.025 4	0.027 3	0.028 6
德昌县	0.031 7	0.029 7	0.028 1	0.030 7	0.027 1	0.027 1	0.028 5	0.026 5	0.028 8	0.030 7
会理县	0.034 3	0.033 3	0.027 6	0.031 5	0.031 7	0.029 8	0.031 1	0.031 4	0.035 2	0.036 4
会东县	0.020 7	0.028 4	0.022 3	0.023 2	0.023 9	0.023 8	0.023 2	0.024 6	0.026 2	0.027 9
宁南县	0.023 1	0.028 5	0.022 1	0.023 2	0.022 0	0.020 3	0.023 5	0.023 6	0.024 4	0.022 2
普格县	0.026 1	0.024 7	0.018 0	0.016 8	0.014 3	0.014 6	0.014 5	0.014 9	0.011 3	0.011 7
布拖县	0.026 0	0.021 1	0.015 7	0.014 7	0.012 3	0.014 2	0.015 1	0.015 4	0.015 4	0.015 1
金阳县	0.023 4	0.030 5	0.025 5	0.025 5	0.023 3	0.021 7	0.021 1	0.019 7	0.021 3	0.021 3
昭觉县	0.029 7	0.023 2	0.016 6	0.016 2	0.015 1	0.015 4	0.014 2	0.015 8	0.015 5	0.015 4
喜德县	0.013 5	0.016 3	0.010 9	0.009 1	0.012 0	0.015 2	0.012 7	0.014 7	0.013 3	0.013 4
冕宁县	0.024 2	0.026 4	0.022 4	0.021 2	0.022 3	0.022 2	0.022 5	0.020 7	0.025 9	0.023 9
越西县	0.016 2	0.018 3	0.014 9	0.017 4	0.014 5	0.016 9	0.015 5	0.016 1	0.015 3	0.012 8
甘洛县	0.019 3	0.022 7	0.017 9	0.019 4	0.016 3	0.017 9	0.017 5	0.018 0	0.016 8	0.018 2
美姑县	0.021 2	0.025 6	0.017 2	0.022 1	0.020 0	0.020 5	0.019 8	0.020 9	0.018 0	0.018 5
雷波县	0.020 3	0.026 1	0.018 7	0.018 3	0.018 6	0.019 8	0.018 8	0.023 4	0.025 4	0.025 8

附录2　　　　四川省新型城镇化发展水平二级指标——社会发展指数

年份 区县	2006	2007	2008	2009	2010	2011	2012	2013	2014	2015
锦江区	0.325 3	0.380 0	0.361 2	0.363 1	0.333 3	0.373 6	0.318 9	0.329 1	0.291 5	0.298 9
青羊区	0.332 8	0.384 7	0.381 6	0.371 2	0.366 5	0.402 0	0.346 6	0.347 3	0.302 0	0.311 2
金牛区	0.411 7	0.475 0	0.466 3	0.362 7	0.363 8	0.404 5	0.334 8	0.342 8	0.195 3	0.261 5
武侯区	0.342 8	0.430 4	0.423 0	0.443 9	0.459 9	0.471 2	0.429 1	0.400 6	0.247 6	0.237 1
成华区	0.236 7	0.302 5	0.296 1	0.294 1	0.269 7	0.287 5	0.262 9	0.212 8	0.245 1	0.249 6
龙泉驿区	0.176 3	0.210 4	0.233 5	0.232 1	0.247 3	0.273 2	0.289 2	0.325 1	0.298 2	0.288 2
青白江区	0.131 1	0.142 2	0.145 5	0.142 9	0.145 6	0.158 2	0.158 9	0.157 8	0.141 2	0.132 4
新都区	0.112 1	0.243 1	0.242 7	0.234 6	0.218 4	0.236 7	0.201 9	0.212 4	0.189 2	0.130 9
温江区	0.253 5	0.211 6	0.208 0	0.184 9	0.177 4	0.182 7	0.161 4	0.175 8	0.164 4	0.160 6
金堂区	0.108 6	0.079 8	0.082 6	0.083 3	0.085 7	0.096 1	0.092 6	0.104 6	0.100 5	0.112 1

附录2(续)

年份 区县	2006	2007	2008	2009	2010	2011	2012	2013	2014	2015
双流县	0.248 0	0.371 8	0.347 5	0.348 3	0.350 1	0.458 1	0.500 7	0.516 2	0.496 9	0.505 0
郫都区	0.207 5	0.271 4	0.282 3	0.271 8	0.293 1	0.295 1	0.229 5	0.238 9	0.216 5	0.170 0
大邑县	0.053 3	0.060 9	0.070 1	0.074 4	0.077 7	0.078 6	0.078 7	0.090 5	0.080 1	0.075 2
蒲江县	0.037 5	0.040 4	0.040 1	0.045 8	0.047 4	0.051 1	0.048 0	0.053 2	0.049 0	0.049 5
新津县	0.076 2	0.094 9	0.099 1	0.117 8	0.108 1	0.115 4	0.123 7	0.136 4	0.107 4	0.116 8
都江堰市	0.124 8	0.136 0	0.130 2	0.182 1	0.196 3	0.168 4	0.134 6	0.137 7	0.122 4	0.111 3
彭州市	0.092 5	0.098 5	0.110 3	0.126 6	0.135 5	0.121 7	0.109 9	0.118 3	0.111 9	0.099 6
邛崃市	0.058 2	0.065 4	0.063 4	0.068 1	0.070 3	0.075 4	0.070 9	0.078 1	0.073 7	0.067 6
崇州市	0.060 3	0.073 0	0.087 3	0.087 6	0.098 0	0.086 9	0.075 5	0.089 9	0.081 1	0.076 5
自流井区	0.092 0	0.096 2	0.091 9	0.086 5	0.082 7	0.077 4	0.078 6	0.103 5	0.073 9	0.073 5
贡井区	0.027 3	0.037 0	0.036 5	0.035 5	0.043 1	0.039 5	0.043 6	0.044 1	0.038 7	0.038 4
大安区	0.050 8	0.102 8	0.088 4	0.076 4	0.073 9	0.077 8	0.075 6	0.075 0	0.063 5	0.062 9
沿滩区	0.023 9	0.030 8	0.031 8	0.032 6	0.035 1	0.030 0	0.032 6	0.035 2	0.030 9	0.032 0
荣县	0.031 8	0.038 8	0.038 7	0.043 9	0.046 6	0.046 6	0.046 5	0.050 0	0.041 2	0.042 0
富顺县	0.036 1	0.049 0	0.050 5	0.053 0	0.058 8	0.059 6	0.054 3	0.059 0	0.048 6	0.049 4
东区	0.210 5	0.204 2	0.196 3	0.149 8	0.151 6	0.133 5	0.153 1	0.142 4	0.134 9	0.133 5
西区	0.041 5	0.046 2	0.050 6	0.050 8	0.053 4	0.054 6	0.048 0	0.045 5	0.041 2	0.042 1
仁和区	0.067 7	0.067 3	0.075 4	0.068 2	0.070 9	0.066 7	0.070 8	0.066 7	0.060 4	0.060 2
米易县	0.045 5	0.045 0	0.044 1	0.048 9	0.047 7	0.051 1	0.050 7	0.055 2	0.052 9	0.046 9
盐边县	0.058 0	0.055 0	0.056 8	0.055 3	0.059 8	0.065 0	0.066 7	0.062 9	0.060 3	0.053 9
江阳区	0.075 6	0.079 5	0.096 9	0.102 8	0.094 0	0.093 9	0.097 3	0.104 4	0.100 1	0.103 1
纳溪区	0.039 2	0.040 0	0.041 1	0.044 5	0.049 3	0.047 4	0.043 8	0.050 8	0.048 9	0.051 0
龙马潭区	0.049 2	0.058 3	0.060 4	0.064 1	0.065 8	0.067 6	0.072 8	0.079 3	0.075 9	0.081 4
泸县	0.041 7	0.049 5	0.052 3	0.059 8	0.059 5	0.059 7	0.056 8	0.063 3	0.058 8	0.060 9
合江县	0.032 3	0.036 7	0.036 1	0.041 6	0.044 6	0.049 9	0.046 5	0.053 3	0.050 7	0.051 9
叙永县	0.024 5	0.028 0	0.024 8	0.030 5	0.030 4	0.030 7	0.027 8	0.032 9	0.032 4	0.034 1
古蔺县	0.027 2	0.031 7	0.034 1	0.043 5	0.047 2	0.053 4	0.054 9	0.060 9	0.050 6	0.049 9
旌阳区	0.151 0	0.152 6	0.158 1	0.167 3	0.186 9	0.179 9	0.192 7	0.192 0	0.174 8	0.180 2
中江县	0.037 4	0.045 3	0.056 8	0.083 1	0.056 5	0.064 4	0.066 2	0.070 6	0.063 4	0.063 1

附录2(续)

年份 区县	2006	2007	2008	2009	2010	2011	2012	2013	2014	2015
罗江县	0.036 2	0.041 6	0.037 8	0.050 3	0.047 0	0.042 7	0.043 3	0.043 3	0.038 2	0.040 5
广汉市	0.152 9	0.168 7	0.199 7	0.158 5	0.131 6	0.169 9	0.228 5	0.167 2	0.180 0	0.156 1
什邡市	0.122 8	0.142 9	0.174 2	0.173 8	0.175 4	0.151 7	0.152 8	0.160 8	0.143 9	0.124 7
绵竹市	0.169 0	0.164 1	0.170 8	0.177 4	0.158 8	0.152 8	0.143 0	0.152 4	0.135 2	0.144 5
涪城区	0.531 4	0.465 7	0.443 3	0.427 1	0.369 7	0.269 2	0.301 1	0.265 8	0.291 4	0.308 4
游仙区	0.048 4	0.054 4	0.066 0	0.071 7	0.065 8	0.063 9	0.087 7	0.089 1	0.067 0	0.071 7
三台县	0.044 0	0.052 9	0.071 0	0.080 8	0.065 6	0.058 3	0.053 9	0.055 6	0.048 9	0.046 9
盐亭县	0.019 1	0.021 9	0.034 9	0.035 8	0.033 7	0.031 2	0.028 0	0.030 2	0.026 7	0.026 2
安县	0.036 6	0.041 4	0.069 9	0.072 9	0.058 9	0.047 2	0.046 5	0.049 3	0.041 8	0.041 9
梓潼县	0.036 6	0.034 5	0.046 7	0.046 6	0.042 3	0.030 0	0.028 7	0.031 5	0.027 0	0.027 8
北川县	0.020 7	0.021 7	0.044 4	0.069 0	0.080 7	0.050 8	0.038 4	0.038 8	0.035 0	0.032 4
平武县	0.022 5	0.023 5	0.034 5	0.041 7	0.046 8	0.034 6	0.030 2	0.033 3	0.028 5	0.026 0
江油市	0.093 3	0.100 5	0.126 8	0.128 5	0.117 8	0.095 6	0.096 1	0.100 3	0.088 9	0.087 8
利州区	0.051 0	0.055 8	0.060 7	0.090 4	0.094 7	0.069 6	0.073 9	0.074 9	0.068 5	0.066 9
昭化区	0.011 8	0.013 9	0.018 2	0.023 9	0.022 6	0.022 0	0.022 5	0.022 8	0.021 0	0.020 6
朝天区	0.010 4	0.013 3	0.021 7	0.025 3	0.021 8	0.019 6	0.019 9	0.019 9	0.017 3	0.016 8
旺苍县	0.022 8	0.025 6	0.032 4	0.045 5	0.036 8	0.033 4	0.033 1	0.033 8	0.029 1	0.027 6
青川县	0.014 3	0.016 2	0.041 0	0.057 8	0.061 5	0.027 5	0.024 4	0.025 4	0.023 0	0.021 4
剑阁县	0.020 9	0.025 4	0.036 5	0.047 8	0.047 3	0.037 2	0.034 5	0.037 3	0.033 0	0.030 4
苍溪县	0.026 3	0.031 2	0.038 4	0.048 5	0.043 5	0.045 5	0.041 1	0.043 1	0.035 4	0.031 9
船山区	0.090 3	0.097 8	0.112 1	0.129 0	0.108 9	0.113 6	0.111 8	0.113 2	0.102 3	0.102 7
安居区	0.015 7	0.019 7	0.020 5	0.025 0	0.027 1	0.031 3	0.029 4	0.033 3	0.028 9	0.028 8
蓬溪县	0.025 2	0.029 1	0.028 0	0.029 9	0.031 0	0.035 1	0.033 6	0.035 9	0.032 1	0.032 4
射洪县	0.073 1	0.068 1	0.073 4	0.076 1	0.070 4	0.076 7	0.073 4	0.074 7	0.065 7	0.063 8
大英县	0.032 1	0.037 6	0.044 6	0.046 8	0.049 2	0.049 4	0.048 2	0.048 6	0.043 3	0.040 5
内江市中区	0.060 1	0.063 5	0.064 0	0.062 2	0.067 3	0.064 3	0.065 6	0.071 1	0.056 5	0.057 5
东兴区	0.049 4	0.053 8	0.053 6	0.054 7	0.055 2	0.049 8	0.041 2	0.049 6	0.051 9	0.041 0
威远县	0.080 5	0.084 5	0.088 0	0.085 3	0.084 9	0.079 1	0.081 1	0.086 1	0.070 7	0.066 8
资中县	0.048 7	0.055 1	0.054 0	0.057 0	0.057 9	0.056 7	0.045 9	0.056 9	0.051 9	0.048 9

附录2(续)

年份 区县	2006	2007	2008	2009	2010	2011	2012	2013	2014	2015
隆昌县	0.047 1	0.052 8	0.056 8	0.062 9	0.063 1	0.062 3	0.059 0	0.064 7	0.056 5	0.058 0
乐山市中区	0.132 3	0.156 8	0.132 9	0.154 6	0.120 3	0.111 6	0.105 8	0.095 7	0.083 7	0.084 2
沙湾区	0.063 8	0.063 0	0.065 4	0.067 2	0.070 3	0.065 5	0.068 8	0.070 6	0.063 7	0.055 1
五通桥区	0.049 2	0.053 0	0.064 5	0.063 1	0.075 6	0.064 2	0.072 5	0.090 5	0.072 2	0.068 9
金口河区	0.027 2	0.025 1	0.025 4	0.027 9	0.029 7	0.029 6	0.029 9	0.030 6	0.027 9	0.029 0
犍为县	0.034 7	0.036 5	0.035 7	0.043 1	0.040 6	0.037 9	0.037 8	0.038 8	0.036 5	0.033 4
井研县	0.025 6	0.024 7	0.024 0	0.026 4	0.026 6	0.026 6	0.028 1	0.028 9	0.026 9	0.024 4
夹江县	0.042 0	0.041 8	0.042 6	0.043 8	0.044 2	0.041 0	0.040 7	0.043 1	0.040 7	0.040 6
沐川县	0.019 8	0.019 6	0.018 9	0.020 8	0.021 6	0.023 8	0.021 2	0.022 7	0.020 8	0.022 7
峨边县	0.026 2	0.025 9	0.025 5	0.026 0	0.023 2	0.023 9	0.023 3	0.023 5	0.022 2	0.020 7
马边县	0.015 3	0.015 4	0.014 5	0.017 9	0.022 0	0.024 8	0.020 2	0.020 9	0.019 0	0.019 2
峨眉山市	0.067 3	0.085 4	0.108 5	0.087 4	0.097 8	0.085 6	0.081 2	0.081 7	0.072 5	0.072 2
顺庆区	0.080 6	0.073 1	0.075 6	0.086 8	0.099 4	0.099 7	0.089 0	0.139 1	0.090 5	0.087 6
高坪区	0.035 5	0.036 8	0.038 3	0.042 4	0.042 6	0.044 6	0.040 2	0.048 8	0.042 8	0.045 1
嘉陵区	0.062 1	0.054 0	0.053 8	0.056 8	0.054 1	0.048 9	0.045 5	0.051 4	0.047 1	0.046 3
南部县	0.056 8	0.067 3	0.068 7	0.074 2	0.063 3	0.072 8	0.062 6	0.069 8	0.064 5	0.062 5
营山县	0.034 1	0.038 7	0.035 4	0.036 6	0.034 6	0.038 4	0.035 2	0.038 1	0.036 4	0.037 5
蓬安县	0.036 2	0.039 4	0.040 8	0.045 3	0.045 9	0.045 3	0.042 9	0.044 3	0.041 2	0.041 8
仪陇县	0.034 9	0.036 8	0.038 8	0.042 2	0.040 4	0.045 0	0.038 0	0.042 1	0.037 7	0.038 8
西充县	0.024 3	0.028 7	0.026 9	0.030 2	0.034 0	0.037 6	0.033 2	0.036 9	0.033 7	0.033 5
阆中市	0.055 8	0.063 7	0.062 5	0.074 7	0.061 2	0.066 6	0.049 3	0.058 0	0.049 6	0.049 6
东坡区	0.089 0	0.119 1	0.099 6	0.104 7	0.127 8	0.092 0	0.092 0	0.102 9	0.097 8	0.093 6
仁寿县	0.061 6	0.067 3	0.072 1	0.072 9	0.073 2	0.075 2	0.078 5	0.091 9	0.085 3	0.083 5
彭山县	0.048 2	0.050 4	0.047 7	0.053 4	0.052 9	0.056 0	0.058 4	0.067 5	0.065 3	0.066 1
洪雅县	0.038 5	0.035 9	0.035 5	0.039 0	0.036 3	0.038 3	0.036 1	0.043 1	0.037 8	0.037 8
丹棱县	0.017 8	0.020 7	0.020 2	0.022 6	0.022 8	0.024 2	0.024 2	0.027 0	0.024 3	0.025 4
青神县	0.027 9	0.032 6	0.027 1	0.029 4	0.029 6	0.030 2	0.029 3	0.032 7	0.031 4	0.033 4
翠屏区	0.331 6	0.353 1	0.303 6	0.294 8	0.259 1	0.187 2	0.186 4	0.180 3	0.161 5	0.170 2
南溪区	0.037 3	0.042 8	0.040 5	0.043 4	0.043 2	0.045 7	0.039 2	0.045 4	0.041 0	0.035 9

附录2(续)

年份 区县	2006	2007	2008	2009	2010	2011	2012	2013	2014	2015
宜宾县	0.033 1	0.037 5	0.037 9	0.040 8	0.041 7	0.043 8	0.051 0	0.055 5	0.051 3	0.054 8
江安县	0.023 6	0.028 8	0.030 1	0.032 2	0.035 1	0.036 5	0.038 2	0.040 5	0.037 4	0.037 7
长宁县	0.027 5	0.031 4	0.029 4	0.033 3	0.035 3	0.040 5	0.040 7	0.043 7	0.038 4	0.039 1
高县	0.028 5	0.030 7	0.028 5	0.032 9	0.034 2	0.032 4	0.032 8	0.035 9	0.031 5	0.032 8
珙县	0.023 4	0.026 3	0.028 2	0.031 2	0.032 2	0.029 1	0.029 7	0.032 8	0.028 8	0.028 1
筠连县	0.020 3	0.021 8	0.023 4	0.027 0	0.029 7	0.032 4	0.032 6	0.029 9	0.027 3	0.027 6
兴文县	0.016 5	0.018 6	0.019 4	0.023 3	0.025 5	0.028 1	0.028 8	0.033 3	0.029 7	0.030 2
屏山县	0.009 9	0.011 7	0.011 7	0.015 4	0.018 6	0.019 9	0.018 5	0.020 5	0.020 6	0.021 4
广安区	0.066 8	0.067 0	0.070 7	0.088 2	0.091 8	0.101 6	0.116 6	0.065 3	0.062 7	0.069 3
岳池县	0.040 9	0.044 6	0.039 9	0.044 8	0.047 4	0.054 5	0.058 1	0.063 3	0.058 2	0.062 1
武胜县	0.041 4	0.044 3	0.041 1	0.046 3	0.048 3	0.053 1	0.055 6	0.062 4	0.059 4	0.065 4
邻水县	0.041 4	0.045 3	0.040 7	0.047 6	0.051 1	0.055 0	0.055 9	0.063 0	0.059 0	0.062 7
华蓥市	0.043 9	0.046 5	0.050 2	0.055 4	0.052 2	0.060 8	0.059 2	0.062 7	0.059 6	0.074 3
通川区	0.066 6	0.070 9	0.068 1	0.069 4	0.066 9	0.062 9	0.064 9	0.060 7	0.055 5	0.057 7
达川区	0.057 3	0.070 6	0.075 5	0.079 6	0.078 3	0.064 7	0.062 6	0.071 4	0.074 6	0.081 5
宣汉区	0.050 5	0.059 4	0.061 9	0.061 4	0.060 6	0.065 1	0.065 3	0.071 1	0.068 5	0.070 8
开江县	0.026 9	0.030 9	0.028 9	0.029 9	0.031 5	0.033 3	0.032 0	0.034 8	0.031 2	0.034 4
大竹县	0.061 0	0.066 3	0.067 3	0.071 6	0.071 3	0.067 0	0.062 4	0.067 8	0.062 0	0.064 0
渠县	0.050 2	0.058 0	0.052 0	0.054 9	0.054 5	0.058 4	0.054 7	0.059 2	0.054 6	0.056 1
万源市	0.032 5	0.036 8	0.035 5	0.037 7	0.036 3	0.037 9	0.037 1	0.039 9	0.036 2	0.037 7
雨城区	0.047 0	0.058 8	0.064 9	0.067 3	0.068 6	0.042 7	0.050 9	0.049 7	0.053 4	0.042 6
名山区	0.015 3	0.017 3	0.020 6	0.022 3	0.025 7	0.024 1	0.024 5	0.031 6	0.029 0	0.022 1
荥经县	0.025 4	0.026 4	0.025 2	0.028 1	0.030 5	0.030 1	0.029 6	0.036 9	0.033 5	0.034 6
汉源县	0.027 9	0.030 2	0.038 7	0.044 9	0.038 2	0.030 2	0.029 9	0.030 8	0.023 9	0.022 2
石棉县	0.042 0	0.043 6	0.041 5	0.048 1	0.044 7	0.041 3	0.038 9	0.039 0	0.035 5	0.035 7
天全县	0.024 1	0.023 6	0.023 3	0.025 6	0.025 7	0.022 8	0.022 8	0.038 8	0.026 7	0.031 3
芦山县	0.016 0	0.015 5	0.015 5	0.023 5	0.019 4	0.019 9	0.019 8	0.036 3	0.038 4	0.025 9
宝兴县	0.022 0	0.019 9	0.019 3	0.024 0	0.023 6	0.024 3	0.024 2	0.033 5	0.032 4	0.031 3
巴州区	0.036 0	0.041 7	0.042 9	0.044 6	0.045 5	0.057 2	0.071 3	0.058 7	0.057 9	0.060 3

附录2（续）

年份 区县	2006	2007	2008	2009	2010	2011	2012	2013	2014	2015
通江县	0.025 2	0.029 0	0.024 8	0.029 9	0.030 8	0.038 3	0.036 2	0.084 0	0.039 5	0.042 5
南江县	0.024 5	0.027 9	0.030 5	0.040 1	0.038 0	0.042 0	0.045 3	0.051 2	0.047 4	0.050 7
平昌县	0.029 3	0.033 6	0.031 7	0.037 8	0.039 5	0.051 2	0.048 5	0.053 4	0.048 5	0.054 8
雁江区	0.097 2	0.102 2	0.106 6	0.101 1	0.103 2	0.099 2	0.129 9	0.118 4	0.135 1	0.119 0
安岳县	0.046 8	0.057 4	0.055 3	0.059 8	0.061 1	0.065 9	0.068 7	0.075 3	0.068 0	0.063 9
乐至县	0.032 2	0.040 3	0.039 3	0.043 0	0.046 0	0.047 1	0.053 5	0.057 0	0.052 2	0.050 4
简阳市	0.087 0	0.108 6	0.110 7	0.117 1	0.113 3	0.110 6	0.116 1	0.119 7	0.108 5	0.107 2
汶川县	0.049 4	0.051 1	0.068 2	0.091 4	0.093 4	0.075 7	0.071 6	0.075 1	0.065 7	0.066 4
理县	0.020 7	0.020 4	0.030 7	0.039 4	0.039 6	0.026 9	0.026 4	0.028 1	0.025 5	0.038 5
茂县	0.017 9	0.018 2	0.033 8	0.041 4	0.045 8	0.028 8	0.025 3	0.026 5	0.021 1	0.018 8
松潘县	0.025 2	0.028 1	0.028 1	0.040 1	0.047 6	0.046 0	0.039 9	0.043 9	0.039 9	0.034 2
九寨沟县	0.038 8	0.042 0	0.036 4	0.044 9	0.055 9	0.054 6	0.051 8	0.056 1	0.051 1	0.048 0
金川县	0.008 9	0.011 3	0.013 9	0.016 9	0.016 9	0.019 7	0.019 0	0.020 8	0.017 5	0.024 6
小金县	0.010 9	0.013 6	0.016 4	0.024 5	0.022 7	0.021 6	0.019 5	0.021 6	0.018 3	0.017 1
黑水县	0.014 5	0.014 2	0.017 8	0.021 9	0.016 3	0.016 8	0.013 4	0.012 5	0.010 4	0.018 3
马尔康县	0.022 5	0.027 7	0.025 7	0.033 0	0.036 5	0.043 1	0.044 2	0.046 1	0.042 2	0.025 0
壤塘县	0.008 9	0.012 2	0.011 3	0.014 8	0.015 7	0.020 6	0.020 9	0.020 7	0.018 6	0.019 1
阿坝县	0.008 1	0.011 4	0.010 8	0.015 4	0.017 5	0.098 1	0.020 4	0.022 3	0.019 5	0.019 1
若尔盖县	0.011 8	0.013 3	0.010 7	0.016 7	0.019 2	0.022 9	0.021 9	0.023 9	0.020 4	0.020 8
红原县	0.011 0	0.013 3	0.011 8	0.015 2	0.018 3	0.021 5	0.020 3	0.021 4	0.019 9	0.020 5
康定县	0.039 6	0.044 2	0.048 4	0.055 7	0.054 7	0.055 6	0.056 5	0.055 5	0.054 9	0.056 0
泸定县	0.013 5	0.016 9	0.017 5	0.021 7	0.024 8	0.027 0	0.018 2	0.018 8	0.017 1	0.019 5
丹巴县	0.012 8	0.014 5	0.014 7	0.017 4	0.017 4	0.019 7	0.017 8	0.019 3	0.015 1	0.015 2
九龙县	0.027 2	0.029 9	0.025 9	0.026 7	0.028 4	0.028 9	0.027 4	0.028 2	0.027 1	0.027 1
雅江县	0.009 1	0.011 1	0.012 3	0.014 1	0.016 3	0.017 7	0.016 5	0.016 9	0.015 1	0.015 6
道孚县	0.009 1	0.012 8	0.013 1	0.015 8	0.018 5	0.021 8	0.021 4	0.023 0	0.019 1	0.020 4
炉霍县	0.007 9	0.010 6	0.010 5	0.013 6	0.015 6	0.018 1	0.016 8	0.018 9	0.015 1	0.015 9
甘孜县	0.008 1	0.011 4	0.010 7	0.014 1	0.015 3	0.018 3	0.018 9	0.019 9	0.016 2	0.016 4
新龙县	0.009 2	0.012 3	0.011 6	0.014 1	0.016 2	0.017 8	0.017 8	0.019 7	0.017 2	0.017 5

附录2（续）

年份 区县	2006	2007	2008	2009	2010	2011	2012	2013	2014	2015
德格县	0.006 3	0.009 6	0.009 0	0.011 3	0.013 8	0.014 4	0.013 5	0.014 4	0.012 4	0.012 9
白玉县	0.008 4	0.006 0	0.006 1	0.006 5	0.008 0	0.008 4	0.008 6	0.010 2	0.008 8	0.009 1
石渠县	0.006 5	0.008 9	0.008 8	0.013 0	0.015 2	0.017 0	0.016 2	0.018 9	0.014 4	0.016 8
色达县	0.007 8	0.010 5	0.010 2	0.014 3	0.014 8	0.017 2	0.017 0	0.019 0	0.015 8	0.017 2
理塘县	0.009 6	0.012 5	0.011 9	0.015 9	0.018 8	0.021 0	0.020 3	0.022 5	0.018 5	0.018 8
巴塘县	0.009 6	0.009 5	0.008 9	0.013 5	0.013 8	0.015 9	0.015 5	0.017 0	0.015 5	0.016 5
乡城县	0.009 5	0.013 3	0.014 4	0.017 4	0.018 2	0.019 8	0.017 4	0.018 2	0.016 8	0.016 7
稻城县	0.009 5	0.014 1	0.012 3	0.016 9	0.018 3	0.023 1	0.021 9	0.021 7	0.020 6	0.019 9
得荣县	0.008 3	0.011 1	0.010 2	0.013 7	0.014 2	0.016 4	0.015 0	0.016 6	0.014 9	0.014 7
西昌市	0.100 8	0.101 5	0.103 8	0.120 6	0.127 4	0.135 1	0.129 5	0.141 4	0.122 9	0.112 5
木里县	0.012 4	0.016 0	0.015 6	0.020 8	0.022 7	0.025 3	0.023 6	0.025 1	0.022 4	0.023 2
盐源县	0.020 1	0.021 9	0.030 4	0.028 9	0.029 8	0.031 2	0.034 0	0.031 0	0.026 3	0.021 7
德昌县	0.028 2	0.028 8	0.026 7	0.030 4	0.031 1	0.033 3	0.035 6	0.037 7	0.032 1	0.031 2
会理县	0.049 9	0.050 7	0.058 9	0.068 7	0.071 7	0.071 6	0.076 2	0.070 4	0.056 6	0.046 7
会东县	0.040 5	0.044 0	0.044 9	0.049 9	0.048 6	0.045 2	0.047 1	0.048 3	0.043 6	0.040 7
宁南县	0.018 8	0.021 7	0.020 1	0.023 5	0.025 2	0.029 0	0.028 1	0.030 6	0.027 6	0.028 7
普格县	0.011 7	0.013 9	0.015 9	0.019 0	0.020 1	0.018 7	0.022 1	0.021 5	0.020 7	0.020 8
布拖县	0.009 2	0.009 9	0.009 0	0.011 0	0.011 2	0.012 4	0.012 2	0.012 7	0.011 6	0.012 6
金阳县	0.008 6	0.010 3	0.009 3	0.012 4	0.012 2	0.015 9	0.014 5	0.013 4	0.010 5	0.011 3
昭觉县	0.009 8	0.012 1	0.010 7	0.013 8	0.014 0	0.018 0	0.016 8	0.017 2	0.015 4	0.015 2
喜德县	0.011 0	0.013 2	0.011 8	0.015 0	0.013 9	0.015 5	0.016 6	0.016 4	0.015 4	0.017 2
冕宁县	0.028 6	0.027 6	0.035 7	0.032 7	0.032 1	0.036 3	0.035 7	0.037 0	0.032 2	0.030 1
越西县	0.016 6	0.017 2	0.014 6	0.017 6	0.017 8	0.020 1	0.020 6	0.020 6	0.018 2	0.019 3
甘洛县	0.025 7	0.023 8	0.019 8	0.023 8	0.023 2	0.026 8	0.024 6	0.025 9	0.023 0	0.024 3
美姑县	0.009 3	0.010 7	0.008 1	0.012 5	0.012 8	0.016 5	0.015 6	0.016 4	0.014 7	0.015 6
雷波县	0.021 0	0.021 0	0.018 8	0.022 0	0.022 3	0.026 6	0.029 0	0.030 3	0.026 0	0.023 1

附录 3　　　　四川省新型城镇化发展水平二级指标——人口发展指数

年份 区县	2006	2007	2008	2009	2010	2011	2012	2013	2014	2015
锦江区	0.073 5	0.072 8	0.091 3	0.085 5	0.077 3	0.076 4	0.071 9	0.057 0	0.055 0	0.052 9
青羊区	0.078 3	0.077 1	0.088 2	0.080 9	0.074 2	0.072 2	0.069 2	0.053 6	0.050 2	0.046 9
金牛区	0.077 9	0.075 7	0.086 6	0.078 5	0.072 0	0.069 4	0.066 2	0.052 5	0.047 7	0.046 1
武侯区	0.077 0	0.071 6	0.082 0	0.078 6	0.073 1	0.072 8	0.070 1	0.057 3	0.053 1	0.051 6
成华区	0.068 2	0.067 6	0.067 8	0.065 3	0.062 8	0.058 6	0.056 1	0.040 6	0.049 9	0.047 5
龙泉驿区	0.032 7	0.032 9	0.042 3	0.040 2	0.033 9	0.038 4	0.036 9	0.031 5	0.029 0	0.028 9
青白江区	0.029 3	0.029 9	0.036 4	0.033 3	0.028 5	0.028 5	0.027 9	0.025 9	0.024 9	0.024 2
新都区	0.026 1	0.029 0	0.034 5	0.035 1	0.031 3	0.032 6	0.031 7	0.023 2	0.022 0	0.019 1
温江区	0.043 9	0.056 1	0.064 8	0.062 2	0.057 9	0.056 3	0.054 6	0.037 6	0.033 4	0.031 6
金堂区	0.028 7	0.027 4	0.044 8	0.040 6	0.028 2	0.030 3	0.030 6	0.027 3	0.027 4	0.034 5
双流县	0.032 2	0.035 3	0.047 9	0.047 0	0.043 3	0.041 3	0.040 8	0.026 2	0.034 1	0.025 5
郫都区	0.033 3	0.033 7	0.038 0	0.037 0	0.030 7	0.024 4	0.025 2	0.024 9	0.023 3	0.020 3
大邑县	0.029 2	0.028 3	0.033 7	0.031 7	0.026 5	0.026 4	0.028 1	0.021 9	0.021 0	0.020 8
蒲江县	0.023 5	0.022 7	0.035 2	0.032 2	0.024 2	0.023 5	0.027 0	0.022 3	0.022 1	0.021 5
新津县	0.027 6	0.026 4	0.036 4	0.035 1	0.029 6	0.029 5	0.028 8	0.025 8	0.025 5	0.024 0
都江堰市	0.028 1	0.027 5	0.042 7	0.038 9	0.029 9	0.047 4	0.045 4	0.031 4	0.029 3	0.027 6
彭州市	0.024 6	0.025 6	0.035 6	0.033 0	0.025 5	0.026 5	0.027 3	0.020 3	0.020 4	0.019 6
邛崃市	0.027 2	0.027 4	0.038 0	0.034 2	0.029 4	0.031 9	0.033 1	0.025 9	0.027 5	0.027 7
崇州市	0.021 0	0.020 8	0.029 8	0.026 2	0.020 7	0.019 4	0.019 2	0.016 8	0.015 1	0.012 1
自流井区	0.062 5	0.060 7	0.077 1	0.071 2	0.063 8	0.063 1	0.060 1	0.049 4	0.040 1	0.038 5
贡井区	0.025 7	0.027 7	0.047 5	0.043 5	0.033 5	0.035 3	0.036 8	0.029 7	0.025 1	0.025 4
大安区	0.031 2	0.029 4	0.041 2	0.038 7	0.030 8	0.031 4	0.032 3	0.025 1	0.023 7	0.022 7
沿滩区	0.018 9	0.017 9	0.034 0	0.031 4	0.023 6	0.024 1	0.024 9	0.022 2	0.022 1	0.021 3
荣县	0.021 1	0.022 5	0.037 4	0.034 9	0.025 0	0.028 3	0.030 6	0.024 0	0.024 1	0.024 7
富顺县	0.016 9	0.020 8	0.035 5	0.033 6	0.023 4	0.026 4	0.028 6	0.023 5	0.024 5	0.024 0
东区	0.066 8	0.066 7	0.067 7	0.064 8	0.062 0	0.058 7	0.055 9	0.045 9	0.031 1	0.032 1
西区	0.055 4	0.057 0	0.055 9	0.055 5	0.054 8	0.056 9	0.049 8	0.031 4	0.035 4	0.031 9
仁和区	0.030 8	0.031 3	0.046 3	0.043 1	0.033 4	0.034 0	0.036 2	0.029 3	0.021 5	0.023 1
米易县	0.016 1	0.016 7	0.033 7	0.030 5	0.019 2	0.023 1	0.024 2	0.020 6	0.019 5	0.022 5

附录3(续)

年份 区县	2006	2007	2008	2009	2010	2011	2012	2013	2014	2015
盐边县	0.017 9	0.018 1	0.035 4	0.031 9	0.020 2	0.023 4	0.024 3	0.015 2	0.016 9	0.019 4
江阳区	0.032 5	0.032 2	0.037 9	0.031 6	0.028 1	0.027 0	0.034 5	0.029 2	0.031 4	0.029 5
纳溪区	0.017 4	0.019 2	0.037 8	0.034 1	0.024 3	0.027 2	0.023 4	0.028 8	0.030 3	0.028 1
龙马潭区	0.027 0	0.027 4	0.046 5	0.042 1	0.034 2	0.035 8	0.035 6	0.035 8	0.033 8	0.032 1
泸县	0.010 4	0.011 4	0.023 8	0.018 0	0.010 9	0.011 9	0.012 7	0.016 0	0.017 0	0.016 8
合江县	0.012 8	0.016 3	0.026 2	0.020 6	0.013 1	0.013 7	0.013 4	0.013 8	0.014 7	0.013 2
叙永县	0.018 0	0.020 7	0.030 7	0.025 3	0.016 7	0.017 8	0.019 1	0.016 9	0.018 7	0.019 1
古蔺县	0.009 6	0.014 3	0.025 6	0.020 2	0.012 6	0.014 1	0.015 5	0.014 4	0.016 1	0.016 5
旌阳区	0.037 6	0.039 2	0.048 0	0.047 3	0.041 0	0.041 1	0.041 7	0.033 4	0.033 2	0.032 3
中江县	0.017 9	0.017 9	0.036 4	0.033 4	0.021 7	0.025 1	0.027 1	0.025 4	0.026 8	0.027 3
罗江县	0.016 0	0.016 8	0.032 9	0.031 3	0.020 9	0.023 4	0.025 8	0.021 5	0.022 7	0.022 9
广汉市	0.019 5	0.019 5	0.030 0	0.031 2	0.025 9	0.026 3	0.027 7	0.020 5	0.024 3	0.024 0
什邡市	0.019 5	0.019 8	0.029 1	0.027 0	0.018 7	0.019 0	0.019 6	0.020 6	0.021 5	0.020 6
绵竹市	0.020 2	0.020 6	0.032 2	0.029 4	0.023 4	0.024 7	0.027 2	0.024 9	0.025 8	0.025 7
涪城区	0.057 1	0.055 5	0.063 2	0.057 2	0.053 1	0.052 4	0.046 3	0.035 7	0.031 6	0.030 0
游仙区	0.029 2	0.029 2	0.038 6	0.038 0	0.031 8	0.032 2	0.031 9	0.024 2	0.023 6	0.023 6
三台县	0.017 2	0.016 9	0.029 2	0.026 2	0.018 8	0.014 3	0.013 8	0.020 1	0.019 8	0.019 8
盐亭县	0.017 5	0.017 9	0.035 2	0.033 5	0.019 9	0.024 1	0.029 6	0.021 3	0.021 5	0.022 6
安县	0.015 1	0.020 6	0.034 7	0.030 0	0.023 3	0.026 3	0.026 5	0.023 3	0.022 9	0.023 5
梓潼县	0.018 5	0.018 6	0.033 4	0.030 5	0.021 4	0.023 1	0.023 8	0.021 2	0.021 2	0.022 1
北川县	0.013 8	0.014 6	0.029 1	0.031 6	0.026 3	0.028 5	0.031 1	0.020 9	0.020 8	0.021 5
平武县	0.014 6	0.015 2	0.032 7	0.031 3	0.021 2	0.021 0	0.024 7	0.015 4	0.018 4	0.022 6
江油市	0.026 7	0.026 0	0.031 3	0.032 4	0.026 8	0.027 6	0.027 1	0.024 5	0.023 8	0.023 7
利州区	0.042 1	0.041 9	0.051 9	0.050 6	0.042 1	0.042 1	0.042 3	0.027 5	0.030 2	0.027 4
昭化区	0.014 9	0.014 9	0.030 4	0.027 4	0.016 3	0.018 4	0.020 8	0.021 4	0.022 5	0.023 0
朝天区	0.011 5	0.011 8	0.028 8	0.026 0	0.014 8	0.017 2	0.019 5	0.018 8	0.020 2	0.021 1
旺苍县	0.020 9	0.020 9	0.032 2	0.029 9	0.022 9	0.024 0	0.024 2	0.021 0	0.020 8	0.020 4
青川县	0.014 8	0.015 7	0.034 4	0.030 4	0.020 2	0.024 3	0.027 6	0.019 7	0.021 7	0.026 0
剑阁县	0.015 3	0.015 3	0.030 6	0.028 4	0.016 8	0.021 2	0.023 6	0.020 3	0.022 2	0.024 8

附录3（续）

年份 区县	2006	2007	2008	2009	2010	2011	2012	2013	2014	2015
苍溪县	0.014 5	0.015 5	0.031 3	0.029 4	0.018 5	0.021 1	0.023 5	0.018 3	0.020 1	0.021 1
船山区	0.037 9	0.038 7	0.051 3	0.047 7	0.041 9	0.042 2	0.041 4	0.037 4	0.037 3	0.036 6
安居区	0.012 9	0.013 2	0.026 9	0.024 3	0.015 4	0.015 6	0.016 9	0.018 0	0.019 0	0.019 3
蓬溪县	0.019 1	0.018 8	0.034 4	0.036 9	0.022 7	0.021 7	0.021 5	0.022 4	0.021 5	0.021 1
射洪县	0.023 9	0.023 8	0.036 5	0.027 6	0.022 5	0.022 3	0.023 1	0.023 9	0.023 1	0.022 7
大英县	0.020 6	0.017 2	0.029 0	0.023 9	0.017 4	0.022 7	0.023 8	0.022 0	0.022 3	0.022 7
内江市中区	0.037 9	0.037 8	0.052 7	0.048 6	0.038 9	0.040 0	0.039 7	0.031 7	0.020 0	0.027 4
东兴区	0.015 7	0.015 9	0.028 7	0.026 7	0.019 0	0.020 8	0.022 0	0.024 6	0.017 1	0.024 3
威远县	0.021 9	0.021 4	0.032 8	0.028 8	0.022 1	0.023 6	0.024 0	0.024 4	0.024 4	0.023 8
资中县	0.013 9	0.014 4	0.025 8	0.023 4	0.016 1	0.017 7	0.018 8	0.019 3	0.015 7	0.018 2
隆昌县	0.018 7	0.018 7	0.028 1	0.026 7	0.018 6	0.019 9	0.025 4	0.024 4	0.020 9	0.022 6
乐山市中区	0.034 1	0.034 1	0.044 0	0.043 1	0.037 0	0.037 1	0.037 8	0.029 9	0.029 3	0.028 8
沙湾区	0.027 2	0.026 8	0.036 2	0.035 9	0.029 3	0.029 3	0.029 9	0.023 9	0.023 2	0.022 3
五通桥区	0.027 0	0.027 6	0.038 3	0.037 1	0.031 7	0.030 8	0.032 8	0.026 2	0.025 9	0.026 0
金口河区	0.019 8	0.019 9	0.034 2	0.033 6	0.023 5	0.024 4	0.025 7	0.021 2	0.025 2	0.026 3
犍为县	0.019 4	0.020 2	0.031 9	0.030 8	0.024 2	0.025 3	0.025 8	0.022 3	0.022 2	0.022 0
井研县	0.019 2	0.019 2	0.034 6	0.034 1	0.024 7	0.027 1	0.028 3	0.023 8	0.023 9	0.024 1
夹江县	0.016 9	0.016 7	0.028 8	0.027 2	0.019 9	0.021 3	0.023 0	0.020 6	0.020 5	0.019 9
沐川县	0.022 4	0.022 0	0.032 4	0.030 4	0.020 1	0.023 3	0.025 8	0.021 3	0.023 4	0.025 8
峨边县	0.020 3	0.021 6	0.037 4	0.032 5	0.021 4	0.024 5	0.027 2	0.023 7	0.024 7	0.026 1
马边县	0.019 6	0.019 2	0.041 1	0.028 5	0.020 5	0.028 5	0.030 3	0.023 4	0.024 7	0.026 7
峨眉山市	0.027 8	0.029 1	0.043 8	0.041 4	0.034 7	0.035 7	0.036 4	0.028 3	0.028 8	0.029 0
顺庆区	0.047 4	0.046 8	0.059 5	0.056 2	0.047 6	0.048 1	0.047 8	0.041 6	0.039 4	0.038 3
高坪区	0.028 6	0.028 4	0.046 0	0.043 5	0.033 7	0.035 0	0.034 4	0.033 3	0.032 6	0.032 6
嘉陵区	0.014 3	0.014 9	0.027 3	0.026 5	0.018 4	0.030 3	0.025 3	0.026 1	0.026 4	0.026 6
南部县	0.016 3	0.017 0	0.031 9	0.027 8	0.020 2	0.021 9	0.022 9	0.023 2	0.022 9	0.022 7
营山县	0.015 4	0.016 5	0.031 0	0.029 3	0.020 4	0.022 9	0.024 5	0.023 1	0.023 7	0.024 3
蓬安县	0.022 1	0.022 6	0.038 2	0.036 7	0.024 7	0.026 8	0.028 4	0.027 0	0.027 5	0.028 3
仪陇县	0.011 7	0.013 6	0.026 0	0.024 3	0.016 5	0.018 7	0.020 4	0.018 7	0.019 4	0.019 4

附录3(续)

年份 区县	2006	2007	2008	2009	2010	2011	2012	2013	2014	2015
西充县	0.014 2	0.015 7	0.031 0	0.030 8	0.020 0	0.021 1	0.028 1	0.022 4	0.023 5	0.025 5
阆中市	0.024 0	0.025 1	0.040 0	0.037 8	0.028 8	0.030 8	0.031 2	0.028 4	0.027 9	0.028 1
东坡区	0.028 1	0.028 6	0.041 8	0.040 6	0.031 3	0.032 5	0.034 1	0.025 2	0.025 2	0.025 7
仁寿县	0.016 7	0.016 2	0.031 4	0.030 0	0.019 5	0.021 5	0.024 1	0.022 1	0.021 3	0.027 0
彭山县	0.030 0	0.030 2	0.044 5	0.041 8	0.031 4	0.033 5	0.033 4	0.025 4	0.024 2	0.019 1
洪雅县	0.023 2	0.023 4	0.039 8	0.037 3	0.026 5	0.029 2	0.031 1	0.022 5	0.022 7	0.024 3
丹棱县	0.018 5	0.017 5	0.029 4	0.027 7	0.019 6	0.021 4	0.023 0	0.018 4	0.018 7	0.019 3
青神县	0.014 0	0.014 2	0.022 9	0.022 4	0.015 6	0.016 1	0.016 7	0.013 8	0.014 4	0.014 0
翠屏区	0.037 3	0.037 7	0.047 5	0.042 0	0.036 2	0.035 9	0.035 6	0.033 0	0.032 0	0.030 8
南溪区	0.016 9	0.019 0	0.034 9	0.027 6	0.021 4	0.024 3	0.023 8	0.024 4	0.024 3	0.023 9
宜宾县	0.017 6	0.017 8	0.034 3	0.028 8	0.020 6	0.023 0	0.020 7	0.018 3	0.018 7	0.019 8
江安县	0.016 3	0.016 7	0.031 6	0.020 8	0.016 3	0.018 5	0.020 8	0.021 3	0.021 7	0.021 9
长宁县	0.015 3	0.014 7	0.028 8	0.023 2	0.018 6	0.020 7	0.019 8	0.021 0	0.023 0	0.023 5
高县	0.019 2	0.017 6	0.035 8	0.030 2	0.021 4	0.022 1	0.019 2	0.019 5	0.021 7	0.022 4
珙县	0.025 3	0.022 7	0.032 2	0.026 6	0.022 8	0.024 0	0.023 3	0.022 6	0.023 5	0.023 4
筠连县	0.015 8	0.016 1	0.032 1	0.023 9	0.018 1	0.020 2	0.021 0	0.019 6	0.020 8	0.021 4
兴文县	0.016 6	0.017 3	0.017 8	0.013 2	0.022 7	0.016 0	0.020 4	0.017 3	0.019 8	0.021 0
屏山县	0.015 3	0.015 8	0.033 2	0.024 2	0.017 3	0.020 3	0.022 4	0.018 5	0.019 6	0.020 7
广安区	0.017 2	0.017 2	0.025 5	0.023 8	0.018 5	0.023 9	0.025 6	0.022 8	0.023 8	0.024 3
岳池县	0.018 6	0.018 6	0.036 2	0.032 1	0.021 5	0.023 2	0.025 0	0.022 7	0.023 7	0.024 8
武胜县	0.015 5	0.016 6	0.032 4	0.029 8	0.019 6	0.020 0	0.021 5	0.019 5	0.020 4	0.020 7
邻水县	0.013 9	0.014 4	0.023 7	0.021 8	0.016 0	0.021 1	0.022 8	0.020 3	0.021 1	0.021 5
华蓥市	0.021 3	0.022 6	0.034 6	0.033 4	0.024 4	0.025 2	0.026 3	0.021 6	0.021 6	0.021 1
通川区	0.047 1	0.047 5	0.056 7	0.054 1	0.048 3	0.048 3	0.046 6	0.035 6	0.033 6	0.032 6
达川区	0.015 4	0.015 7	0.027 5	0.026 2	0.017 5	0.018 9	0.020 9	0.018 7	0.020 3	0.020 3
宣汉区	0.018 2	0.020 7	0.039 3	0.035 0	0.023 7	0.029 2	0.030 4	0.029 8	0.029 7	0.030 9
开江县	0.019 2	0.019 1	0.034 5	0.031 2	0.021 6	0.024 4	0.024 8	0.024 0	0.024 6	0.025 9
大竹县	0.017 7	0.018 6	0.030 3	0.025 5	0.018 5	0.019 2	0.020 3	0.020 0	0.020 1	0.019 0
渠县	0.017 7	0.017 9	0.032 9	0.029 7	0.020 6	0.023 6	0.023 5	0.023 6	0.023 8	0.023 7

附录3（续）

年份 区县	2006	2007	2008	2009	2010	2011	2012	2013	2014	2015
万源市	0.020 0	0.021 0	0.040 5	0.036 2	0.025 7	0.027 9	0.029 1	0.028 6	0.028 9	0.030 3
雨城区	0.036 8	0.036 5	0.047 9	0.046 1	0.037 3	0.037 9	0.039 2	0.030 1	0.029 3	0.026 0
名山区	0.014 3	0.015 0	0.028 9	0.028 2	0.019 4	0.022 5	0.022 6	0.018 2	0.021 2	0.023 0
荥经县	0.022 9	0.022 3	0.033 4	0.031 2	0.023 2	0.024 6	0.025 2	0.021 9	0.020 9	0.021 5
汉源县	0.013 8	0.014 6	0.033 0	0.028 4	0.018 3	0.020 7	0.022 6	0.024 0	0.024 7	0.027 5
石棉县	0.027 4	0.028 0	0.041 6	0.044 0	0.027 1	0.029 0	0.034 8	0.027 3	0.028 1	0.028 8
天全县	0.020 5	0.019 7	0.035 3	0.030 4	0.021 2	0.022 7	0.023 3	0.021 2	0.021 4	0.020 8
芦山县	0.022 4	0.022 5	0.033 9	0.032 4	0.023 0	0.023 1	0.028 2	0.020 8	0.022 1	0.022 2
宝兴县	0.017 7	0.017 5	0.027 3	0.026 1	0.019 2	0.020 1	0.022 8	0.018 9	0.019 2	0.019 4
巴州区	0.022 1	0.013 9	0.036 5	0.027 1	0.027 1	0.030 3	0.033 2	0.037 1	0.039 1	0.039 3
通江县	0.020 9	0.021 1	0.039 7	0.036 1	0.024 8	0.028 1	0.029 4	0.026 0	0.026 7	0.027 8
南江县	0.021 8	0.021 0	0.038 8	0.035 5	0.023 5	0.026 5	0.028 2	0.017 8	0.018 8	0.018 7
平昌县	0.021 4	0.021 8	0.041 3	0.037 9	0.025 5	0.028 8	0.030 7	0.030 1	0.030 5	0.032 1
雁江区	0.027 1	0.027 6	0.032 3	0.028 7	0.021 6	0.019 8	0.021 1	0.023 4	0.021 7	0.022 0
安岳县	0.014 9	0.014 9	0.029 8	0.027 4	0.016 1	0.018 2	0.021 5	0.018 5	0.019 6	0.022 4
乐至县	0.021 1	0.021 0	0.034 7	0.032 4	0.021 6	0.024 0	0.025 7	0.022 1	0.022 9	0.024 8
简阳市	0.021 3	0.021 7	0.033 8	0.030 3	0.020 6	0.021 7	0.022 6	0.023 0	0.025 9	0.027 0
汶川县	0.030 7	0.030 1	0.043 4	0.038 3	0.032 0	0.033 8	0.037 7	0.028 9	0.028 4	0.030 2
理县	0.023 1	0.023 3	0.041 8	0.035 0	0.024 6	0.028 3	0.031 4	0.022 7	0.025 0	0.029 2
茂县	0.018 2	0.020 0	0.039 4	0.039 5	0.027 7	0.032 8	0.034 8	0.027 4	0.030 4	0.029 5
松潘县	0.022 1	0.023 1	0.041 9	0.039 6	0.027 4	0.031 2	0.034 3	0.026 5	0.029 0	0.032 6
九寨沟县	0.033 4	0.034 0	0.053 8	0.049 1	0.036 5	0.038 9	0.039 9	0.036 1	0.036 8	0.035 3
金川县	0.018 8	0.018 9	0.038 6	0.035 8	0.022 7	0.027 6	0.030 0	0.024 8	0.024 9	0.031 5
小金县	0.016 4	0.017 7	0.036 7	0.032 9	0.021 3	0.024 2	0.028 0	0.024 5	0.024 8	0.026 4
黑水县	0.021 2	0.022 3	0.043 7	0.039 6	0.026 0	0.030 2	0.032 1	0.031 6	0.031 8	0.034 0
马尔康县	0.040 3	0.042 3	0.063 9	0.058 7	0.045 1	0.047 7	0.046 8	0.037 8	0.038 8	0.035 3
壤塘县	0.018 2	0.018 0	0.037 0	0.036 4	0.020 7	0.024 5	0.028 7	0.019 9	0.022 0	0.024 3
阿坝县	0.014 6	0.016 1	0.035 8	0.033 7	0.019 7	0.023 4	0.026 8	0.020 1	0.025 7	0.028 2
若尔盖县	0.015 1	0.017 0	0.037 3	0.035 0	0.020 1	0.023 6	0.027 9	0.019 2	0.023 9	0.027 0

附录3（续）

年份 区县	2006	2007	2008	2009	2010	2011	2012	2013	2014	2015
红原县	0.024 4	0.024 1	0.040 8	0.039 0	0.025 5	0.028 2	0.033 3	0.022 6	0.025 3	0.027 8
康定县	0.036 9	0.036 7	0.054 9	0.049 2	0.037 5	0.039 7	0.042 0	0.035 0	0.034 6	0.036 1
泸定县	0.019 2	0.020 1	0.037 0	0.035 8	0.024 8	0.027 5	0.030 8	0.025 4	0.027 1	0.028 3
丹巴县	0.018 4	0.019 4	0.038 4	0.034 0	0.022 0	0.024 0	0.020 9	0.020 9	0.023 6	0.025 7
九龙县	0.017 9	0.018 2	0.037 2	0.035 1	0.019 4	0.023 7	0.027 3	0.018 1	0.021 1	0.022 1
雅江县	0.014 9	0.015 0	0.033 2	0.033 0	0.019 0	0.023 3	0.019 7	0.015 3	0.019 2	0.024 2
道孚县	0.016 3	0.016 7	0.036 4	0.034 8	0.021 2	0.024 0	0.027 3	0.021 7	0.024 4	0.027 0
炉霍县	0.017 4	0.018 1	0.039 7	0.036 4	0.019 5	0.020 5	0.023 1	0.020 4	0.023 4	0.025 3
甘孜县	0.014 3	0.013 9	0.035 2	0.033 1	0.016 4	0.022 4	0.026 7	0.022 5	0.024 7	0.027 8
新龙县	0.019 5	0.020 7	0.038 2	0.033 5	0.022 8	0.026 4	0.029 1	0.015 5	0.018 7	0.022 3
德格县	0.009 1	0.011 4	0.030 1	0.029 9	0.013 7	0.018 2	0.016 5	0.013 3	0.017 5	0.020 7
白玉县	0.011 8	0.013 7	0.030 9	0.028 0	0.014 4	0.018 7	0.024 1	0.013 6	0.017 6	0.021 3
石渠县	0.009 4	0.010 3	0.031 7	0.029 9	0.013 3	0.017 4	0.022 9	0.014 5	0.018 4	0.021 8
色达县	0.015 1	0.014 0	0.026 9	0.028 0	0.016 8	0.020 3	0.024 8	0.016 2	0.019 9	0.023 1
理塘县	0.014 4	0.015 9	0.034 2	0.031 9	0.018 8	0.021 5	0.025 1	0.019 9	0.023 0	0.027 7
巴塘县	0.017 4	0.018 4	0.035 3	0.034 1	0.019 3	0.023 1	0.028 0	0.018 7	0.022 0	0.025 5
乡城县	0.017 0	0.017 8	0.038 2	0.035 8	0.019 4	0.023 9	0.027 7	0.019 0	0.021 8	0.025 4
稻城县	0.012 8	0.015 6	0.038 7	0.036 5	0.020 3	0.023 0	0.027 9	0.020 8	0.023 5	0.026 9
得荣县	0.014 9	0.012 8	0.033 3	0.030 8	0.017 9	0.021 7	0.026 5	0.017 5	0.020 6	0.024 5
西昌市	0.031 1	0.030 8	0.046 9	0.045 7	0.033 6	0.036 0	0.037 2	0.034 1	0.033 0	0.033 0
木里县	0.012 9	0.015 8	0.034 6	0.032 3	0.018 4	0.021 5	0.027 5	0.018 2	0.026 9	0.029 4
盐源县	0.009 4	0.011 3	0.029 9	0.028 6	0.014 4	0.017 8	0.022 3	0.016 1	0.020 6	0.023 3
德昌县	0.015 6	0.015 3	0.032 6	0.028 7	0.018 1	0.021 6	0.025 0	0.021 8	0.023 6	0.025 0
会理县	0.020 1	0.019 0	0.032 8	0.025 9	0.018 9	0.025 8	0.026 1	0.030 5	0.029 3	0.028 5
会东县	0.010 0	0.010 8	0.028 9	0.026 8	0.014 6	0.018 3	0.021 9	0.021 1	0.022 9	0.025 8
宁南县	0.010 8	0.011 9	0.029 8	0.027 8	0.015 2	0.019 6	0.022 5	0.019 0	0.021 6	0.023 7
普格县	0.011 7	0.012 3	0.030 6	0.029 1	0.015 5	0.019 3	0.022 4	0.015 1	0.018 1	0.020 4
布拖县	0.009 3	0.010 7	0.029 8	0.026 8	0.013 2	0.017 3	0.022 5	0.014 5	0.016 6	0.020 4
金阳县	0.010 5	0.011 3	0.030 7	0.027 3	0.014 2	0.017 2	0.021 7	0.013 1	0.017 1	0.020 2

附录3（续）

年份 区县	2006	2007	2008	2009	2010	2011	2012	2013	2014	2015
昭觉县	0.009 8	0.010 4	0.030 0	0.028 6	0.013 9	0.018 2	0.021 5	0.014 6	0.020 2	0.022 9
喜德县	0.010 8	0.011 4	0.030 2	0.028 0	0.015 2	0.019 2	0.023 4	0.015 5	0.021 1	0.029 5
冕宁县	0.012 7	0.012 1	0.031 9	0.030 3	0.017 6	0.021 1	0.024 1	0.021 1	0.025 1	0.028 0
越西县	0.010 9	0.010 2	0.029 8	0.028 1	0.015 9	0.019 7	0.022 7	0.018 5	0.021 4	0.023 2
甘洛县	0.010 9	0.010 5	0.028 9	0.027 1	0.014 2	0.017 4	0.020 8	0.015 1	0.019 8	0.022 7
美姑县	0.009 1	0.009 9	0.029 6	0.028 8	0.013 7	0.018 0	0.022 3	0.013 8	0.017 9	0.020 7
雷波县	0.013 7	0.014 2	0.032 6	0.030 1	0.016 7	0.019 9	0.022 4	0.017 4	0.020 8	0.022 6

附录4　　　**四川省新型城镇化发展水平二级指标——资源环境指数**

年份 区县	2006	2007	2008	2009	2010	2011	2012	2013	2014	2015
锦江区	0.009 1	0.005 0	0.004 6	0.005 3	0.006 2	0.007 1	0.006 3	0.006 8	0.006 1	0.006 1
青羊区	0.009 3	0.005 2	0.004 6	0.005 2	0.006 2	0.007 1	0.006 3	0.006 8	0.006 1	0.006 0
金牛区	0.009 5	0.005 3	0.004 7	0.005 5	0.006 4	0.007 4	0.006 5	0.007 0	0.006 3	0.006 2
武侯区	0.009 8	0.005 5	0.004 9	0.005 5	0.006 4	0.007 5	0.006 5	0.007 0	0.006 3	0.006 2
成华区	0.009 8	0.005 6	0.004 9	0.005 6	0.006 5	0.007 4	0.006 5	0.007 1	0.006 3	0.006 3
龙泉驿区	0.010 2	0.005 9	0.005 0	0.005 6	0.006 4	0.007 3	0.006 4	0.006 9	0.006 2	0.006 1
青白江区	0.009 9	0.005 7	0.005 0	0.005 7	0.006 6	0.007 5	0.006 6	0.007 2	0.006 4	0.006 4
新都区	0.010 0	0.005 7	0.005 0	0.005 7	0.006 6	0.007 5	0.006 7	0.007 2	0.006 4	0.006 4
温江区	0.009 8	0.005 6	0.004 9	0.005 6	0.006 5	0.007 4	0.006 6	0.007 1	0.006 4	0.006 3
金堂区	0.010 8	0.006 3	0.005 5	0.006 2	0.007 0	0.007 9	0.007 0	0.007 5	0.006 7	0.006 6
双流县	0.009 9	0.005 6	0.005 0	0.005 6	0.006 5	0.007 5	0.006 6	0.007 2	0.006 4	0.006 3
郫都区	0.010 2	0.005 8	0.005 1	0.005 7	0.006 4	0.007 7	0.006 7	0.007 3	0.006 5	0.006 4
大邑县	0.010 7	0.006 2	0.005 5	0.006 2	0.007 0	0.007 9	0.006 9	0.007 5	0.006 7	0.006 6
蒲江县	0.010 6	0.006 1	0.005 4	0.006 1	0.006 9	0.007 8	0.006 9	0.007 5	0.006 7	0.006 6
新津县	0.010 2	0.005 8	0.005 1	0.005 8	0.006 7	0.007 6	0.006 7	0.007 3	0.006 4	0.006 4
都江堰市	0.010 4	0.006 0	0.005 3	0.005 8	0.006 7	0.007 6	0.006 7	0.007 3	0.006 5	0.006 4
彭州市	0.010 6	0.006 2	0.005 4	0.006 1	0.006 9	0.007 8	0.006 9	0.007 4	0.006 6	0.006 6
邛崃市	0.010 7	0.006 2	0.005 5	0.006 2	0.007 0	0.007 9	0.007 0	0.007 5	0.006 7	0.006 7

附录4（续）

年份 区县	2006	2007	2008	2009	2010	2011	2012	2013	2014	2015
崇州市	0.010 7	0.006 2	0.005 5	0.006 2	0.007 0	0.007 9	0.007 0	0.007 5	0.006 7	0.006 7
自流井区	0.008 3	0.004 9	0.004 3	0.004 8	0.004 9	0.007 8	0.005 3	0.006 0	0.005 5	0.005 4
贡井区	0.010 0	0.005 9	0.005 2	0.005 8	0.006 2	0.008 1	0.006 3	0.006 9	0.006 3	0.006 2
大安区	0.009 5	0.005 6	0.004 9	0.005 5	0.005 9	0.008 0	0.006 1	0.006 7	0.006 1	0.006 1
沿滩区	0.010 3	0.006 1	0.005 4	0.006 0	0.006 5	0.008 1	0.006 6	0.007 1	0.006 4	0.006 4
荣县	0.010 3	0.006 1	0.005 3	0.005 9	0.006 4	0.008 1	0.006 5	0.007 1	0.006 4	0.006 3
富顺县	0.010 4	0.006 2	0.005 4	0.006 0	0.006 6	0.008 1	0.006 6	0.007 2	0.006 5	0.006 4
东区	0.007 5	0.004 5	0.003 8	0.003 9	0.004 2	0.004 7	0.004 3	0.004 6	0.004 1	0.004 1
西区	0.007 6	0.004 4	0.003 7	0.003 9	0.004 0	0.004 5	0.003 9	0.004 2	0.003 8	0.003 7
仁和区	0.008 3	0.004 9	0.004 3	0.004 5	0.004 7	0.005 2	0.004 5	0.004 8	0.004 3	0.004 3
米易县	0.005 8	0.003 7	0.003 2	0.003 5	0.003 3	0.003 4	0.003 0	0.003 5	0.003 1	0.003 1
盐边县	0.009 1	0.005 0	0.004 3	0.002 9	0.002 4	0.004 4	0.005 0	0.005 6	0.005 3	0.005 3
江阳区	0.010 1	0.005 8	0.005 0	0.004 6	0.004 6	0.006 1	0.006 0	0.006 5	0.006 0	0.006 1
纳溪区	0.009 7	0.005 5	0.004 7	0.003 5	0.003 3	0.005 0	0.005 4	0.005 9	0.005 6	0.005 7
龙马潭区	0.010 3	0.005 9	0.005 2	0.004 9	0.005 1	0.006 5	0.006 2	0.006 7	0.006 2	0.006 2
泸县	0.010 4	0.006 0	0.005 3	0.005 1	0.005 3	0.006 7	0.006 3	0.006 9	0.006 3	0.006 2
合江县	0.010 7	0.006 2	0.005 5	0.005 5	0.005 9	0.007 2	0.006 6	0.007 1	0.006 5	0.006 4
叙永县	0.010 8	0.006 3	0.005 5	0.005 6	0.006 0	0.007 2	0.006 6	0.007 2	0.006 5	0.006 5
古蔺县	0.010 2	0.006 1	0.005 4	0.005 9	0.006 3	0.006 8	0.006 4	0.007 1	0.006 2	0.006 0
旌阳区	0.010 9	0.006 5	0.005 7	0.006 4	0.007 0	0.007 8	0.007 0	0.007 5	0.006 7	0.006 6
中江县	0.010 7	0.006 4	0.005 6	0.006 2	0.006 7	0.007 5	0.006 8	0.007 4	0.006 5	0.006 4
罗江县	0.010 4	0.006 2	0.005 5	0.006 1	0.006 6	0.007 2	0.006 7	0.007 3	0.006 4	0.006 3
广汉市	0.009 9	0.006 0	0.005 3	0.005 8	0.006 2	0.006 7	0.006 4	0.007 0	0.006 0	0.005 9
什邡市	0.010 0	0.006 0	0.005 3	0.005 8	0.006 4	0.007 0	0.006 5	0.007 1	0.006 2	0.006 1
绵竹市	0.005 4	0.004 7	0.003 5	0.003 7	0.004 0	0.005 7	0.005 4	0.005 9	0.005 3	0.005 3
涪城区	0.009 3	0.005 9	0.005 0	0.005 5	0.006 0	0.007 3	0.006 5	0.006 9	0.006 2	0.006 2
游仙区	0.010 2	0.006 2	0.005 4	0.006 0	0.006 6	0.007 7	0.006 8	0.007 3	0.006 6	0.006 5
三台县	0.010 2	0.006 2	0.005 4	0.006 0	0.006 6	0.007 7	0.006 8	0.007 3	0.006 6	0.006 5
盐亭县	0.009 7	0.006 1	0.005 2	0.005 7	0.006 3	0.007 5	0.006 6	0.007 1	0.006 4	0.006 3

附录4（续）

年份 区县	2006	2007	2008	2009	2010	2011	2012	2013	2014	2015
安县	0.010 0	0.006 2	0.005 3	0.005 9	0.006 4	0.007 5	0.006 7	0.007 2	0.006 4	0.006 4
梓潼县	0.009 9	0.006 2	0.005 3	0.005 7	0.006 1	0.007 3	0.006 5	0.007 1	0.006 3	0.006 2
北川县	0.009 8	0.006 1	0.005 2	0.005 8	0.006 3	0.007 4	0.006 6	0.007 1	0.006 3	0.006 3
平武县	0.008 6	0.005 7	0.004 7	0.005 2	0.005 7	0.007 0	0.006 3	0.006 8	0.006 1	0.006 0
江油市	0.008 8	0.005 3	0.004 6	0.005 1	0.005 3	0.005 9	0.006 2	0.006 6	0.006 0	0.005 9
利州区	0.010 1	0.006 0	0.005 2	0.005 8	0.006 3	0.007 0	0.006 6	0.007 1	0.006 5	0.006 4
昭化区	0.010 4	0.006 1	0.005 4	0.006 0	0.006 4	0.007 1	0.006 7	0.007 2	0.006 5	0.006 4
朝天区	0.010 1	0.006 0	0.005 2	0.005 9	0.006 4	0.007 1	0.006 7	0.007 2	0.006 5	0.006 4
旺苍县	0.010 3	0.006 1	0.005 4	0.006 0	0.006 5	0.007 3	0.006 8	0.007 3	0.006 6	0.006 5
青川县	0.010 3	0.006 1	0.005 4	0.006 0	0.006 5	0.007 3	0.006 8	0.007 3	0.006 6	0.006 5
剑阁县	0.010 3	0.006 1	0.005 3	0.006 0	0.006 5	0.007 3	0.006 8	0.007 3	0.006 6	0.006 5
苍溪县	0.010 7	0.006 3	0.005 5	0.006 2	0.006 7	0.007 7	0.006 8	0.007 4	0.006 6	0.006 5
船山区	0.011 0	0.006 5	0.005 7	0.006 4	0.007 0	0.008 0	0.007 0	0.007 6	0.006 8	0.006 7
安居区	0.011 0	0.006 5	0.005 7	0.006 4	0.007 0	0.008 0	0.007 0	0.007 6	0.006 8	0.006 7
蓬溪县	0.010 7	0.006 3	0.005 5	0.006 2	0.006 7	0.007 7	0.006 8	0.007 4	0.006 7	0.006 6
射洪县	0.010 9	0.006 4	0.005 7	0.006 3	0.006 8	0.007 9	0.006 9	0.007 5	0.006 7	0.006 6
大英县	0.001 4	0.001 8	0.004 1	0.004 4	0.004 0	0.002 3	0.003 4	0.002 6	0.002 8	0.002 7
内江市中区	0.006 0	0.004 0	0.004 9	0.005 2	0.005 2	0.004 3	0.004 6	0.004 2	0.004 1	0.004 2
东兴区	0.001 8	0.002 0	0.004 1	0.004 3	0.003 9	0.001 9	0.003 2	0.002 2	0.002 5	0.002 5
威远县	0.007 0	0.004 5	0.005 1	0.005 5	0.005 7	0.005 2	0.005 2	0.005 0	0.004 7	0.004 8
资中县	0.004 8	0.003 4	0.004 6	0.004 9	0.004 7	0.003 6	0.004 2	0.003 7	0.003 7	0.003 5
隆昌县	0.009 2	0.005 6	0.004 8	0.005 2	0.005 7	0.006 8	0.006 2	0.006 8	0.006 1	0.006 0
乐山市中区	0.007 7	0.004 8	0.004 0	0.004 3	0.004 6	0.005 9	0.005 5	0.006 1	0.005 6	0.005 4
沙湾区	0.009 3	0.005 6	0.004 8	0.005 2	0.005 7	0.006 8	0.006 3	0.006 8	0.006 2	0.006 0
五通桥区	0.008 5	0.005 2	0.004 4	0.004 8	0.005 2	0.006 4	0.006 0	0.006 5	0.005 9	0.005 7
金口河区	0.010 1	0.006 0	0.005 2	0.005 8	0.006 3	0.007 4	0.006 6	0.007 2	0.006 5	0.006 3
犍为县	0.010 3	0.006 1	0.005 4	0.005 8	0.006 4	0.007 5	0.006 7	0.007 2	0.006 5	0.006 4
井研县	0.009 6	0.005 7	0.005 0	0.005 5	0.006 0	0.007 1	0.006 4	0.007 0	0.006 3	0.006 2
夹江县	0.010 2	0.006 0	0.005 3	0.005 8	0.006 3	0.007 4	0.006 6	0.007 2	0.006 5	0.006 3

附录4（续）

年份 区县	2006	2007	2008	2009	2010	2011	2012	2013	2014	2015
沐川县	0.009 7	0.005 8	0.005 0	0.005 7	0.006 2	0.007 3	0.006 6	0.007 1	0.006 4	0.006 3
峨边县	0.010 5	0.006 2	0.005 4	0.005 9	0.006 5	0.007 6	0.006 8	0.007 3	0.006 6	0.006 4
马边县	0.009 0	0.005 4	0.004 7	0.005 1	0.005 6	0.006 8	0.006 2	0.006 7	0.006 1	0.005 9
峨眉山市	0.011 0	0.006 4	0.005 8	0.006 5	0.007 1	0.007 8	0.006 9	0.007 5	0.006 7	0.006 6
顺庆区	0.011 1	0.006 5	0.005 8	0.006 5	0.007 2	0.008 0	0.007 0	0.007 6	0.006 8	0.006 7
高坪区	0.011 1	0.006 5	0.005 8	0.006 5	0.007 2	0.008 0	0.007 0	0.007 6	0.006 8	0.006 7
嘉陵区	0.011 1	0.006 5	0.005 8	0.006 5	0.007 1	0.007 9	0.007 0	0.007 6	0.006 8	0.006 7
南部县	0.011 1	0.006 5	0.005 8	0.006 5	0.007 2	0.008 0	0.007 1	0.007 6	0.006 8	0.006 7
营山县	0.011 1	0.006 5	0.005 8	0.006 5	0.007 1	0.008 0	0.007 0	0.007 6	0.006 8	0.006 7
蓬安县	0.011 2	0.006 6	0.005 8	0.006 6	0.007 2	0.008 1	0.007 1	0.007 7	0.006 8	0.006 8
仪陇县	0.011 1	0.006 5	0.005 8	0.006 5	0.007 2	0.008 0	0.007 1	0.007 6	0.006 8	0.006 7
西充县	0.011 1	0.006 5	0.005 8	0.006 5	0.007 1	0.007 9	0.007 0	0.007 6	0.006 8	0.006 7
阆中市	0.010 2	0.006 0	0.005 3	0.006 0	0.006 4	0.006 9	0.006 2	0.006 9	0.006 1	0.006 1
东坡区	0.010 6	0.006 2	0.005 5	0.006 3	0.006 8	0.007 5	0.006 6	0.007 3	0.006 5	0.006 4
仁寿县	0.010 0	0.006 0	0.005 3	0.006 0	0.006 5	0.007 0	0.006 3	0.007 0	0.006 2	0.006 2
彭山县	0.010 3	0.006 1	0.005 4	0.006 1	0.006 6	0.007 2	0.006 4	0.007 1	0.006 3	0.006 3
洪雅县	0.010 5	0.006 2	0.005 4	0.006 1	0.006 6	0.007 2	0.006 4	0.007 1	0.006 3	0.006 3
丹棱县	0.010 4	0.006 1	0.005 4	0.006 1	0.006 6	0.007 2	0.006 4	0.007 1	0.006 3	0.006 3
青神县	0.001 3	0.001 9	0.001 9	0.003 0	0.002 1	0.000 8	0.000 8	0.001 7	0.002 3	0.002 8
翠屏区	0.008 3	0.005 2	0.004 6	0.005 5	0.005 7	0.005 9	0.005 2	0.005 8	0.005 4	0.005 6
南溪区	0.008 2	0.005 1	0.004 6	0.005 4	0.005 6	0.005 9	0.004 9	0.005 6	0.005 2	0.005 4
宜宾县	0.008 6	0.005 3	0.004 7	0.005 5	0.005 7	0.005 7	0.005 1	0.005 7	0.005 3	0.005 5
江安县	0.007 8	0.004 9	0.004 4	0.005 2	0.005 3	0.005 2	0.004 6	0.005 3	0.005 0	0.005 2
长宁县	0.008 3	0.005 2	0.004 6	0.005 4	0.005 6	0.005 7	0.005 0	0.005 7	0.005 4	0.005 5
高县	0.008 8	0.005 5	0.004 8	0.005 5	0.005 7	0.005 8	0.005 2	0.005 8	0.005 4	0.005 6
珙县	0.008 1	0.005 1	0.004 5	0.005 3	0.005 3	0.005 2	0.004 7	0.005 4	0.005 1	0.005 3
筠连县	0.009 1	0.005 6	0.004 9	0.005 7	0.006 0	0.006 3	0.005 5	0.006 1	0.005 6	0.005 7
兴文县	0.009 9	0.006 0	0.005 2	0.006 0	0.006 4	0.006 8	0.006 0	0.006 6	0.006 0	0.006 0
屏山县	0.009 8	0.005 8	0.005 0	0.004 5	0.004 3	0.005 0	0.005 2	0.005 8	0.005 7	0.005 6

附录4(续)

年份 区县	2006	2007	2008	2009	2010	2011	2012	2013	2014	2015
广安区	0.010 1	0.006 0	0.005 2	0.005 0	0.005 0	0.005 8	0.005 6	0.005 6	0.005 6	0.005 5
岳池县	0.009 8	0.005 8	0.005 0	0.004 6	0.004 5	0.005 2	0.005 3	0.005 0	0.005 3	0.005 2
武胜县	0.010 0	0.005 9	0.005 2	0.004 9	0.004 8	0.005 6	0.005 5	0.005 4	0.005 5	0.005 4
邻水县	0.008 8	0.005 2	0.004 5	0.003 4	0.002 8	0.003 3	0.004 1	0.003 5	0.004 4	0.004 2
华蓥市	0.004 7	0.002 0	0.002 0	0.002 0	0.002 9	0.004 7	0.004 8	0.006 9	0.005 1	0.005 5
通川区	0.007 9	0.004 2	0.003 8	0.004 3	0.005 1	0.006 5	0.006 0	0.007 3	0.005 9	0.006 1
达川区	0.008 3	0.004 6	0.004 1	0.004 6	0.005 4	0.006 6	0.005 9	0.007 2	0.005 7	0.006 0
宣汉区	0.007 9	0.004 2	0.003 8	0.004 3	0.005 1	0.006 5	0.005 9	0.007 2	0.005 8	0.006 0
开江县	0.007 0	0.003 6	0.003 3	0.003 8	0.004 7	0.006 1	0.005 7	0.007 1	0.005 6	0.005 9
大竹县	0.008 8	0.004 9	0.004 3	0.004 8	0.005 6	0.006 9	0.006 3	0.007 4	0.006 1	0.006 3
渠县	0.007 7	0.004 0	0.003 6	0.004 2	0.005 0	0.006 4	0.005 7	0.007 1	0.005 6	0.005 9
万源市	0.011 2	0.006 6	0.005 8	0.006 5	0.007 1	0.008 0	0.007 1	0.007 6	0.006 8	0.006 7
雨城区	0.011 3	0.006 6	0.005 8	0.006 5	0.007 2	0.008 1	0.007 1	0.007 7	0.006 8	0.006 8
名山区	0.011 2	0.006 6	0.005 8	0.006 5	0.007 1	0.008 0	0.007 1	0.007 6	0.006 8	0.006 7
荥经县	0.011 3	0.006 6	0.005 8	0.006 5	0.007 2	0.008 1	0.007 2	0.007 7	0.006 8	0.006 8
汉源县	0.011 2	0.006 6	0.005 8	0.006 4	0.007 0	0.008 0	0.007 0	0.007 6	0.006 7	0.006 7
石棉县	0.011 2	0.006 6	0.005 8	0.006 5	0.007 1	0.008 1	0.007 1	0.007 7	0.006 8	0.006 7
天全县	0.011 2	0.006 6	0.005 8	0.006 5	0.007 1	0.008 1	0.007 1	0.007 7	0.006 8	0.006 8
芦山县	0.011 2	0.006 6	0.005 8	0.006 5	0.007 1	0.008 0	0.007 1	0.007 6	0.006 8	0.006 7
宝兴县	0.010 5	0.006 3	0.005 5	0.006 2	0.006 8	0.008 1	0.007 1	0.007 7	0.006 8	0.006 8
巴州区	0.010 7	0.006 4	0.005 6	0.006 2	0.006 9	0.008 1	0.007 1	0.007 7	0.006 9	0.006 8
通江县	0.010 6	0.006 4	0.005 6	0.006 2	0.006 8	0.008 1	0.007 1	0.007 7	0.006 9	0.006 8
南江县	0.010 7	0.006 4	0.005 6	0.006 2	0.006 9	0.008 1	0.007 1	0.007 7	0.006 9	0.006 8
平昌县	0.009 5	0.005 6	0.005 0	0.005 3	0.005 6	0.007 8	0.006 8	0.007 3	0.006 5	0.006 5
雁江区	0.010 3	0.006 1	0.005 4	0.005 9	0.006 4	0.008 0	0.007 0	0.007 5	0.006 7	0.006 6
安岳县	0.010 2	0.006 0	0.005 4	0.005 9	0.006 4	0.008 0	0.007 0	0.007 5	0.006 7	0.006 6
乐至县	0.009 9	0.005 9	0.005 2	0.005 7	0.006 1	0.007 9	0.006 9	0.007 5	0.006 6	0.006 6
简阳市	0.010 7	0.006 4	0.005 7	0.006 4	0.007 0	0.007 9	0.007 0	0.007 5	0.006 7	0.006 6
汶川县	0.011 0	0.006 5	0.005 8	0.006 5	0.007 1	0.008 1	0.007 1	0.007 6	0.006 8	0.006 7

附录4(续)

年份 区县	2006	2007	2008	2009	2010	2011	2012	2013	2014	2015
理县	0.011 1	0.006 6	0.005 8	0.006 5	0.007 2	0.008 1	0.007 1	0.007 7	0.006 8	0.006 8
茂县	0.011 1	0.006 5	0.005 8	0.006 5	0.007 1	0.008 1	0.007 1	0.007 6	0.006 8	0.006 7
松潘县	0.010 9	0.006 5	0.005 8	0.006 4	0.007 1	0.008 0	0.007 1	0.007 6	0.006 8	0.006 7
九寨沟县	0.011 2	0.006 6	0.005 9	0.006 6	0.007 2	0.008 2	0.007 2	0.007 7	0.006 9	0.006 8
金川县	0.011 2	0.006 6	0.005 9	0.006 5	0.007 2	0.008 2	0.007 2	0.007 7	0.006 9	0.006 8
小金县	0.011 1	0.006 6	0.005 8	0.006 5	0.007 2	0.008 1	0.007 1	0.007 7	0.006 9	0.006 8
黑水县	0.011 0	0.006 5	0.005 8	0.006 5	0.007 1	0.008 1	0.007 1	0.007 6	0.006 8	0.006 7
马尔康县	0.011 2	0.006 6	0.005 8	0.006 5	0.007 2	0.008 2	0.007 2	0.007 7	0.006 9	0.006 8
壤塘县	0.011 2	0.006 6	0.005 9	0.006 5	0.007 2	0.008 2	0.007 2	0.007 7	0.006 9	0.006 8
阿坝县	0.011 1	0.006 6	0.005 8	0.006 5	0.007 2	0.008 1	0.007 1	0.007 7	0.006 9	0.006 8
若尔盖县	0.011 1	0.006 6	0.005 8	0.006 5	0.007 2	0.008 1	0.007 1	0.007 7	0.006 9	0.006 8
红原县	0.011 0	0.006 5	0.005 7	0.006 4	0.007 1	0.008 0	0.007 1	0.007 6	0.006 8	0.006 7
康定县	0.011 2	0.006 6	0.005 8	0.006 5	0.007 2	0.008 2	0.007 2	0.007 7	0.006 9	0.006 8
泸定县	0.011 2	0.006 6	0.005 8	0.006 5	0.007 2	0.008 2	0.007 1	0.007 7	0.006 9	0.006 8
丹巴县	0.011 1	0.006 5	0.005 8	0.006 5	0.007 1	0.008 0	0.007 1	0.007 6	0.006 8	0.006 8
九龙县	0.011 2	0.006 6	0.005 8	0.006 5	0.007 2	0.008 2	0.007 2	0.007 7	0.006 9	0.006 8
雅江县	0.011 2	0.006 6	0.005 8	0.006 5	0.007 2	0.008 2	0.007 2	0.007 7	0.006 9	0.006 8
道孚县	0.011 2	0.006 6	0.005 8	0.006 5	0.007 2	0.008 2	0.007 2	0.007 7	0.006 9	0.006 8
炉霍县	0.011 2	0.006 6	0.005 8	0.006 5	0.007 2	0.008 2	0.007 2	0.007 7	0.006 9	0.006 8
甘孜县	0.011 2	0.006 6	0.005 8	0.006 5	0.007 2	0.008 2	0.007 2	0.007 7	0.006 9	0.006 8
新龙县	0.011 3	0.006 6	0.005 9	0.006 6	0.007 2	0.008 2	0.007 2	0.007 7	0.006 9	0.006 8
德格县	0.011 2	0.006 6	0.005 8	0.006 5	0.007 2	0.008 2	0.007 2	0.007 7	0.006 9	0.006 8
白玉县	0.011 3	0.006 6	0.005 9	0.006 6	0.007 2	0.008 2	0.007 2	0.007 7	0.006 9	0.006 8
石渠县	0.011 2	0.006 6	0.005 8	0.006 5	0.007 2	0.008 2	0.007 2	0.007 7	0.006 9	0.006 8
色达县	0.011 2	0.006 6	0.005 8	0.006 5	0.007 2	0.008 2	0.007 2	0.007 7	0.006 9	0.006 8
理塘县	0.011 2	0.006 6	0.005 8	0.006 5	0.007 2	0.008 1	0.007 1	0.007 7	0.006 9	0.006 8
巴塘县	0.011 2	0.006 6	0.005 8	0.006 5	0.007 2	0.008 1	0.007 1	0.007 7	0.006 9	0.006 8
乡城县	0.011 2	0.006 6	0.005 8	0.006 5	0.007 2	0.008 2	0.007 1	0.007 7	0.006 9	0.006 8
稻城县	0.011 2	0.006 6	0.005 8	0.006 5	0.007 2	0.008 2	0.007 2	0.007 7	0.006 9	0.006 8

附录4(续)

年份 区县	2006	2007	2008	2009	2010	2011	2012	2013	2014	2015
得荣县	0.009 7	0.005 8	0.005 1	0.005 6	0.006 1	0.006 8	0.006 2	0.006 7	0.006 0	0.006 1
西昌市	0.010 9	0.006 4	0.005 7	0.006 3	0.006 9	0.007 8	0.006 9	0.007 4	0.006 6	0.006 6
木里县	0.010 8	0.006 4	0.005 6	0.006 3	0.006 9	0.007 7	0.006 9	0.007 4	0.006 6	0.006 6
盐源县	0.010 3	0.006 2	0.005 4	0.006 0	0.006 6	0.007 4	0.006 6	0.007 2	0.006 4	0.006 4
德昌县	0.010 0	0.006 0	0.005 3	0.005 8	0.006 4	0.007 1	0.006 4	0.007 0	0.006 2	0.006 3
会理县	0.010 1	0.006 0	0.005 2	0.005 9	0.006 5	0.007 3	0.006 5	0.007 1	0.006 3	0.006 3
会东县	0.010 5	0.006 3	0.005 5	0.006 1	0.006 7	0.007 6	0.006 7	0.007 2	0.006 5	0.006 5
宁南县	0.010 7	0.006 4	0.005 6	0.006 3	0.006 9	0.007 8	0.006 9	0.007 4	0.006 6	0.006 6
普格县	0.010 9	0.006 4	0.005 6	0.006 3	0.006 9	0.007 8	0.006 9	0.007 4	0.006 6	0.006 6
布拖县	0.010 9	0.006 4	0.005 6	0.006 3	0.006 9	0.007 7	0.006 9	0.007 4	0.006 6	0.006 6
金阳县	0.011 0	0.006 5	0.005 7	0.006 4	0.007 0	0.007 9	0.007 0	0.007 5	0.006 7	0.006 7
昭觉县	0.010 8	0.006 4	0.005 6	0.006 3	0.006 9	0.007 8	0.006 9	0.007 5	0.006 7	0.006 6
喜德县	0.010 4	0.006 2	0.005 4	0.006 1	0.006 7	0.007 5	0.006 7	0.007 2	0.006 5	0.006 4
冕宁县	0.010 8	0.006 4	0.005 6	0.006 3	0.006 9	0.007 8	0.006 9	0.007 4	0.006 7	0.006 6
越西县	0.010 5	0.006 3	0.005 6	0.006 2	0.006 7	0.007 6	0.006 7	0.007 3	0.006 5	0.006 5
甘洛县	0.011 0	0.006 5	0.005 7	0.006 4	0.007 0	0.007 9	0.007 0	0.007 5	0.006 7	0.006 7
美姑县	0.010 8	0.006 4	0.005 6	0.006 3	0.006 9	0.007 8	0.006 9	0.007 4	0.006 6	0.006 6
雷波县	0.009 1	0.005 0	0.004 6	0.005 3	0.006 2	0.007 1	0.006 3	0.006 8	0.006 1	0.006 1

附录5　　四川省新型城镇化发展水平二级指标——人民生活指数

年份 区县	2006	2007	2008	2009	2010	2011	2012	2013	2014	2015
锦江区	0.081 4	0.105 7	0.090 6	0.101 3	0.105 4	0.100 9	0.098 7	0.103 0	0.101 9	0.098 9
青羊区	0.082 6	0.108 5	0.093 2	0.108 0	0.112 2	0.105 9	0.108 5	0.110 7	0.112 0	0.106 5
金牛区	0.023 7	0.046 8	0.033 7	0.028 1	0.044 6	0.037 8	0.039 0	0.039 1	0.041 2	0.038 5
武侯区	0.062 8	0.090 8	0.075 4	0.086 8	0.090 1	0.085 6	0.084 2	0.088 9	0.092 3	0.086 8
成华区	0.060 6	0.084 5	0.071 1	0.080 6	0.083 2	0.078 0	0.076 3	0.082 6	0.087 3	0.078 5
龙泉驿区	0.022 5	0.036 4	0.030 3	0.034 3	0.037 9	0.037 6	0.034 6	0.034 8	0.040 8	0.034 4
青白江区	0.014 2	0.026 7	0.018 1	0.019 4	0.017 5	0.015 9	0.015 5	0.017 0	0.017 1	0.017 3

附录5(续)

年份 区县	2006	2007	2008	2009	2010	2011	2012	2013	2014	2015
新都区	0.024 3	0.044 7	0.033 3	0.036 8	0.037 9	0.039 9	0.043 7	0.047 2	0.049 7	0.044 6
温江区	0.018 0	0.025 4	0.020 8	0.028 3	0.035 1	0.023 6	0.024 5	0.027 5	0.025 9	0.030 0
金堂区	0.010 4	0.018 5	0.014 5	0.015 3	0.017 1	0.019 7	0.020 2	0.023 8	0.023 8	0.020 0
双流县	0.041 9	0.065 4	0.053 9	0.064 9	0.078 0	0.060 6	0.059 8	0.064 4	0.060 2	0.058 4
郫都区	0.022 5	0.053 4	0.039 8	0.032 5	0.037 4	0.038 2	0.039 3	0.042 7	0.044 6	0.035 7
大邑县	0.011 7	0.014 6	0.012 1	0.013 3	0.014 1	0.016 3	0.016 6	0.018 9	0.019 4	0.018 0
蒲江县	0.006 3	0.010 9	0.008 1	0.009 4	0.010 4	0.009 6	0.010 8	0.012 4	0.012 5	0.011 8
新津县	0.008 9	0.012 1	0.010 5	0.012 0	0.013 7	0.013 3	0.013 4	0.017 9	0.017 9	0.015 3
都江堰市	0.021 4	0.034 2	0.038 0	0.047 8	0.052 9	0.040 2	0.035 9	0.045 3	0.044 3	0.043 3
彭州市	0.016 4	0.028 5	0.028 6	0.032 5	0.035 0	0.029 5	0.030 1	0.032 2	0.030 6	0.027 0
邛崃市	0.013 0	0.021 3	0.015 8	0.017 2	0.018 9	0.018 5	0.018 4	0.020 6	0.020 2	0.018 9
崇州市	0.016 3	0.026 2	0.023 1	0.024 2	0.025 4	0.023 9	0.024 2	0.026 6	0.025 1	0.024 7
自流井区	0.009 4	0.022 6	0.015 2	0.017 4	0.014 7	0.011 6	0.012 3	0.015 1	0.014 5	0.013 5
贡井区	0.008 0	0.015 3	0.009 3	0.010 3	0.009 4	0.009 8	0.009 3	0.007 9	0.007 1	0.007 7
大安区	0.011 1	0.018 7	0.013 3	0.015 0	0.013 3	0.013 0	0.013 2	0.014 1	0.013 4	0.012 6
沿滩区	0.009 0	0.013 5	0.010 5	0.010 9	0.009 2	0.008 9	0.009 0	0.008 2	0.007 5	0.007 2
荣县	0.012 2	0.019 8	0.015 4	0.015 2	0.018 6	0.017 1	0.016 9	0.017 8	0.016 6	0.014 7
富顺县	0.015 4	0.021 5	0.017 6	0.017 9	0.018 6	0.017 6	0.017 9	0.020 5	0.020 4	0.017 7
东区	0.026 0	0.051 8	0.034 5	0.038 2	0.039 9	0.033 9	0.030 6	0.032 7	0.032 6	0.029 7
西区	0.008 5	0.012 5	0.008 2	0.009 3	0.011 2	0.008 9	0.008 7	0.007 5	0.006 7	0.005 7
仁和区	0.006 4	0.014 5	0.009 1	0.010 3	0.009 8	0.009 0	0.006 7	0.006 9	0.007 6	0.009 1
米易县	0.006 0	0.013 9	0.008 8	0.013 2	0.010 5	0.008 9	0.007 5	0.008 1	0.008 6	0.007 0
盐边县	0.006 4	0.023 2	0.015 6	0.026 8	0.031 5	0.022 0	0.019 0	0.024 1	0.030 0	0.021 7
江阳区	0.022 7	0.034 2	0.026 3	0.028 7	0.025 7	0.026 7	0.025 1	0.028 9	0.030 4	0.030 4
纳溪区	0.009 8	0.018 6	0.015 3	0.017 1	0.014 9	0.012 0	0.013 1	0.017 0	0.019 2	0.017 5
龙马潭区	0.008 5	0.015 7	0.009 4	0.010 3	0.007 8	0.011 1	0.009 4	0.010 2	0.010 7	0.009 9
泸县	0.014 9	0.021 0	0.016 9	0.016 1	0.014 6	0.015 7	0.015 8	0.019 3	0.017 8	0.017 6
合江县	0.011 6	0.013 2	0.011 0	0.012 0	0.012 2	0.013 3	0.014 4	0.015 4	0.015 0	0.014 3
叙永县	0.005 9	0.009 5	0.007 2	0.006 6	0.006 6	0.007 2	0.007 7	0.009 7	0.009 5	0.009 8

附录5（续）

年份 区县	2006	2007	2008	2009	2010	2011	2012	2013	2014	2015
古蔺县	0.004 9	0.011 5	0.007 1	0.005 5	0.005 0	0.006 4	0.006 5	0.006 4	0.006 2	0.006 2
旌阳区	0.028 4	0.055 2	0.042 9	0.044 9	0.051 6	0.037 1	0.037 8	0.038 5	0.036 8	0.034 4
中江县	0.015 6	0.020 7	0.017 4	0.019 5	0.020 8	0.019 6	0.019 2	0.022 7	0.021 5	0.017 7
罗江县	0.004 8	0.012 3	0.009 4	0.012 1	0.013 7	0.009 6	0.009 8	0.009 0	0.008 5	0.007 7
广汉市	0.019 0	0.033 2	0.024 8	0.030 5	0.030 6	0.026 5	0.025 4	0.027 6	0.025 7	0.023 2
什邡市	0.013 0	0.030 0	0.030 5	0.036 9	0.034 8	0.023 9	0.022 1	0.024 5	0.025 3	0.023 3
绵竹市	0.014 8	0.041 4	0.029 9	0.025 4	0.037 9	0.025 5	0.023 7	0.024 2	0.022 8	0.022 4
涪城区	0.039 8	0.050 3	0.045 5	0.051 0	0.057 2	0.050 8	0.048 5	0.054 4	0.055 5	0.060 0
游仙区	0.011 0	0.033 2	0.023 6	0.029 4	0.031 1	0.021 1	0.021 3	0.024 6	0.026 6	0.023 6
三台县	0.014 1	0.018 6	0.016 2	0.016 5	0.017 0	0.018 0	0.018 7	0.023 4	0.023 3	0.024 7
盐亭县	0.007 7	0.011 8	0.011 6	0.012 4	0.012 5	0.009 2	0.010 0	0.010 7	0.010 9	0.012 6
安县	0.007 0	0.010 5	0.012 6	0.014 5	0.017 2	0.010 8	0.011 8	0.015 5	0.014 3	0.014 3
梓潼县	0.005 6	0.011 3	0.007 1	0.007 4	0.012 6	0.007 5	0.007 1	0.005 8	0.005 4	0.009 5
北川县	0.003 2	0.005 1	0.010 9	0.022 3	0.027 2	0.015 6	0.016 1	0.018 1	0.019 3	0.020 4
平武县	0.003 5	0.003 3	0.010 0	0.013 3	0.019 2	0.012 6	0.012 0	0.013 2	0.014 7	0.017 5
江油市	0.021 0	0.030 3	0.027 8	0.028 3	0.028 4	0.024 2	0.024 2	0.024 3	0.023 8	0.026 9
利州区	0.015 9	0.020 6	0.022 5	0.023 9	0.024 5	0.024 1	0.023 9	0.027 6	0.028 9	0.030 8
昭化区	0.003 5	0.010 2	0.011 6	0.012 6	0.012 7	0.007 1	0.006 3	0.006 4	0.008 1	0.010 3
朝天区	0.002 9	0.006 4	0.006 0	0.009 9	0.005 2	0.004 4	0.003 9	0.006 3	0.006 7	0.010 2
旺苍县	0.006 3	0.014 6	0.012 5	0.015 9	0.014 5	0.011 1	0.010 9	0.010 8	0.010 7	0.011 6
青川县	0.003 8	0.005 8	0.011 0	0.014 5	0.013 3	0.010 7	0.010 4	0.011 4	0.012 3	0.012 2
剑阁县	0.007 0	0.008 7	0.010 5	0.010 9	0.010 3	0.009 3	0.010 9	0.011 8	0.012 6	0.015 1
苍溪县	0.009 8	0.016 2	0.015 0	0.015 4	0.015 9	0.013 8	0.015 2	0.015 6	0.015 9	0.018 4
船山区	0.017 8	0.028 5	0.019 0	0.023 6	0.023 8	0.020 2	0.024 9	0.026 5	0.025 8	0.027 5
安居区	0.007 7	0.012 8	0.011 0	0.011 7	0.010 9	0.009 3	0.011 1	0.010 4	0.009 9	0.009 8
蓬溪县	0.009 3	0.009 6	0.009 3	0.009 3	0.007 0	0.008 4	0.008 0	0.008 1	0.007 8	0.009 1
射洪县	0.014 3	0.015 4	0.014 3	0.014 1	0.018 7	0.018 0	0.018 0	0.018 2	0.016 9	0.019 2
大英县	0.006 8	0.007 6	0.006 2	0.005 9	0.009 3	0.007 7	0.008 7	0.007 6	0.007 9	0.008 5
内江市中区	0.018 7	0.024 7	0.018 3	0.020 2	0.020 6	0.020 2	0.022 0	0.023 7	0.023 2	0.025 6

附录5（续）

年份 区县	2006	2007	2008	2009	2010	2011	2012	2013	2014	2015
东兴区	0.007 9	0.013 6	0.009 7	0.012 0	0.008 9	0.009 6	0.010 3	0.013 2	0.012 2	0.012 3
威远县	0.012 2	0.017 6	0.013 7	0.013 0	0.012 4	0.012 8	0.012 6	0.012 9	0.011 9	0.013 7
资中县	0.014 8	0.020 1	0.016 2	0.017 2	0.017 9	0.017 6	0.019 6	0.020 9	0.021 4	0.023 2
隆昌县	0.013 0	0.011 7	0.011 9	0.012 4	0.011 7	0.013 4	0.013 2	0.013 2	0.012 0	0.014 4
乐山市中区	0.023 7	0.025 4	0.021 5	0.025 4	0.030 2	0.028 4	0.027 5	0.030 9	0.030 6	0.033 1
沙湾区	0.005 3	0.007 1	0.005 2	0.006 6	0.006 3	0.005 4	0.005 5	0.006 8	0.006 7	0.007 1
五通桥区	0.007 3	0.006 4	0.005 5	0.007 8	0.009 0	0.008 8	0.008 7	0.009 4	0.012 2	0.011 9
金口河区	0.003 1	0.012 2	0.007 1	0.009 7	0.011 2	0.006 2	0.005 3	0.006 3	0.007 5	0.006 7
犍为县	0.007 7	0.008 7	0.008 5	0.009 0	0.008 5	0.009 1	0.009 6	0.011 6	0.011 3	0.011 3
井研县	0.006 4	0.005 8	0.006 0	0.007 0	0.006 7	0.007 1	0.007 6	0.009 0	0.009 3	0.010 6
夹江县	0.009 2	0.008 6	0.007 9	0.009 4	0.011 8	0.011 6	0.011 6	0.014 1	0.014 0	0.015 7
沐川县	0.004 1	0.006 6	0.003 6	0.004 9	0.005 6	0.005 3	0.005 8	0.007 6	0.008 5	0.009 8
峨边县	0.004 2	0.004 3	0.002 7	0.004 5	0.008 3	0.007 1	0.007 4	0.010 2	0.009 6	0.009 9
马边县	0.003 9	0.009 6	0.006 3	0.006 8	0.009 2	0.007 2	0.007 5	0.009 0	0.010 1	0.010 5
峨眉山市	0.013 7	0.023 3	0.016 8	0.016 5	0.017 2	0.016 7	0.016 8	0.019 0	0.019 0	0.019 6
顺庆区	0.022 8	0.034 8	0.029 0	0.030 3	0.028 8	0.028 9	0.025 9	0.029 0	0.030 5	0.030 7
高坪区	0.014 0	0.011 2	0.010 2	0.013 0	0.012 2	0.013 6	0.012 8	0.015 1	0.014 9	0.015 1
嘉陵区	0.009 8	0.009 8	0.008 3	0.010 5	0.011 6	0.011 4	0.010 7	0.011 0	0.012 5	0.012 1
南部县	0.014 7	0.020 8	0.014 7	0.014 9	0.015 4	0.017 0	0.017 6	0.018 0	0.017 4	0.017 5
营山县	0.012 3	0.011 9	0.010 4	0.012 1	0.016 1	0.016 0	0.016 7	0.018 6	0.017 9	0.017 9
蓬安县	0.009 1	0.010 0	0.007 6	0.008 9	0.010 8	0.012 6	0.012 8	0.015 0	0.013 5	0.013 2
仪陇县	0.010 2	0.009 4	0.009 6	0.010 2	0.012 4	0.014 1	0.015 3	0.016 5	0.015 9	0.014 5
西充县	0.007 8	0.008 9	0.007 7	0.009 2	0.009 8	0.011 1	0.011 9	0.012 2	0.010 7	0.010 0
阆中市	0.012 4	0.015 0	0.013 0	0.013 7	0.014 6	0.015 8	0.016 0	0.017 4	0.016 6	0.016 5
东坡区	0.019 8	0.026 5	0.021 5	0.025 6	0.031 3	0.027 1	0.036 4	0.034 5	0.042 7	0.037 9
仁寿县	0.018 8	0.024 2	0.019 3	0.020 8	0.019 8	0.022 7	0.024 0	0.029 7	0.027 1	0.032 0
彭山县	0.008 3	0.014 8	0.007 5	0.008 8	0.010 3	0.011 0	0.011 7	0.014 2	0.013 4	0.011 2
洪雅县	0.007 7	0.010 5	0.009 5	0.012 2	0.012 1	0.011 4	0.011 1	0.014 0	0.013 3	0.014 9
丹棱县	0.003 9	0.011 7	0.005 2	0.008 3	0.004 0	0.008 6	0.008 4	0.009 4	0.009 3	0.008 7

附录5（续）

年份 区县	2006	2007	2008	2009	2010	2011	2012	2013	2014	2015
青神县	0.004 8	0.003 6	0.006 3	0.008 5	0.008 0	0.007 0	0.007 6	0.007 9	0.007 4	0.007 4
翠屏区	0.025 4	0.038 3	0.028 7	0.033 6	0.034 4	0.033 6	0.031 7	0.036 6	0.040 0	0.039 0
南溪区	0.006 2	0.009 2	0.006 4	0.008 4	0.008 3	0.006 1	0.006 4	0.006 9	0.005 9	0.008 5
宜宾县	0.011 2	0.021 1	0.014 8	0.009 7	0.010 1	0.014 0	0.014 1	0.014 7	0.014 1	0.013 6
江安县	0.006 3	0.007 1	0.004 4	0.004 9	0.004 7	0.006 3	0.007 0	0.007 8	0.007 0	0.008 1
长宁县	0.006 0	0.010 2	0.006 0	0.004 5	0.004 8	0.005 4	0.004 9	0.006 5	0.006 5	0.006 9
高县	0.005 3	0.008 5	0.006 7	0.005 9	0.006 3	0.006 6	0.007 0	0.008 2	0.008 2	0.010 7
珙县	0.006 6	0.014 2	0.009 4	0.007 1	0.006 4	0.005 9	0.007 0	0.006 0	0.005 1	0.006 3
筠连县	0.004 1	0.007 7	0.005 0	0.003 8	0.003 4	0.003 9	0.005 0	0.007 0	0.005 7	0.006 6
兴文县	0.004 2	0.007 4	0.005 2	0.003 8	0.003 7	0.004 4	0.005 6	0.009 2	0.008 3	0.008 0
屏山县	0.003 9	0.011 3	0.007 6	0.005 9	0.006 6	0.005 6	0.006 5	0.009 4	0.007 4	0.009 2
广安区	0.022 9	0.031 3	0.026 9	0.027 3	0.021 2	0.024 3	0.019 4	0.018 0	0.019 2	0.022 8
岳池县	0.015 8	0.023 2	0.017 8	0.017 3	0.017 4	0.017 2	0.017 6	0.019 5	0.019 8	0.017 6
武胜县	0.013 4	0.027 7	0.017 6	0.016 9	0.017 3	0.014 9	0.015 5	0.017 2	0.014 3	0.014 0
邻水县	0.012 0	0.021 3	0.014 1	0.013 7	0.012 9	0.011 9	0.012 7	0.014 4	0.013 8	0.014 9
华蓥市	0.009 2	0.015 8	0.015 7	0.015 6	0.015 8	0.013 5	0.013 2	0.014 0	0.013 8	0.011 8
通川区	0.023 5	0.037 1	0.030 9	0.032 5	0.033 7	0.033 2	0.034 0	0.034 5	0.039 4	0.037 2
达川区	0.013 9	0.016 3	0.011 5	0.011 5	0.012 2	0.012 7	0.017 9	0.015 0	0.015 1	0.017 6
宣汉区	0.011 1	0.013 6	0.012 2	0.013 1	0.012 8	0.014 4	0.014 5	0.018 2	0.017 1	0.019 7
开江县	0.008 3	0.009 0	0.007 0	0.010 8	0.006 7	0.010 1	0.007 2	0.008 9	0.009 9	0.011 5
大竹县	0.016 4	0.023 0	0.017 4	0.017 4	0.018 4	0.018 7	0.019 2	0.021 0	0.019 9	0.020 1
渠县	0.018 5	0.022 4	0.020 5	0.019 6	0.019 2	0.019 7	0.019 8	0.021 5	0.020 6	0.022 7
万源市	0.006 4	0.008 5	0.007 2	0.007 0	0.007 6	0.007 4	0.007 8	0.008 7	0.009 1	0.011 4
雨城区	0.012 8	0.020 5	0.014 7	0.017 0	0.018 7	0.016 3	0.016 6	0.018 7	0.020 3	0.020 3
名山区	0.004 9	0.015 2	0.009 0	0.009 9	0.010 8	0.008 1	0.009 0	0.012 2	0.012 7	0.011 8
荥经县	0.005 0	0.009 5	0.006 7	0.005 3	0.004 4	0.005 0	0.006 0	0.005 7	0.005 1	0.005 0
汉源县	0.006 7	0.010 9	0.008 3	0.009 6	0.011 4	0.008 4	0.009 0	0.010 1	0.010 0	0.010 4
石棉县	0.004 3	0.005 4	0.004 7	0.002 4	0.002 8	0.005 4	0.008 0	0.010 1	0.008 8	0.010 0
天全县	0.004 1	0.006 5	0.003 1	0.003 1	0.003 2	0.003 2	0.003 2	0.006 0	0.005 2	0.004 8

附录5(续)

年份 区县	2006	2007	2008	2009	2010	2011	2012	2013	2014	2015
芦山县	0.003 7	0.009 2	0.005 4	0.006 1	0.007 7	0.006 7	0.007 8	0.008 6	0.010 2	0.008 5
宝兴县	0.003 3	0.008 2	0.003 5	0.005 0	0.005 1	0.005 6	0.004 8	0.006 7	0.006 1	0.006 8
巴州区	0.013 1	0.017 8	0.013 6	0.018 0	0.015 9	0.019 6	0.018 4	0.022 1	0.024 3	0.024 1
通江县	0.005 9	0.005 9	0.005 1	0.007 8	0.009 3	0.009 9	0.009 4	0.013 6	0.013 2	0.013 8
南江县	0.006 7	0.008 3	0.008 2	0.009 3	0.010 3	0.010 1	0.011 5	0.014 4	0.014 4	0.014 6
平昌县	0.007 4	0.009 7	0.008 0	0.009 9	0.011 5	0.012 4	0.013 0	0.014 8	0.014 2	0.014 9
雁江区	0.017 3	0.025 8	0.021 0	0.022 0	0.025 4	0.022 0	0.022 4	0.020 5	0.015 5	0.019 3
安岳县	0.016 3	0.020 7	0.018 9	0.020 2	0.018 6	0.018 8	0.018 7	0.020 0	0.018 7	0.018 2
乐至县	0.010 9	0.013 4	0.010 7	0.009 5	0.009 3	0.009 7	0.010 2	0.011 0	0.010 7	0.009 9
简阳市	0.020 2	0.026 0	0.022 2	0.021 8	0.020 0	0.021 3	0.022 1	0.024 4	0.023 8	0.022 4
汶川县	0.004 7	0.016 6	0.041 9	0.032 0	0.028 9	0.019 3	0.017 8	0.021 4	0.019 5	0.018 5
理县	0.003 1	0.013 2	0.029 7	0.018 7	0.018 2	0.010 9	0.009 2	0.009 6	0.009 0	0.007 1
茂县	0.003 5	0.010 6	0.023 6	0.018 3	0.019 0	0.010 3	0.008 1	0.009 8	0.008 9	0.010 6
松潘县	0.004 0	0.024 6	0.036 6	0.037 3	0.044 0	0.024 8	0.021 9	0.022 5	0.027 4	0.021 2
九寨沟县	0.004 7	0.024 2	0.026 6	0.025 5	0.034 7	0.024 5	0.022 5	0.026 5	0.025 5	0.027 4
金川县	0.003 5	0.019 4	0.017 2	0.018 8	0.025 0	0.012 4	0.010 1	0.012 6	0.012 9	0.011 8
小金县	0.003 0	0.011 6	0.011 6	0.017 5	0.022 6	0.012 6	0.011 8	0.015 3	0.015 7	0.015 6
黑水县	0.003 5	0.017 5	0.018 3	0.011 4	0.012 8	0.010 3	0.006 9	0.005 7	0.006 3	0.008 1
马尔康县	0.005 1	0.028 7	0.019 0	0.020 9	0.027 4	0.016 4	0.013 3	0.017 5	0.020 6	0.019 2
壤塘县	0.003 2	0.025 4	0.015 3	0.015 4	0.019 7	0.015 3	0.012 7	0.013 8	0.017 2	0.017 2
阿坝县	0.003 6	0.029 6	0.022 0	0.024 3	0.029 9	0.018 7	0.015 1	0.021 1	0.023 1	0.018 0
若尔盖县	0.002 8	0.019 8	0.016 1	0.019 9	0.025 1	0.016 1	0.013 0	0.015 0	0.019 4	0.019 0
红原县	0.003 3	0.025 7	0.017 3	0.017 4	0.021 6	0.015 7	0.012 5	0.016 6	0.017 1	0.017 0
康定县	0.006 8	0.028 6	0.018 7	0.024 4	0.029 6	0.019 3	0.018 6	0.017 9	0.019 7	0.022 7
泸定县	0.004 4	0.025 9	0.015 8	0.018 0	0.017 9	0.009 6	0.008 1	0.008 2	0.010 5	0.012 0
丹巴县	0.003 0	0.016 4	0.011 1	0.011 3	0.011 6	0.008 8	0.010 5	0.012 2	0.013 3	0.014 1
九龙县	0.003 3	0.023 1	0.011 0	0.012 8	0.016 0	0.011 3	0.009 3	0.007 6	0.012 2	0.016 9
雅江县	0.002 7	0.006 1	0.010 2	0.012 4	0.013 8	0.010 5	0.008 3	0.007 7	0.006 6	0.008 3
道孚县	0.000 2	0.016 3	0.010 8	0.015 4	0.020 2	0.014 2	0.014 1	0.015 6	0.017 4	0.019 1

附录5（续）

年份\区县	2006	2007	2008	2009	2010	2011	2012	2013	2014	2015
炉霍县	0.003 3	0.022 3	0.014 9	0.018 7	0.022 7	0.016 3	0.015 8	0.017 1	0.017 1	0.018 4
甘孜县	0.003 6	0.027 5	0.022 3	0.021 9	0.027 7	0.019 6	0.015 9	0.018 8	0.020 1	0.024 6
新龙县	0.002 6	0.011 6	0.011 3	0.017 5	0.022 3	0.015 4	0.014 9	0.016 3	0.018 3	0.018 5
德格县	0.003 2	0.022 2	0.016 5	0.016 9	0.022 9	0.016 1	0.016 4	0.016 6	0.016 6	0.017 8
白玉县	0.003 1	0.006 8	0.004 4	0.003 5	0.006 5	0.007 2	0.006 1	0.008 0	0.010 9	0.012 8
石渠县	0.003 5	0.032 4	0.026 6	0.025 0	0.040 3	0.016 6	0.025 9	0.034 1	0.037 0	0.034 9
色达县	0.003 1	0.032 2	0.018 7	0.026 5	0.035 0	0.033 1	0.031 4	0.033 3	0.037 5	0.035 8
理塘县	0.003 3	0.029 2	0.019 5	0.022 7	0.028 4	0.022 2	0.018 4	0.022 2	0.025 7	0.025 9
巴塘县	0.002 6	0.017 9	0.009 6	0.013 8	0.015 4	0.010 6	0.015 2	0.013 4	0.010 5	0.017 1
乡城县	0.003 5	0.020 5	0.010 4	0.011 9	0.013 1	0.007 4	0.005 7	0.006 4	0.008 3	0.008 9
稻城县	0.003 2	0.025 7	0.016 9	0.022 6	0.026 0	0.011 2	0.012 2	0.015 3	0.016 1	0.015 5
得荣县	0.002 8	0.021 0	0.014 9	0.013 6	0.012 8	0.009 9	0.008 7	0.013 4	0.012 5	0.012 5
西昌市	0.023 6	0.038 2	0.030 3	0.033 4	0.034 3	0.022 3	0.020 4	0.024 3	0.023 8	0.026 5
木里县	0.003 3	0.013 3	0.011 1	0.013 2	0.014 1	0.007 6	0.007 4	0.007 9	0.009 1	0.009 8
盐源县	0.004 4	0.014 4	0.005 5	0.004 7	0.007 2	0.006 4	0.006 0	0.005 3	0.004 7	0.005 9
德昌县	0.004 7	0.014 6	0.009 9	0.010 8	0.015 5	0.011 3	0.009 4	0.011 0	0.013 7	0.011 6
会理县	0.007 9	0.024 4	0.014 9	0.014 2	0.017 6	0.013 2	0.010 5	0.010 5	0.010 1	0.011 6
会东县	0.005 5	0.022 9	0.010 1	0.010 4	0.011 9	0.009 0	0.009 0	0.011 0	0.012 3	0.013 7
宁南县	0.003 7	0.019 2	0.010 4	0.010 9	0.012 0	0.008 6	0.006 7	0.007 1	0.007 0	0.008 6
普格县	0.003 3	0.013 6	0.010 2	0.011 7	0.015 8	0.011 2	0.010 3	0.011 2	0.014 0	0.014 5
布拖县	0.003 5	0.018 9	0.012 6	0.014 7	0.020 9	0.010 9	0.011 2	0.011 2	0.011 3	0.014 3
金阳县	0.003 1	0.012 7	0.007 2	0.008 5	0.011 9	0.011 0	0.009 8	0.011 2	0.009 4	0.011 1
昭觉县	0.003 5	0.015 3	0.012 0	0.014 5	0.019 0	0.013 7	0.012 0	0.011 9	0.013 4	0.014 2
喜德县	0.003 0	0.011 5	0.008 9	0.010 4	0.013 8	0.010 4	0.010 9	0.010 2	0.012 7	0.020 0
冕宁县	0.005 5	0.025 2	0.014 6	0.016 3	0.018 7	0.013 1	0.012 8	0.011 3	0.011 2	0.009 7
越西县	0.004 2	0.014 9	0.010 6	0.013 1	0.017 6	0.012 1	0.010 6	0.010 8	0.014 1	0.016 1
甘洛县	0.004 1	0.019 2	0.015 7	0.019 7	0.019 3	0.012 4	0.013 3	0.021 1	0.022 5	0.027 5
美姑县	0.003 1	0.015 4	0.010 9	0.013 6	0.017 6	0.012 3	0.010 8	0.011 9	0.015 9	0.018 0
雷波县	0.004 1	0.013 6	0.008 9	0.009 6	0.006 3	0.004 4	0.005 2	0.005 1	0.003 6	0.005 8

附录6   四川省工业化水平

年份 区县	2006	2007	2008	2009	2010	2011	2012	2013	2014	2015
锦江区	0.361 0	0.356 2	0.275 9	0.215 5	0.187 9	0.187 0	0.166 2	0.146 5	0.124 3	0.132 8
青羊区	0.280 8	0.284 4	0.280 5	0.232 6	0.223 3	0.221 4	0.201 3	0.198 5	0.176 8	0.185 5
金牛区	0.376 4	0.380 6	0.379 5	0.294 1	0.289 6	0.289 6	0.267 7	0.257 2	0.222 0	0.234 9
武侯区	0.353 5	0.358 1	0.359 2	0.293 5	0.281 1	0.279 3	0.255 8	0.245 5	0.212 7	0.223 5
成华区	0.466 4	0.482 2	0.486 6	0.382 6	0.301 5	0.297 4	0.274 2	0.257 4	0.196 2	0.204 0
龙泉驿区	0.486 1	0.500 5	0.630 4	0.633 8	0.697 8	0.719 6	0.765 2	0.805 3	0.784 5	0.811 3
青白江区	0.658 0	0.672 3	0.694 2	0.727 3	0.741 1	0.750 2	0.745 8	0.741 8	0.728 9	0.734 9
新都区	0.600 3	0.615 4	0.632 8	0.638 0	0.653 3	0.646 1	0.637 8	0.627 4	0.604 3	0.612 9
温江区	0.593 0	0.613 4	0.640 8	0.601 4	0.572 2	0.541 1	0.532 3	0.522 2	0.510 0	0.519 3
金堂区	0.279 2	0.311 1	0.358 6	0.359 3	0.386 2	0.423 5	0.463 2	0.475 9	0.487 4	0.474 2
双流县	0.490 2	0.510 6	0.530 4	0.494 0	0.503 6	0.533 4	0.527 4	0.514 6	0.465 8	0.501 8
郫都区	0.539 6	0.562 1	0.583 9	0.581 0	0.700 1	0.615 1	0.603 8	0.588 7	0.581 7	0.583 0
大邑县	0.376 0	0.389 2	0.384 1	0.391 8	0.399 8	0.411 9	0.420 5	0.428 4	0.419 5	0.417 6
蒲江县	0.406 4	0.407 2	0.421 7	0.424 8	0.451 0	0.482 9	0.487 2	0.495 0	0.499 3	0.499 4
新津县	0.523 6	0.539 6	0.562 8	0.544 2	0.553 5	0.576 7	0.576 4	0.581 1	0.585 6	0.584 7
都江堰市	0.363 7	0.369 1	0.386 9	0.338 6	0.347 4	0.362 8	0.365 9	0.371 4	0.369 8	0.375 8
彭州市	0.440 7	0.458 0	0.481 2	0.473 7	0.484 2	0.502 8	0.511 2	0.518 5	0.591 7	0.587 6
邛崃市	0.384 2	0.395 3	0.401 7	0.395 2	0.426 0	0.447 0	0.458 8	0.458 7	0.461 3	0.461 8
崇州市	0.411 0	0.418 8	0.419 9	0.399 7	0.425 7	0.468 2	0.480 0	0.487 2	0.486 5	0.487 7
自流井区	0.550 7	0.562 4	0.579 3	0.560 7	0.579 4	0.586 6	0.582 3	0.564 0	0.510 3	0.544 0
贡井区	0.452 0	0.470 6	0.522 1	0.561 2	0.603 2	0.624 1	0.638 9	0.641 7	0.639 8	0.643 5
大安区	0.601 3	0.616 3	0.643 2	0.677 9	0.704 3	0.717 3	0.728 5	0.730 3	0.722 5	0.727 9
沿滩区	0.405 5	0.474 1	0.514 1	0.570 1	0.609 0	0.629 6	0.649 8	0.668 8	0.677 4	0.675 6
荣县	0.317 9	0.334 8	0.381 4	0.429 8	0.473 6	0.499 5	0.519 3	0.511 5	0.511 2	0.515 2
富顺县	0.341 1	0.360 6	0.399 5	0.448 2	0.488 1	0.511 9	0.527 7	0.535 3	0.531 2	0.535 5
东区	0.730 0	0.726 3	0.738 7	0.714 9	0.724 1	0.724 2	0.718 0	0.691 9	0.640 4	0.674 0
西区	0.754 8	0.778 8	0.818 6	0.820 4	0.842 6	0.856 1	0.846 7	0.845 6	0.828 4	0.836 5
仁和区	0.642 3	0.674 1	0.715 0	0.703 7	0.775 8	0.795 5	0.819 3	0.824 1	0.808 8	0.811 1

附录6(续)

年份 区县	2006	2007	2008	2009	2010	2011	2012	2013	2014	2015
米易县	0.481 3	0.503 4	0.534 1	0.500 2	0.600 5	0.644 1	0.675 6	0.674 5	0.660 8	0.674 6
盐边县	0.783 0	0.757 2	0.765 4	0.692 4	0.747 1	0.776 2	0.791 9	0.771 9	0.752 0	0.757 3
江阳区	0.461 6	0.493 6	0.523 1	0.567 9	0.612 3	0.644 2	0.653 4	0.646 0	0.652 7	0.645 8
纳溪区	0.510 0	0.514 5	0.546 0	0.557 7	0.600 6	0.615 6	0.616 1	0.609 4	0.599 8	0.614 2
龙马潭区	0.568 2	0.604 9	0.653 2	0.638 2	0.676 7	0.712 3	0.719 0	0.716 9	0.702 5	0.713 3
泸县	0.359 7	0.394 7	0.430 8	0.483 4	0.540 6	0.579 5	0.591 9	0.585 7	0.574 5	0.589 7
合江县	0.327 5	0.344 0	0.360 2	0.371 7	0.409 5	0.436 8	0.447 7	0.446 6	0.432 9	0.450 0
叙永县	0.261 8	0.281 9	0.315 9	0.362 9	0.422 5	0.463 2	0.472 6	0.462 1	0.470 1	0.466 4
古蔺县	0.352 4	0.409 7	0.484 4	0.505 5	0.571 4	0.608 6	0.620 9	0.614 5	0.587 4	0.613 4
旌阳区	0.550 5	0.573 2	0.603 0	0.597 9	0.641 2	0.656 4	0.645 8	0.645 6	0.578 8	0.625 1
中江县	0.290 5	0.321 2	0.367 9	0.365 1	0.388 0	0.413 1	0.420 7	0.434 5	0.421 6	0.436 8
罗江县	0.465 7	0.481 6	0.493 1	0.522 9	0.546 3	0.572 1	0.584 3	0.585 3	0.579 8	0.598 4
广汉市	0.481 3	0.510 0	0.534 4	0.559 1	0.570 1	0.596 5	0.609 7	0.624 7	0.606 2	0.637 5
什邡市	0.640 2	0.645 0	0.580 7	0.578 8	0.596 4	0.622 9	0.636 6	0.631 4	0.597 8	0.626 4
绵竹市	0.647 8	0.686 0	0.663 6	0.667 6	0.603 5	0.625 5	0.630 7	0.626 1	0.607 5	0.637 4
涪城区	0.572 1	0.582 6	0.585 0	0.585 2	0.601 6	0.633 6	0.627 3	0.622 8	0.606 2	0.616 5
游仙区	0.380 2	0.408 1	0.423 8	0.451 1	0.511 9	0.525 8	0.540 8	0.571 7	0.563 7	0.572 0
三台县	0.245 7	0.263 8	0.287 7	0.304 5	0.339 6	0.379 2	0.382 9	0.278 7	0.268 9	0.275 6
盐亭县	0.192 9	0.221 3	0.255 9	0.269 5	0.306 3	0.338 8	0.374 5	0.288 4	0.284 2	0.289 0
安县	0.367 3	0.394 1	0.356 0	0.374 7	0.429 7	0.478 9	0.508 0	0.516 3	0.517 3	0.519 4
梓潼县	0.227 4	0.269 1	0.282 5	0.327 9	0.408 6	0.452 5	0.454 6	0.447 1	0.443 2	0.447 6
北川县	0.409 1	0.421 0	0.369 2	0.349 5	0.414 2	0.415 4	0.420 4	0.408 5	0.400 7	0.408 9
平武县	0.448 8	0.457 5	0.413 8	0.424 3	0.484 5	0.520 0	0.545 3	0.546 5	0.532 0	0.549 2
江油市	0.467 7	0.477 8	0.455 6	0.457 5	0.484 3	0.502 6	0.504 4	0.502 5	0.503 0	0.511 1
利州区	0.478 5	0.503 2	0.480 3	0.462 2	0.506 4	0.547 4	0.563 6	0.565 8	0.541 3	0.554 9
昭化区	0.229 6	0.272 6	0.260 2	0.271 9	0.357 0	0.449 9	0.476 4	0.473 3	0.449 2	0.458 3
朝天区	0.248 8	0.299 2	0.250 4	0.249 2	0.391 9	0.512 3	0.534 9	0.540 9	0.512 0	0.521 8
旺苍县	0.353 9	0.372 1	0.382 3	0.409 6	0.452 9	0.511 3	0.524 6	0.544 9	0.550 8	0.556 0
青川县	0.249 0	0.284 2	0.269 4	0.254 4	0.312 9	0.381 2	0.415 9	0.431 1	0.411 8	0.415 4

附录6(续)

年份 区县	2006	2007	2008	2009	2010	2011	2012	2013	2014	2015
剑阁县	0.204 5	0.249 6	0.243 5	0.234 3	0.272 8	0.325 2	0.355 7	0.381 1	0.380 7	0.377 2
苍溪县	0.215 4	0.255 3	0.253 1	0.278 7	0.313 2	0.357 3	0.395 4	0.409 4	0.435 7	0.430 7
船山区	0.450 2	0.489 9	0.522 6	0.496 7	0.550 7	0.583 4	0.571 7	0.594 1	0.569 5	0.570 4
安居区	0.175 8	0.209 3	0.260 3	0.231 6	0.262 1	0.240 7	0.280 2	0.310 3	0.367 0	0.328 4
蓬溪县	0.228 4	0.265 7	0.304 0	0.346 5	0.387 2	0.363 8	0.408 3	0.453 3	0.453 0	0.439 7
射洪县	0.518 8	0.525 6	0.553 3	0.562 0	0.613 0	0.602 2	0.620 2	0.650 9	0.652 2	0.649 1
大英县	0.404 8	0.468 8	0.497 8	0.539 2	0.579 5	0.573 5	0.591 4	0.603 8	0.614 5	0.610 8
内江市中区	0.527 0	0.542 4	0.580 8	0.651 2	0.684 0	0.700 4	0.695 4	0.687 3	0.666 2	0.679 7
东兴区	0.399 8	0.415 9	0.464 5	0.487 2	0.531 3	0.554 6	0.561 9	0.556 5	0.523 0	0.554 5
威远县	0.604 5	0.615 2	0.649 6	0.668 0	0.698 8	0.714 6	0.711 0	0.710 9	0.683 2	0.705 7
资中县	0.348 3	0.360 9	0.410 7	0.433 4	0.481 0	0.500 9	0.500 9	0.498 4	0.468 1	0.498 7
隆昌县	0.495 9	0.510 6	0.558 5	0.583 1	0.620 7	0.638 3	0.634 6	0.620 1	0.633 7	0.617 9
乐山市中区	0.449 7	0.455 5	0.476 0	0.477 1	0.496 8	0.519 2	0.518 8	0.508 8	0.473 8	0.484 9
沙湾区	0.822 7	0.828 6	0.844 0	0.809 3	0.811 4	0.828 2	0.837 1	0.840 1	0.834 6	0.834 4
五通桥区	0.640 8	0.669 9	0.720 9	0.713 9	0.730 4	0.748 2	0.748 9	0.745 8	0.711 8	0.717 0
金口河区	0.809 0	0.815 0	0.837 6	0.781 6	0.792 6	0.804 4	0.803 3	0.801 9	0.775 0	0.778 1
犍为县	0.502 6	0.501 8	0.536 6	0.518 9	0.548 2	0.575 7	0.578 8	0.572 8	0.548 2	0.554 4
井研县	0.362 8	0.373 2	0.415 6	0.433 2	0.467 3	0.496 6	0.504 6	0.501 8	0.489 5	0.490 2
夹江县	0.509 4	0.513 6	0.533 0	0.513 8	0.544 2	0.568 9	0.572 8	0.570 0	0.563 4	0.568 9
沐川县	0.467 0	0.462 1	0.491 1	0.475 8	0.509 5	0.534 8	0.534 9	0.518 9	0.502 6	0.514 7
峨边县	0.570 5	0.586 9	0.629 6	0.603 1	0.582 8	0.607 5	0.607 2	0.608 6	0.584 0	0.579 1
马边县	0.329 9	0.367 7	0.402 5	0.375 2	0.416 6	0.444 8	0.455 3	0.456 4	0.448 2	0.449 8
峨眉山市	0.530 8	0.539 1	0.564 7	0.553 1	0.584 7	0.604 7	0.600 0	0.596 3	0.561 6	0.573 8
顺庆区	0.427 5	0.449 6	0.460 0	0.489 2	0.516 5	0.537 1	0.544 4	0.532 4	0.481 2	0.498 3
高坪区	0.480 3	0.514 7	0.539 2	0.519 7	0.554 4	0.586 8	0.600 1	0.585 7	0.561 2	0.576 1
嘉陵区	0.437 8	0.448 7	0.472 3	0.440 0	0.486 6	0.514 2	0.530 8	0.529 2	0.504 0	0.521 6
南部县	0.391 6	0.414 2	0.441 2	0.538 2	0.564 6	0.570 9	0.578 0	0.585 6	0.564 9	0.582 3
营山县	0.307 5	0.333 3	0.348 7	0.421 3	0.454 1	0.484 7	0.489 4	0.507 0	0.482 6	0.495 1
蓬安县	0.399 5	0.403 6	0.434 4	0.405 0	0.453 7	0.488 4	0.494 1	0.514 2	0.471 3	0.482 5

附录6(续)

年份 区县	2006	2007	2008	2009	2010	2011	2012	2013	2014	2015
仪陇县	0.250 4	0.272 5	0.292 6	0.302 0	0.350 1	0.388 6	0.394 9	0.409 3	0.394 1	0.410 8
西充县	0.277 0	0.280 5	0.292 5	0.364 4	0.401 1	0.414 4	0.419 2	0.410 6	0.407 3	0.425 6
阆中市	0.389 5	0.385 5	0.401 4	0.426 7	0.457 8	0.495 7	0.498 4	0.503 8	0.470 7	0.486 2
东坡区	0.541 4	0.560 0	0.566 1	0.523 8	0.562 6	0.580 9	0.585 8	0.581 4	0.567 4	0.575 9
仁寿县	0.379 2	0.393 8	0.425 1	0.452 8	0.502 6	0.524 4	0.533 0	0.533 2	0.531 1	0.534 2
彭山县	0.586 0	0.524 6	0.578 0	0.571 7	0.590 1	0.608 0	0.618 6	0.612 7	0.610 6	0.611 7
洪雅县	0.501 0	0.512 6	0.524 2	0.554 1	0.581 3	0.599 8	0.610 6	0.607 2	0.594 5	0.601 5
丹棱县	0.411 0	0.426 9	0.451 3	0.476 2	0.506 6	0.529 9	0.544 3	0.539 7	0.547 0	0.542 0
青神县	0.481 4	0.496 7	0.534 4	0.550 8	0.579 5	0.598 2	0.606 3	0.603 4	0.554 2	0.554 1
翠屏区	0.696 0	0.702 6	0.710 9	0.686 8	0.690 4	0.692 5	0.692 5	0.679 0	0.638 8	0.649 1
南溪区	0.363 2	0.384 6	0.437 1	0.431 3	0.481 3	0.521 6	0.561 3	0.559 9	0.551 0	0.564 6
宜宾县	0.372 4	0.388 2	0.438 2	0.440 3	0.499 1	0.551 2	0.528 8	0.538 2	0.543 1	0.543 8
江安县	0.302 6	0.328 3	0.415 2	0.458 1	0.520 7	0.580 7	0.589 4	0.597 6	0.588 6	0.594 7
长宁县	0.387 9	0.403 1	0.441 4	0.443 3	0.494 5	0.530 4	0.535 1	0.531 4	0.496 3	0.509 2
高县	0.472 3	0.496 0	0.521 4	0.524 3	0.581 6	0.614 8	0.620 9	0.612 1	0.604 6	0.612 6
珙县	0.439 5	0.471 1	0.548 5	0.581 1	0.651 7	0.689 7	0.684 1	0.655 1	0.643 2	0.649 8
筠连县	0.481 3	0.493 5	0.574 8	0.600 8	0.676 7	0.726 8	0.717 3	0.638 0	0.631 3	0.640 2
兴文县	0.337 8	0.350 6	0.399 2	0.388 7	0.431 8	0.468 5	0.483 1	0.449 0	0.440 2	0.449 2
屏山县	0.223 6	0.217 7	0.222 8	0.261 6	0.300 9	0.366 0	0.383 0	0.353 7	0.353 0	0.356 9
广安区	0.411 9	0.417 9	0.441 6	0.459 7	0.496 6	0.525 7	0.533 4	0.298 2	0.273 8	0.290 9
岳池县	0.307 4	0.315 0	0.338 0	0.372 0	0.414 4	0.449 9	0.459 0	0.460 0	0.457 0	0.461 9
武胜县	0.372 5	0.388 4	0.406 6	0.424 4	0.465 3	0.499 0	0.508 9	0.511 4	0.506 4	0.513 7
邻水县	0.331 5	0.347 1	0.358 3	0.396 1	0.438 7	0.473 1	0.484 2	0.487 9	0.487 6	0.490 3
华蓥市	0.565 2	0.568 0	0.587 2	0.610 5	0.636 1	0.657 7	0.660 9	0.659 6	0.653 1	0.657 4
通川区	0.518 1	0.543 1	0.546 1	0.573 0	0.605 3	0.624 2	0.603 0	0.562 3	0.442 1	0.547 6
达川区	0.373 0	0.394 7	0.418 9	0.479 5	0.529 8	0.550 6	0.539 8	0.545 9	0.444 2	0.536 9
宣汉区	0.283 3	0.308 6	0.326 9	0.375 4	0.432 4	0.491 0	0.534 2	0.558 9	0.430 0	0.554 7
开江县	0.267 2	0.283 6	0.301 2	0.365 2	0.412 3	0.437 8	0.472 3	0.465 4	0.362 4	0.457 7
大竹县	0.403 9	0.414 9	0.436 1	0.477 7	0.525 6	0.552 6	0.547 1	0.543 2	0.476 2	0.537 1

附录6(续)

年份 区县	2006	2007	2008	2009	2010	2011	2012	2013	2014	2015
渠县	0.359 0	0.358 2	0.382 0	0.403 9	0.457 5	0.473 0	0.463 7	0.462 1	0.401 8	0.457 7
万源市	0.349 7	0.357 7	0.383 8	0.425 4	0.465 9	0.483 5	0.553 1	0.544 9	0.394 7	0.537 0
雨城区	0.407 8	0.408 3	0.448 4	0.452 7	0.485 8	0.493 7	0.507 2	0.492 8	0.423 0	0.426 6
名山区	0.307 6	0.338 9	0.384 5	0.380 1	0.422 9	0.453 2	0.473 8	0.460 5	0.456 0	0.459 8
荣经县	0.508 6	0.522 5	0.543 5	0.593 1	0.626 7	0.640 7	0.648 9	0.628 7	0.623 4	0.629 5
汉源县	0.290 4	0.330 2	0.359 2	0.393 5	0.409 3	0.500 3	0.546 3	0.539 8	0.528 6	0.537 6
石棉县	0.659 8	0.708 5	0.709 4	0.723 7	0.746 0	0.761 2	0.761 3	0.762 7	0.756 0	0.764 3
天全县	0.493 6	0.527 0	0.564 8	0.579 9	0.612 2	0.618 0	0.628 0	0.616 9	0.609 1	0.616 3
芦山县	0.479 5	0.514 1	0.534 6	0.555 6	0.589 1	0.615 1	0.617 3	0.596 5	0.613 0	0.610 2
宝兴县	0.575 1	0.600 1	0.635 0	0.640 7	0.668 0	0.693 6	0.700 8	0.691 8	0.687 9	0.691 6
巴州区	0.194 5	0.207 8	0.222 3	0.265 7	0.297 5	0.356 9	0.331 3	0.394 5	0.416 2	0.401 6
通江县	0.160 4	0.175 2	0.188 8	0.269 2	0.310 4	0.381 6	0.419 7	0.442 2	0.422 9	0.428 4
南江县	0.243 9	0.265 9	0.289 7	0.345 2	0.431 3	0.503 1	0.532 6	0.566 2	0.568 5	0.567 0
平昌县	0.257 3	0.275 5	0.289 3	0.310 7	0.346 5	0.413 7	0.484 1	0.529 4	0.542 6	0.529 9
雁江区	0.552 9	0.582 2	0.588 6	0.607 9	0.631 5	0.647 0	0.653 0	0.649 7	0.644 4	0.651 8
安岳县	0.258 9	0.288 1	0.325 2	0.378 1	0.397 2	0.418 7	0.426 9	0.430 6	0.431 9	0.435 9
乐至县	0.295 5	0.316 3	0.358 7	0.436 6	0.475 7	0.499 2	0.506 8	0.508 1	0.507 0	0.512 6
简阳市	0.452 1	0.471 2	0.493 6	0.520 6	0.542 0	0.565 9	0.572 4	0.570 8	0.565 8	0.573 3
汶川县	0.773 2	0.771 5	0.593 7	0.644 1	0.712 6	0.711 0	0.706 8	0.728 3	0.680 3	0.732 7
理县	0.652 2	0.641 8	0.442 5	0.611 0	0.630 8	0.698 1	0.671 5	0.680 6	0.731 8	0.681 5
茂县	0.485 1	0.527 7	0.419 4	0.555 3	0.578 3	0.662 5	0.315 4	0.341 3	0.652 0	0.334 3
松潘县	0.220 8	0.201 5	0.136 1	0.226 6	0.260 9	0.304 0	0.311 5	0.322 9	0.326 0	0.327 2
九寨沟县	0.213 7	0.248 1	0.334 3	0.384 4	0.338 5	0.311 8	0.336 4	0.371 8	0.320 6	0.384 2
金川县	0.249 9	0.242 8	0.233 1	0.222 3	0.236 4	0.282 8	0.356 2	0.363 0	0.368 3	0.404 9
小金县	0.270 8	0.312 0	0.291 9	0.295 6	0.309 1	0.322 5	0.716 5	0.742 0	0.400 0	0.744 5
黑水县	0.507 9	0.565 2	0.518 5	0.593 5	0.632 6	0.642 6	0.151 3	0.165 6	0.737 9	0.155 6
马尔康县	0.036 6	0.182 0	0.166 9	0.143 7	0.134 5	0.144 8	0.708 0	0.692 5	0.153 8	0.705 7
壤塘县	0.304 8	0.160 3	0.144 4	0.103 6	0.135 6	0.161 7	0.189 8	0.180 6	0.176 9	0.194 3
阿坝县	0.116 8	0.133 8	0.069 6	0.097 2	0.139 1	0.121 0	0.176 2	0.192 8	0.206 8	0.191 7

附录6（续）

年份 区县	2006	2007	2008	2009	2010	2011	2012	2013	2014	2015
若尔盖县	0.142 4	0.113 9	0.091 8	0.089 0	0.141 1	0.152 7	0.178 1	0.182 6	0.189 6	0.193 4
红原县	0.183 1	0.204 0	0.166 8	0.176 4	0.206 1	0.232 4	0.273 8	0.292 8	0.286 0	0.276 9
康定县	0.466 9	0.454 4	0.469 5	0.441 4	0.487 0	0.478 0	0.456 8	0.483 2	0.430 2	0.464 1
泸定县	0.399 7	0.315 5	0.343 4	0.330 8	0.360 8	0.395 8	0.528 4	0.537 0	0.473 8	0.505 3
丹巴县	0.373 9	0.363 9	0.325 2	0.358 9	0.374 7	0.376 0	0.401 6	0.421 8	0.395 0	0.385 6
九龙县	0.796 2	0.785 0	0.796 7	0.723 5	0.738 0	0.747 9	0.757 2	0.762 9	0.649 3	0.691 3
雅江县	0.222 1	0.195 6	0.237 0	0.269 4	0.286 5	0.292 6	0.309 1	0.353 8	0.406 4	0.390 2
道孚县	0.197 6	0.172 4	0.147 1	0.162 7	0.126 4	0.124 9	0.108 7	0.137 0	0.150 4	0.152 5
炉霍县	0.106 6	0.096 4	0.101 8	0.101 1	0.113 0	0.105 8	0.103 2	0.122 5	0.155 7	0.164 9
甘孜县	0.086 8	0.074 7	0.064 4	0.065 6	0.070 6	0.074 9	0.097 2	0.087 8	0.097 2	0.122 6
新龙县	0.091 3	0.092 1	0.087 8	0.079 3	0.102 1	0.105 8	0.124 2	0.158 7	0.160 1	0.176 5
德格县	0.118 9	0.103 2	0.116 8	0.123 5	0.134 3	0.135 6	0.144 7	0.152 2	0.162 2	0.165 2
白玉县	0.230 1	0.585 5	0.512 2	0.504 7	0.559 8	0.590 5	0.590 4	0.552 4	0.464 7	0.482 5
石渠县	0.072 8	0.059 2	0.057 1	0.053 6	0.063 3	0.057 0	0.092 2	0.084 2	0.066 5	0.069 1
色达县	0.126 5	0.098 1	0.085 9	0.078 6	0.091 8	0.087 6	0.101 5	0.092 5	0.111 8	0.119 9
理塘县	0.146 5	0.120 1	0.126 3	0.133 6	0.166 3	0.162 0	0.158 9	0.168 0	0.200 3	0.207 5
巴塘县	0.505 2	0.533 6	0.504 0	0.397 1	0.430 0	0.440 1	0.446 1	0.463 5	0.391 8	0.478 4
乡城县	0.244 3	0.241 6	0.264 5	0.322 0	0.339 3	0.349 0	0.364 7	0.380 0	0.324 6	0.338 5
稻城县	0.167 0	0.139 7	0.167 1	0.152 4	0.170 6	0.181 1	0.222 9	0.294 4	0.239 4	0.258 0
得荣县	0.228 3	0.215 0	0.253 2	0.247 1	0.261 3	0.263 7	0.287 2	0.300 8	0.346 6	0.338 1
西昌市	0.431 8	0.451 7	0.442 2	0.392 1	0.454 7	0.512 3	0.506 2	0.530 1	0.503 5	0.534 3
木里县	0.221 5	0.341 3	0.377 3	0.375 6	0.440 7	0.501 5	0.510 5	0.524 3	0.527 7	0.521 2
盐源县	0.402 5	0.424 6	0.539 4	0.503 0	0.570 6	0.631 8	0.633 4	0.627 6	0.567 9	0.632 1
德昌县	0.348 2	0.340 2	0.369 9	0.354 8	0.405 5	0.449 0	0.464 3	0.478 2	0.437 4	0.449 3
会理县	0.448 1	0.473 4	0.513 4	0.499 7	0.558 8	0.608 1	0.611 4	0.612 8	0.574 9	0.610 3
会东县	0.420 7	0.439 7	0.489 0	0.453 9	0.505 8	0.518 5	0.517 1	0.502 9	0.456 0	0.496 2
宁南县	0.167 8	0.183 1	0.209 6	0.273 2	0.346 1	0.410 2	0.427 0	0.453 3	0.401 5	0.450 1
普格县	0.299 7	0.312 0	0.324 8	0.259 3	0.320 9	0.333 0	0.334 9	0.363 1	0.319 6	0.326 4
布拖县	0.292 9	0.356 9	0.413 9	0.362 7	0.455 7	0.522 7	0.536 8	0.533 9	0.442 1	0.498 0

附录6（续）

年份 区县	2006	2007	2008	2009	2010	2011	2012	2013	2014	2015
金阳县	0.187 5	0.329 7	0.398 1	0.391 0	0.480 5	0.529 9	0.545 3	0.537 8	0.542 4	0.575 4
昭觉县	0.108 9	0.141 5	0.159 4	0.185 8	0.230 4	0.253 5	0.246 6	0.275 8	0.281 0	0.273 9
喜德县	0.327 8	0.338 4	0.358 6	0.319 3	0.373 9	0.425 6	0.399 5	0.416 4	0.293 6	0.352 0
冕宁县	0.465 4	0.416 9	0.435 4	0.399 5	0.466 4	0.533 3	0.552 2	0.554 5	0.540 1	0.555 4
越西县	0.319 5	0.328 0	0.341 5	0.323 3	0.369 2	0.421 6	0.433 4	0.426 7	0.327 6	0.362 4
甘洛县	0.636 7	0.639 3	0.566 9	0.496 2	0.587 1	0.635 6	0.550 6	0.451 9	0.381 0	0.438 4
美姑县	0.179 6	0.176 6	0.230 8	0.234 2	0.291 9	0.294 8	0.309 6	0.296 7	0.247 0	0.267 2
雷波县	0.348 3	0.411 2	0.462 6	0.434 1	0.521 4	0.576 7	0.590 6	0.580 3	0.609 4	0.633 1

附录 7

四川省城乡居民收入绝对差距估计系数

区县 \ 年份	新型城镇化								工业化							
	2008	2009	2010	2011	2012	2013	2014	2015	2008	2009	2010	2011	2012	2013	2014	2015
龙泉驿区	0.134 2	0.133 7	0.132 9	0.137 2	0.137 4	0.127 7	0.112 3	0.093 7	0.253	0.273	0.291 9	0.273 7	0.219 4	0.177 3	0.156	0.14
青白江区	0.126 5	0.124 3	0.120 9	0.122 8	0.122 4	0.113 7	0.099 3	0.082	0.235 9	0.258 9	0.279 4	0.259 6	0.203 4	0.162 3	0.142 2	0.126 9
新都区	0.121 5	0.119 5	0.115 6	0.115 4	0.113 6	0.105 8	0.093	0.076 3	0.242 6	0.263 6	0.280 6	0.256 8	0.200 4	0.161 6	0.142 5	0.126 4
温江区	0.114 7	0.113 5	0.109 5	0.108 1	0.106 1	0.099 7	0.088 3	0.072 3	0.245	0.262 9	0.277 1	0.252 7	0.199 6	0.164	0.145 6	0.129 3
金堂县	0.134 7	0.131 8	0.129 2	0.134 5	0.136 7	0.126 7	0.110 9	0.092 8	0.224 5	0.250 4	0.276 2	0.263	0.207 6	0.162 8	0.142 3	0.128 9
双流县	0.135 3	0.135 9	0.136 2	0.140 5	0.14	0.130 4	0.115 2	0.096	0.271 8	0.288 8	0.305 3	0.286 1	0.232 1	0.190 1	0.168 2	0.150 6
郫都区	0.113 3	0.111 3	0.106 6	0.104 3	0.101 9	0.095 6	0.084 5	0.068 8	0.239 6	0.259 2	0.274 3	0.248 3	0.193 4	0.157 9	0.140 1	0.124
大邑县	0.095 4	0.093 5	0.088 8	0.088 7	0.089 6	0.084 4	0.074 2	0.059 2	0.201 9	0.220 3	0.238 3	0.227	0.187 7	0.156 6	0.140 3	0.125 2
蒲江县	0.115 2	0.114 3	0.113 4	0.118 2	0.119 3	0.110 1	0.096 6	0.079 2	0.244 6	0.262 2	0.284 9	0.276 8	0.229 8	0.188 3	0.167 6	0.151 8
新津县	0.130 5	0.130 9	0.130 9	0.134 5	0.134	0.124 8	0.110 2	0.091 6	0.272 3	0.287 8	0.304 3	0.285 8	0.233	0.191 6	0.169 7	0.152 1
都江堰市	0.078 5	0.073 4	0.063 7	0.056 9	0.054 5	0.052 3	0.045 7	0.033 9	0.182 6	0.206 4	0.223	0.197 6	0.148 6	0.121 8	0.109 9	0.096 9
彭州市	0.085 8	0.079 2	0.068 6	0.061 4	0.058 1	0.054 7	0.047 2	0.035 1	0.192 7	0.219 1	0.238 1	0.208 7	0.151 5	0.121 2	0.108 4	0.095 4
邛崃市	0.105 2	0.103 7	0.101 1	0.104 1	0.105 5	0.097 9	0.085 8	0.069 5	0.221 6	0.238 8	0.26	0.252 5	0.210 7	0.174 1	0.155 4	0.140 1
崇州市	0.101 7	0.100 1	0.095 3	0.093 7	0.093 1	0.088	0.077 9	0.062 8	0.221 2	0.239 4	0.254 8	0.235 6	0.189 8	0.157 7	0.140 9	0.125 3
自流井区	0.124 1	0.107 9	0.102 4	0.126 8	0.152	0.149 4	0.138 6	0.128	0.258 3	0.304 3	0.362 4	0.373 3	0.303 5	0.238 1	0.221 3	0.222 3
贡井区	0.125 4	0.110 7	0.106	0.128 9	0.151 6	0.147 9	0.136 6	0.125 2	0.256 4	0.299 8	0.355 3	0.365 7	0.298 2	0.234 9	0.217 9	0.217 9
大安区	0.134 6	0.120 9	0.117 9	0.141 5	0.163 2	0.158 2	0.146	0.134	0.253 8	0.297 2	0.350 4	0.359 5	0.294 6	0.232 7	0.215	0.215
沿滩区	0.123	0.104 9	0.098 3	0.124 7	0.153 2	0.152 3	0.142	0.132 6	0.260 5	0.31	0.371 8	0.383 3	0.310 4	0.242 3	0.225 7	0.228 2
荣县	0.123 7	0.113 1	0.110 1	0.128 2	0.143 4	0.136 8	0.124 5	0.110 9	0.249 4	0.284 7	0.332	0.340 1	0.278 9	0.221 7	0.204 3	0.201 1
富顺县	0.118 6	0.097	0.088 1	0.118 1	0.152 7	0.155	0.146	0.138 7	0.265 2	0.321 1	0.39	0.402	0.323 2	0.249 4	0.233 7	0.238 4
东区	0.107 3	0.063 6	0.016 4	0.019 1	0.067	0.113	0.142 3	0.159 7	-0.142	-0.084 2	-0.004 7	0.020 1	-0.031 2	-0.062 2	-0.037 7	0.004 5
西区	0.121	0.077 7	0.029 7	0.030 8	0.077 3	0.123 2	0.154 5	0.173 2	-0.157 8	-0.101	-0.023	0.001 2	-0.047 1	-0.076 7	-0.051 3	-0.007 2

附录7(续)

区县	新型城镇化								工业化							
年份	2008	2009	2010	2011	2012	2013	2014	2015	2008	2009	2010	2011	2012	2013	2014	2015
仁和区	0.137 1	0.088 3	0.034 4	0.034 4	0.083 4	0.130 1	0.162 2	0.181 3	-0.147 4	-0.084 0	0.001 8	0.028 9	-0.022 9	-0.050 1	-0.020 7	0.027 8
米易县	0.056 8	0.022	-0.015 9	-0.008 6	0.039 9	0.082 6	0.107 5	0.121 8	-0.114 0	-0.063 7	0.009 4	0.031 9	-0.021 3	-0.058 5	-0.042 7	-0.009 2
盐边县	0.087	0.052 5	0.013 8	0.017 8	0.062 5	0.106 5	0.135 5	0.152 5	-0.114 7	-0.105 6	-0.037 1	-0.015 1	-0.061 0	-0.093 8	-0.076	-0.039 1
江阳区	0.091 2	0.059 4	0.043 7	0.081 6	0.136 3	0.149 2	0.144 6	0.144	-0.154 1	0.370 4	0.462 1	0.480 6	0.377	0.284 9	0.271 7	0.283 5
纳溪区	0.080 3	0.047 4	0.030 3	0.067 8	0.125	0.139 4	0.135 4	0.135 6	0.293 7	0.386 5	0.483 9	0.506 3	0.397 6	0.302 5	0.290 3	0.302 5
龙马潭区	0.097 4	0.065 6	0.050 6	0.089 7	0.144 1	0.156 3	0.151 5	0.150 9	0.305 8	0.361 7	0.451	0.467 2	0.365 9	0.274 8	0.261 2	0.273 5
泸县	0.111 4	0.081 6	0.068 9	0.107 1	0.157 3	0.166 5	0.160 5	0.158 9	0.269 7	0.34	0.421 1	0.433 6	0.340 6	0.255 3	0.240 6	0.251 7
合江县	0.085 4	0.048 3	0.032 5	0.079 4	0.146 5	0.163 4	0.162 3	0.166 7	0.293	0.380 5	0.479 5	0.498	0.382 3	0.281 3	0.269 5	0.288 2
叙永县	0.063 4	0.028 6	0.010 7	0.048 4	0.106 6	0.120 2	0.115	0.115 4	0.321 6	0.411 1	0.520 5	0.551 5	0.442 4	0.347 2	0.341 9	0.357 9
古蔺县	0.069 4	0.031 6	0.015 5	0.060 5	0.121 9	0.131 8	0.124 6	0.126 3	0.320 5	0.422	0.540 9	0.575 5	0.464 9	0.371	0.374 4	0.398 5
雁江区	0.107 6	0.098 9	0.088 1	0.086 1	0.086	0.079 3	0.067 2	0.052 7	0.189 2	0.223	0.253 8	0.233 6	0.170 4	0.129 5	0.112 8	0.100 2
中江县	0.135 9	0.129 4	0.123 3	0.128 4	0.132 3	0.122 6	0.106 7	0.089 7	0.195 9	0.228 6	0.262 4	0.253 5	0.194 7	0.146 6	0.127	0.116 2
罗江县	0.108 8	0.096 4	0.082 2	0.080 6	0.083	0.076 6	0.064 2	0.049 9	0.166 6	0.207 5	0.247	0.231 5	0.164 5	0.119 9	0.103 7	0.093
广汉市	0.115 1	0.110 4	0.103 6	0.102 5	0.101 3	0.093 8	0.081 2	0.065 6	0.217 7	0.244 1	0.266 9	0.244 7	0.185 6	0.146	0.127 9	0.113 5
什邡市	0.080 6	0.071 2	0.058	0.050 3	0.047 6	0.044 5	0.037 1	0.025 5	0.175 9	0.207 7	0.231 5	0.201 7	0.140 7	0.109 7	0.097 9	0.085 9
绵竹市	0.071 4	0.058	0.040 6	0.032 4	0.031 6	0.029 6	0.022 7	0.012 1	0.149	0.187 7	0.218	0.188 9	0.124 1	0.093	0.083 1	0.073
涪城区	0.113 4	0.096 8	0.078 8	0.077 7	0.083 2	0.077 3	0.064 6	0.050 2	0.144 2	0.192 7	0.241 7	0.232 1	0.160 7	0.111 3	0.095 4	0.086 9
游仙区	0.128 4	0.104 2	0.078 7	0.077 8	0.089 4	0.085 2	0.071 8	0.056 9	0.107 3	0.168 1	0.234 2	0.236 3	0.157 3	0.097 5	0.081 6	0.077 3
三台县	0.144 6	0.130 5	0.116 9	0.120 1	0.128 5	0.120 5	0.104 7	0.088 4	0.148 1	0.194	0.244	0.243 6	0.176 8	0.121 2	0.103 1	0.097
盐亭县	0.191 4	0.162 1	0.133 3	0.135 8	0.154 6	0.149 4	0.132 7	0.117 1	0.067 3	0.133 4	0.211 8	0.229 9	0.147 4	0.071 8	0.056 7	0.061 8
安县	0.081 8	0.062 5	0.040 9	0.034 7	0.038 2	0.035 8	0.027 4	0.015 7	0.127 4	0.176 8	0.220 4	0.198	0.125 6	0.087 3	0.076 9	0.068 6
梓潼县	0.156	0.120 7	0.083	0.080 7	0.101 2	0.100 8	0.086 5	0.071 2	0.058 4	0.134 7	0.224	0.243	0.153 4	0.076 2	0.059 7	0.061 7

附录7（续）

区县 \ 年份	新型城镇化								工业化							
	2008	2009	2010	2011	2012	2013	2014	2015	2008	2009	2010	2011	2012	2013	2014	2015
北川县	0.053 4	0.018 8	-0.017 6	-0.026 3	-0.013 5	-0.008 5	-0.013 1	-0.022	0.038 3	0.102	0.156 2	0.131	0.054	0.023 5	0.023	0.021 6
平武县	0.079 2	0.018 6	-0.048 5	-0.058 6	-0.023	-0.004 1	-0.009 7	-0.019 6	-0.080 8	0.000 4	0.077 6	0.060 8	-0.029 9	-0.072 5	-0.065 1	-0.054 1
江油市	0.128 5	0.085 3	0.038 8	0.033 3	0.057 2	0.061 8	0.050 6	0.036 7	0.036 8	0.122 2	0.216 8	0.228 7	0.130 3	0.056 2	0.043 4	0.045 3
利州区	0.194 1	0.100 5	0.002 2	-0.008 8	0.047 7	0.075 5	0.066 7	0.056 1	-0.065 1	0.072 3	0.237 2	0.310 6	0.198 6	0.031 1	-0.010 7	0.009 1
昭化区	0.226 6	0.140 9	0.047	0.033 7	0.086 2	0.108 6	0.096	0.085	-0.070 3	0.057 5	0.216 6	0.289 7	0.177 4	0.019 8	-0.013 2	0.007 3
朝天区	0.175 5	0.066 2	-0.037 2	-0.041 8	0.02	0.047 7	0.040 7	0.034 1	-0.062 6	0.088 1	0.261 5	0.344 9	0.243 8	0.050 8	-0.009 6	0.012 8
旺苍县	0.247 4	0.133 8	0.022 5	0.014 5	0.075 3	0.092	0.077 1	0.073 3	-0.092 7	0.052	0.228 2	0.321 1	0.218 7	0.026 9	-0.022 8	0.005 1
青川县	0.158 8	0.077	-0.012 3	-0.022 9	0.027 7	0.055 4	0.047 2	0.034 3	-0.070 1	0.053 5	0.193 5	0.230 2	0.109 1	-0.019 4	-0.041 1	-0.023 8
剑阁县	0.195 2	0.137 2	0.072 4	0.064 1	0.100 9	0.111 9	0.097 8	0.083 4	-0.016 1	0.086 2	0.213	0.258 9	0.152 6	0.038 8	0.018 6	0.030 4
苍溪县	0.279 5	0.194 6	0.102 2	0.089 2	0.141 4	0.157	0.140 6	0.130 7	-0.090 8	0.029 4	0.181 7	0.252	0.135 5	-0.017 5	-0.042 4	-0.017 3
船山区	0.199 4	0.179 3	0.167	0.181 8	0.200 9	0.192 2	0.175 6	0.161 4	0.137 9	0.189 3	0.245 6	0.250 8	0.177 8	0.109 5	0.093 6	0.098 9
安居区	0.177	0.163 7	0.157 4	0.172 8	0.187 7	0.178 2	0.161 7	0.146 7	0.176 7	0.219 8	0.266 6	0.268 9	0.204 7	0.143 4	0.125 9	0.126 4
蓬溪县	0.217 2	0.191 9	0.173 9	0.187 8	0.209 9	0.202 2	0.185	0.171 1	0.106 7	0.164 3	0.228 3	0.236 3	0.156 3	0.082 4	0.068	0.076 7
射洪县	0.178 9	0.160 6	0.145 2	0.152 8	0.166 2	0.157 4	0.140 5	0.124 6	0.123 2	0.174 5	0.232 4	0.239 4	0.168 5	0.104 5	0.087 9	0.088 6
大英县	0.164 8	0.154 5	0.148 5	0.159 6	0.17	0.159 7	0.143	0.126 4	0.177 2	0.216 7	0.259 8	0.259 7	0.198 4	0.141 7	0.123 4	0.119 8
内江市中区	0.142 8	0.129 2	0.127	0.151 4	0.172 9	0.167 3	0.154 3	0.142 3	0.245	0.289	0.340 3	0.348 2	0.285 1	0.223 8	0.205 8	0.206 5
东兴区	0.151 8	0.138	0.135 8	0.16	0.181 5	0.175 2	0.161 7	0.149 6	0.231 8	0.276 1	0.325 6	0.331 9	0.269 4	0.207 9	0.189 8	0.191 4
威远县	0.138 6	0.131 4	0.131 6	0.149 5	0.161 6	0.152 5	0.137 9	0.122 2	0.255 9	0.289	0.330 8	0.335 6	0.278	0.223 3	0.203 9	0.198 3
资中县	0.146 6	0.140 9	0.142 2	0.159 5	0.170 3	0.160 3	0.144 5	0.127 8	0.247 8	0.280 3	0.318 7	0.320 6	0.265 2	0.212 2	0.192 1	0.185 8
隆昌县	0.134 9	0.114 4	0.108 1	0.138 8	0.171 2	0.170 9	0.160 8	0.153	0.248 8	0.303 1	0.365 6	0.375 6	0.302 2	0.232 3	0.215 7	0.221 4
乐山市中区	0.112 3	0.106 3	0.104 3	0.115 8	0.122 4	0.113 5	0.101	0.086 1	0.232	0.257 1	0.294 7	0.300 1	0.246 5	0.197	0.179 1	0.171 5
沙湾区	0.080 3	0.068 6	0.060 4	0.071 4	0.084	0.081 2	0.073 5	0.063 1	0.176 7	0.205 5	0.251 3	0.263 7	0.211 3	0.164 3	0.152 3	0.150 9

附录7（续）

区县\年份	新型城镇化								工业化							
	2008	2009	2010	2011	2012	2013	2014	2015	2008	2009	2010	2011	2012	2013	2014	2015
五通桥区	0.099 6	0.090 1	0.084 9	0.097 4	0.108	0.102 2	0.091 8	0.079 5	0.210 9	0.239 4	0.282 5	0.292	0.237 2	0.187 3	0.171 9	0.168 3
金口河区	0.037 4	0.020 9	0.005	0.012 7	0.031 2	0.037 1	0.036	0.030 5	0.085	0.114 4	0.163 9	0.182 6	0.138 7	0.101 9	0.098 3	0.102 3
犍为县	0.092 3	0.078 4	0.069 9	0.084 8	0.102 1	0.1	0.091 4	0.081 1	0.208 4	0.242	0.292 1	0.303 4	0.242 9	0.189 1	0.175 5	0.175 1
井研县	0.125 4	0.120 4	0.12	0.132 9	0.139 8	0.129 9	0.115 8	0.099 6	0.250 7	0.276 7	0.313 7	0.316 4	0.261 3	0.210 4	0.190 9	0.182 4
夹江县	0.104 7	0.099 9	0.097 7	0.106 7	0.111 4	0.102 5	0.090 4	0.075 3	0.218 6	0.241 9	0.277 3	0.282 3	0.232 7	0.186 2	0.168 3	0.158 8
沐川县	0.060 3	0.041 5	0.026	0.040 2	0.065 3	0.070 8	0.066 5	0.060 4	0.168 2	0.204 9	0.261 7	0.275 4	0.212	0.159 5	0.150 3	0.153
峨边县	0.021 5	0.001 6	-0.018 2	-0.008 5	0.017 6	0.029 1	0.031 2	0.028 3	0.082 6	0.114 9	0.169 1	0.186 3	0.136 3	0.097 2	0.095 4	0.100 8
马边县	0.016	-0.006 5	-0.028 8	-0.016 3	0.016 6	0.032 2	0.034 1	0.033	0.102 2	0.138 9	0.198 5	0.214 2	0.154 9	0.110 1	0.107 1	0.112 1
峨眉山市	0.079 3	0.069 6	0.062 5	0.071 8	0.081 1	0.076 8	0.068 6	0.057 4	0.167	0.193 7	0.236 7	0.249 6	0.201 8	0.157 7	0.145 2	0.142 1
顺庆区	0.299 4	0.250 1	0.207 6	0.22	0.260 2	0.258 6	0.238 3	0.227 5	-0.003 3	0.077 6	0.171 1	0.19	0.078	-0.023 6	-0.031 3	-0.008 6
高坪区	0.319 9	0.267 1	0.226	0.247 7	0.295 7	0.294 9	0.273 3	0.265 3	0.003 2	0.085 2	0.176 9	0.187 9	0.067 1	-0.038 6	-0.044 3	-0.017 8
嘉陵区	0.255 5	0.219 9	0.193 2	0.209	0.240 2	0.234 9	0.216 9	0.205 1	0.064 2	0.131 9	0.207 2	0.218 1	0.123 3	0.037 7	0.026	0.041 6
南部县	0.270 4	0.218 3	0.164 7	0.164 3	0.200 1	0.202	0.183	0.17	-0.027 1	0.060 6	0.169 1	0.204 2	0.097 3	-0.009 3	-0.021	-0.001 4
营山县	0.402 4	0.319 1	0.248 6	0.269 3	0.338 7	0.338 2	0.311 5	0.308 6	-0.098 5	0.007	0.128 2	0.156 2	0.001 7	-0.140 1	-0.141 5	-0.098 9
蓬安县	0.360 3	0.294	0.237 5	0.255 3	0.311 6	0.312 6	0.288 6	0.282 1	-0.054 8	0.038 6	0.145 7	0.166 2	0.030 5	-0.091 3	-0.094 4	-0.061 1
仪陇县	0.375 6	0.288 8	0.205 1	0.207 8	0.268 7	0.272 5	0.248 6	0.243 2	-0.113 5	-0.002 8	0.131 6	0.179 8	0.041 5	-0.106 8	-0.116 3	-0.078 8
西充县	0.251 4	0.212 1	0.176 4	0.182 8	0.211 7	0.207 9	0.189 7	0.176	0.025 1	0.099 2	0.186 4	0.207 8	0.111 3	0.022	0.010 5	0.025 7
阆中市	0.294 1	0.224 5	0.149 9	0.143 1	0.188 6	0.197 2	0.178 1	0.167	-0.073 8	0.030 3	0.161 2	0.213 4	0.096 3	-0.034 5	-0.049 6	-0.024 5
东坡区	0.127	0.126 2	0.127	0.134 6	0.135 9	0.125 1	0.110 1	0.091 9	0.264 9	0.283 4	0.308 6	0.301 1	0.248 8	0.202 6	0.180 7	0.165 7
仁寿县	0.140 6	0.139 9	0.142 3	0.152 9	0.156 1	0.144 5	0.127 9	0.108 5	0.270 3	0.291 9	0.319 1	0.312	0.258 2	0.210 3	0.188 3	0.174 4
彭山县	0.134	0.134 6	0.135 7	0.141 5	0.141 7	0.131 3	0.115 7	0.096 5	0.276 7	0.293 4	0.312 7	0.297 9	0.244 6	0.200 6	0.177 9	0.160 7
洪雅县	0.072 5	0.063 2	0.055 7	0.062 9	0.070 8	0.066 3	0.058 6	0.047 4	0.139 8	0.165 1	0.206 5	0.221 1	0.181	0.141 7	0.130 3	0.126 6

附录7（续）

区县 \ 年份	新型城镇化								工业化							
	2008	2009	2010	2011	2012	2013	2014	2015	2008	2009	2010	2011	2012	2013	2014	2015
丹棱县	0.107 9	0.105 3	0.103 8	0.110 6	0.113 1	0.103 7	0.090 9	0.074 5	0.226 5	0.247 1	0.276 3	0.276 2	0.229 6	0.185 9	0.166 5	0.153 5
青神县	0.123 3	0.120 4	0.120 5	0.130 7	0.134 5	0.123 9	0.109 6	0.092 4	0.252 8	0.275	0.306 9	0.306 3	0.253 1	0.204 4	0.184 1	0.172 4
翠屏区	0.089 9	0.066	0.051 1	0.077 2	0.114 7	0.121 8	0.114 7	0.109	0.262 2	0.317 2	0.391 5	0.406 2	0.320 8	0.244 3	0.230 1	0.232 8
南溪区	0.084 7	0.063 1	0.048 4	0.070 2	0.102 5	0.108	0.101 1	0.094 6	0.237	0.284 9	0.352	0.365 5	0.287 5	0.218 5	0.205 1	0.206 9
宜宾县	0.093 2	0.066 9	0.051 9	0.082 1	0.125 2	0.133 8	0.127 2	0.122 8	0.279 8	0.342 3	0.423 5	0.439 4	0.347 6	0.265 2	0.250 7	0.255 4
江安县	0.081 3	0.050 9	0.033 4	0.067 1	0.119	0.132	0.126 9	0.125 2	0.298	0.371 6	0.463 7	0.484 5	0.381 2	0.290 2	0.276 8	0.285
长宁县	0.068 4	0.038 1	0.018 7	0.049	0.100 9	0.114 5	0.109 7	0.108 3	0.292 9	0.363 6	0.455 7	0.478 3	0.375 1	0.285 7	0.273 1	0.278 2
高县	0.056 6	0.028 2	0.006 6	0.031 6	0.079 1	0.092 9	0.089	0.087 6	0.254 7	0.316 1	0.400 8	0.420 9	0.326	0.245 6	0.233 4	0.235 3
珙县	0.048 1	0.017 5	-0.004 1	0.023 5	0.074 6	0.089 6	0.086	0.086 3	0.272 7	0.342 7	0.436 1	0.461 7	0.363 6	0.278 3	0.268 3	0.271 4
筠连县	0.033 6	0.003 1	-0.020 4	0.003 3	0.053 3	0.068 8	0.066 4	0.068 1	0.230 1	0.295 7	0.385 3	0.410 4	0.319 5	0.244 5	0.235 6	0.237 1
兴文县	0.059 8	0.027 5	0.007 9	0.040 9	0.095 5	0.110 5	0.106	0.105 9	0.308 6	0.388	0.489 3	0.517 4	0.411 8	0.318 6	0.308 6	0.317 4
屏山县	0.041 6	0.017 4	-0.004	0.012 7	0.048 8	0.061 4	0.059 5	0.057	0.167 2	0.211 4	0.277 9	0.292 7	0.219 5	0.161 1	0.153 1	0.155 9
广安区	0.378 3	0.307 3	0.263 7	0.312 5	0.393 5	0.392 1	0.366 6	0.367 5	-0.017 4	0.077 5	0.176 3	0.172 2	0.006	-0.119 5	-0.114 9	-0.074
岳池县	0.331	0.274 4	0.236 9	0.272 3	0.332 7	0.333 1	0.311	0.307 3	0.023 6	0.107 4	0.196 5	0.197 5	0.063 8	-0.046	-0.049 2	-0.019 6
武胜县	0.284 5	0.238 7	0.210 7	0.244 2	0.295	0.294 9	0.275 6	0.27	0.077 2	0.151 9	0.230 6	0.231 1	0.116 2	0.018 1	0.009 6	0.032 2
邻水县	0.338 4	0.270 4	0.242 4	0.319 3	0.418 8	0.417 5	0.394	0.403 6	0.045 6	0.139 9	0.232	0.207	0.017 3	-0.111 1	-0.101 8	-0.058 5
华蓥市	0.341 5	0.276 6	0.243 1	0.303 2	0.389 1	0.390 3	0.367	0.370 6	0.038 6	0.129 4	0.220 7	0.206 4	0.039 9	-0.081 2	-0.078 3	-0.040 1
通川区	0.384 4	0.287 3	0.221	0.273 3	0.368 8	0.361 1	0.328	0.331 5	-0.090	0.025 8	0.156 2	0.179 5	-0.008 1	-0.186 4	-0.177 6	-0.114 7
达川区	0.394 5	0.300 4	0.238 2	0.292 8	0.388 7	0.381 7	0.349 4	0.353 5	-0.086 5	0.027 2	0.152 5	0.168 5	-0.023	-0.194 3	-0.183 8	-0.122 3
宣汉县	0.301 2	0.202 5	0.142 2	0.209 6	0.322 4	0.318 4	0.280 4	0.282 3	-0.049	0.071 2	0.206 9	0.237	0.040 7	-0.163 3	-0.151	-0.075 3
开江县	0.320 3	0.233	0.191 1	0.277 1	0.399 7	0.396 7	0.362 9	0.368 7	-0.024	0.088 3	0.206 8	0.203 3	-0.027 8	-0.214 4	-0.189	-0.114 3
大竹县	0.388 6	0.307 3	0.264 9	0.337 8	0.441 7	0.435 9	0.406 7	0.414 7	-0.035 4	0.069 5	0.176 2	0.162 6	-0.044 9	-0.194 3	-0.177 7	-0.120 5

附录7（续）

区县\年份	新型城镇化								工业化							
	2008	2009	2010	2011	2012	2013	2014	2015	2008	2009	2010	2011	2012	2013	2014	2015
渠县	0.414 4	0.329 4	0.269 8	0.314 2	0.398 6	0.393 8	0.365 3	0.368 2	-0.079 8	0.026 2	0.141	0.150 2	-0.027 4	-0.171 7	-0.165 2	-0.116 1
万源市	0.244	0.137 6	0.067 4	0.124 5	0.231 7	0.223 5	0.180 4	0.181	-0.035 1	0.091 8	0.240 1	0.298 1	0.136 2	-0.082 9	-0.087 3	-0.011 6
雨城区	0.072 3	0.064 7	0.057 5	0.062 4	0.068 5	0.063 1	0.054 7	0.042 4	0.123 5	0.147 2	0.184 1	0.198 7	0.167 1	0.133 3	0.121 8	0.116
名山区	0.093 6	0.089 6	0.086	0.090 9	0.094 2	0.086 5	0.075 1	0.059 9	0.185 7	0.206	0.235 6	0.239 7	0.202 3	0.164 8	0.147 9	0.136 2
荥经县	0.041 9	0.026 7	0.009 9	0.012 4	0.024 8	0.026 9	0.024 3	0.017	0.015 8	0.041	0.081 7	0.104 4	0.082 8	0.059 3	0.058 7	0.062 1
汉源县	0.025 9	0.005 5	-0.017 7	-0.013 6	0.007 7	0.019 5	0.021 7	0.018 5	-0.002 6	0.024 6	0.07	0.091 4	0.062 1	0.036 5	0.040 2	0.048
石棉县	0.021 3	-0.005 7	-0.038	-0.033 2	0.000 7	0.026 6	0.036 1	0.037 6	-0.051 1	-0.024 9	0.017 8	0.035 5	0.004 9	-0.018 8	-0.012 2	-0.002
天全县	0.037 3	0.023 4	0.006 1	0.005	0.014 3	0.014 5	0.01	0.000 7	-0.032 1	-0.009 8	0.024 3	0.049 7	0.045 6	0.033 5	0.033 3	0.034 6
芦山县	0.067 2	0.061 8	0.054	0.055	0.059 7	0.055 7	0.047 1	0.033 9	0.105 9	0.126 3	0.152 7	0.163 1	0.144 6	0.121 5	0.110 3	0.100 5
宝兴县	0.025 7	0.015 2	0.000 5	-0.003	0.003 7	0.003 3	-0.002 3	-0.012 6	-0.032 1	-0.009 7	0.020 8	0.047	0.053	0.046	0.042 2	0.038 3
巴州区	0.363 1	0.257 3	0.154 6	0.152	0.215 6	0.219 3	0.194 9	0.192 8	-0.131	-0.004 7	0.150 6	0.220 2	0.089 4	-0.083 7	-0.104 8	-0.065
通江县	0.297 7	0.178 8	0.079 8	0.100 2	0.176 1	0.165 8	0.130 4	0.132 1	-0.094	0.042 1	0.206 6	0.286 6	0.161 8	-0.042 2	-0.072 8	-0.019 2
南江县	0.272 2	0.151 4	0.039 7	0.040 6	0.105 1	0.108 3	0.084 8	0.084 4	-0.098 4	0.045 6	0.220 9	0.314 2	0.208 7	0.009 4	-0.038 6	-0.001 2
平昌县	0.389 9	0.282 4	0.191 7	0.212 3	0.288 1	0.283 2	0.251 7	0.252 9	-0.125 7	-0.001 9	0.144 6	0.197 6	0.045 1	-0.134 9	-0.144 6	-0.091 5
雁江区	0.147 5	0.144 8	0.146 5	0.159 9	0.166 8	0.155 6	0.138 7	0.120 3	0.244 3	0.272	0.303 4	0.299 5	0.246 6	0.197	0.176 2	0.166 3
安岳县	0.167 4	0.153 3	0.149 8	0.171 4	0.191	0.183 4	0.168 3	0.155 2	0.207 5	0.251 6	0.298 9	0.302 6	0.239 6	0.177 5	0.159 3	0.161 1
乐至县	0.153 4	0.148 1	0.147 3	0.160 1	0.168 5	0.157 8	0.140 9	0.123 4	0.216 9	0.248 9	0.283 6	0.280 6	0.225 2	0.173 5	0.153 6	0.146 4
简阳市	0.141 7	0.141 1	0.142 1	0.150 4	0.153 2	0.142 4	0.125 4	0.106 1	0.249 4	0.271 8	0.295 5	0.283 7	0.230 9	0.185 7	0.164	0.149 9
汶川县	0.022 3	0.012 3	-0.002 9	-0.011 4	-0.009 4	-0.007	-0.009 1	-0.016 8	0.068 5	0.095 4	0.117	0.108	0.081 5	0.068	0.062 8	0.055
理县	-0.077 9	-0.099 4	-0.124 5	-0.133 5	-0.122 1	-0.110 9	-0.107 3	-0.110 1	-0.061 5	-0.033 1	-0.008 1	-0.002 4	-0.007 4	-0.009 8	-0.011 3	-0.013 2
茂县	-0.033 2	-0.061 3	-0.091 3	-0.100 8	-0.088 3	-0.077	-0.075 2	-0.078 9	-0.001 5	0.040 3	0.068 2	0.043 1	0.003 2	-0.002 8	0.000 5	-0.001 1
松潘县	-0.089 1	-0.144 6	-0.197 9	-0.195 9	-0.144	-0.105 2	-0.100 5	-0.103 4	-0.103 4	-0.062 9	-0.035 5	-0.052 4	-0.085 2	-0.092 2	-0.083 3	-0.076 1

附录7（续）

区县\年份	新型城镇化								工业化							
	2008	2009	2010	2011	2012	2013	2014	2015	2008	2009	2010	2011	2012	2013	2014	2015
九寨沟县	0.082 5	-0.015 9	-0.127 2	-0.136 1	-0.044	0.030 4	0.031 9	0.019	-0.179 5	-0.128 6	-0.084 2	-0.096 2	-0.156 1	-0.199	-0.191 8	-0.172 8
金川县	-0.005 7	-0.039 5	-0.089 2	-0.107 4	-0.089 4	-0.058 3	-0.052 3	-0.057 9	-0.078	-0.060 9	-0.027 8	0.017	0.034 8	0.016 6	-0.001 7	-0.008 9
小金县	-0.047 1	-0.065	-0.090 8	-0.103 6	-0.096 4	-0.090 5	-0.091 3	-0.097 3	-0.124 4	-0.101 4	-0.068 3	-0.030 2	-0.009 9	-0.013	-0.02	-0.022 4
黑水县	-0.147	-0.179 9	-0.212	-0.213 2	-0.183 5	-0.157 1	-0.148 1	-0.149 8	-0.077 1	-0.049 8	-0.030 2	-0.032 3	-0.038	-0.038 5	-0.038 9	-0.037 8
马尔康县	-0.034 4	-0.071 2	-0.120 7	-0.142 9	-0.127 5	-0.086 3	-0.074 5	-0.080 6	-0.070 3	-0.052 2	-0.023	0.014 1	0.026 5	0.002 1	-0.017 3	-0.021 8
壤塘县	0.298	0.235 7	0.164 2	0.143 1	0.208 4	0.353 9	0.411 9	0.436 2	-0.052	-0.032 5	0.004 3	0.040 5	0.022 4	-0.033	-0.059 3	-0.065 8
阿坝县	0.143 4	0.08	0.025 2	-0.043 4	-0.068 5	0.047 9	0.105 8	0.107 6	-0.036 7	-0.011 8	0.022 7	0.053	0.042 5	-0.018 6	-0.049 4	-0.051 8
若尔盖县	0.046 7	-0.080 2	-0.162 7	-0.187 9	-0.138 9	-0.002 1	0.048 2	0.039 3	-0.061 9	-0.015 4	0.024 5	0.042 5	0.021 7	-0.057	-0.093 8	-0.091 2
红原县	-0.114 1	-0.160 5	-0.205 9	-0.220 5	-0.185 7	-0.120 2	-0.102 8	-0.107 8	-0.054 1	-0.032 7	-0.015	-0.005 8	-0.005 2	-0.027 1	-0.038	-0.038
康定县	0.066 6	0.029 2	-0.020 4	-0.026 7	0.004 4	0.024 9	0.026 6	0.022 7	-0.134 6	-0.116 5	-0.089 2	-0.067 9	-0.065 1	-0.071 7	-0.073 3	-0.073 3
泸定县	0.042	0.014 3	-0.021 9	-0.024 4	-0.001 1	0.014 5	0.016 7	0.013 3	-0.112 7	-0.091 7	-0.059	-0.037 5	-0.044	-0.054 8	-0.050 8	-0.044 2
丹巴县	-0.003 5	-0.035 1	-0.081	-0.093 1	-0.071 4	-0.048 9	-0.048	-0.054 6	-0.092	-0.076	-0.046 9	-0.007 4	0.013 7	0.007 2	-0.004 2	-0.010 1
九龙县	0.045 1	0.018 3	-0.015 5	-0.011	0.029 9	0.069 8	0.093 1	0.104 7	-0.103 2	-0.084 5	-0.055 7	-0.047 7	-0.076	-0.104 1	-0.107 7	-0.103
雅江县	0.103 1	0.037 7	-0.034 8	-0.032	0.036	0.084 9	0.095 8	0.088 9	-0.067 2	-0.052	-0.033	-0.021 5	-0.025 2	-0.037 8	-0.047 8	-0.051 7
道孚县	0.107 6	0.045	-0.021 9	-0.017 2	0.050 3	0.091 8	0.096 4	0.090 9	-0.015 8	-0.003 5	0.016 9	0.041 9	0.049 7	0.037 8	0.024 3	0.016 8
炉霍县	0.300 8	0.216 1	0.143 6	0.196 2	0.342 8	0.469 5	0.515 9	0.532 7	-0.003 9	0.002 5	0.018 4	0.045 3	0.042	0.009 8	-0.012 7	-0.021 4
甘孜县	0.273 6	0.155 8	0.087 6	0.266 5	0.609	0.876 2	1.019 2	1.090 7	-0.066 7	-0.074 4	-0.071 3	-0.034 5	-0.016 1	-0.029 5	-0.038 4	-0.037 6
新龙县	0.234 2	0.124 2	0.039	0.124 4	0.33	0.450 7	0.475 5	0.473 9	0.021 9	0.020 3	0.023 5	0.043 6	0.055 4	0.043 6	0.031 9	0.028 2
德格县	0.276 3	0.053 2	-0.034 2	0.275 7	0.732 6	1.002 8	1.244 7	1.376	-0.073 9	-0.102 6	-0.108 7	-0.058 9	-0.023 8	-0.022 1	-0.009 1	-0.000 4
白玉县	0.153 7	0.003 5	-0.078 1	0.130 7	0.536 5	0.818	0.978	1.064 3	-0.019 3	-0.034 3	-0.04	-0.008 7	0.022	0.029 1	0.037	0.044 5
石渠县	0.271	-0.305 8	-0.327 6	0.173 2	0.729 5	0.915 5	1.189 7	1.431 3	-0.210 9	-0.298 1	-0.273	-0.166 9	-0.123 1	-0.136 4	-0.111 8	-0.081 6
色达县	0.309 1	0.235 7	0.172 5	0.246 4	0.464	0.692 1	0.794 6	0.841 1	-0.078 1	-0.070 7	-0.051 2	-0.019 2	-0.027 4	-0.068 1	-0.09	-0.093 7

附录7（续）

年份 区县	新型城镇化								工业化							
	2008	2009	2010	2011	2012	2013	2014	2015	2008	2009	2010	2011	2012	2013	2014	2015
理塘县	0.108	0.001 1	−0.097 6	−0.059	0.098 5	0.198 1	0.215 6	0.201	−0.042 6	−0.035 6	−0.026 9	−0.015 2	−0.011 8	−0.020 8	−0.026 5	−0.025 2
巴塘县	0.067 6	−0.094 3	−0.242 6	−0.146 2	0.213 9	0.470 6	0.554 4	0.584 4	−0.083 9	−0.092 6	−0.099 9	−0.079 7	−0.052 4	−0.045 9	−0.035 5	−0.02
乡城县	−0.006 2	−0.155 7	−0.302	−0.242	0.007 3	0.169 4	0.195 9	0.177 1	−0.153 4	−0.151 5	−0.146 5	−0.127 3	−0.123 5	−0.147 4	−0.162	−0.161
稻城县	−0.015 9	−0.085	−0.158 5	−0.135 6	−0.028 2	0.060 1	0.093 4	0.097 5	−0.164 2	−0.152	−0.132 7	−0.119 5	−0.137 1	−0.175 9	−0.197 2	−0.202 2
得荣县	−0.044	−0.201 7	−0.353 2	−0.292 1	−0.025 6	0.168 7	0.212 3	0.200 5	−0.195 5	−0.189 2	−0.177 3	−0.149 1	−0.151 7	−0.191 9	−0.211 8	−0.206 6
西昌市	0.001 4	−0.015 4	−0.034 6	−0.022 5	0.017 4	0.052 6	0.071 6	0.081 6	−0.056 8	−0.021 8	0.034	0.049 4	−0.002 7	−0.045 7	−0.044 2	−0.029 3
木里县	0.016	−0.004 8	−0.031 7	−0.025 2	0.018 5	0.067	0.102 4	0.121 9	−0.158 4	−0.141 5	−0.114 9	−0.105 1	−0.131 3	−0.168 6	−0.182 6	−0.181 2
盐源县	0.043	0.022 8	−0.001 7	0.006 3	0.046 1	0.086 9	0.114 5	0.130 7	−0.139 5	−0.104 7	−0.052 3	−0.036	−0.076 9	−0.112 4	−0.107	−0.084 4
德昌县	0.014 4	−0.010 4	−0.037 0	−0.026 7	0.018 8	0.058	0.079	0.090 6	−0.082	−0.038 7	0.026 7	0.046 1	−0.008 2	−0.051	−0.043 6	−0.019 7
会理县	0.072 3	0.027 9	−0.018 5	−0.012 7	0.039 9	0.084 5	0.110 2	0.125 1	−0.107	−0.047 5	0.034	0.061	0.004 2	−0.031 3	−0.010 2	0.028 7
会东县	0.018	−0.024 1	−0.066 9	−0.057 8	−0.003 1	0.039 4	0.060 5	0.072 9	−0.062 6	−0.003 4	0.079 4	0.106 7	0.047 3	0.005 5	0.022 4	0.056 1
宁南县	−0.020 4	0.048 7	−0.078 2	−0.065 7	−0.017 2	0.021 2	0.039 3	0.049 5	−0.043 8	0.004 1	0.075 1	0.096 8	0.038 7	−0.007 8	−0.001 3	0.021 1
普格县	−0.019 1	−0.039 9	−0.062 4	−0.049 3	−0.005 7	0.029 5	0.046 2	0.055	−0.038 1	0.002 9	0.066 6	0.085	0.027 7	−0.018 7	−0.016 6	−1E−04
布拖县	−0.037 5	−0.058 6	−0.080 3	−0.066 1	−0.024 1	0.008 3	0.022 4	0.029 6	−0.008 4	0.032 9	0.097 7	0.116 6	0.059 2	0.012 1	0.012 4	0.024 7
金阳县	−0.045 4	−0.068 1	−0.090 2	−0.075 3	−0.033 5	−0.004 6	0.007 2	0.013	0.019 9	0.061 9	0.128 1	0.148	0.090 8	0.045 1	0.043 9	0.053
昭觉县	−0.029	−0.049 1	−0.070 1	−0.056 1	−0.015 6	0.014 4	0.027 1	0.032 8	0.007	0.044 4	0.105 1	0.121 7	0.065 7	0.022	0.022 2	0.031 2
喜德县	−0.013 4	−0.031 4	−0.051	−0.038 3	0.000 7	0.032 7	0.047 6	0.054 1	−0.013 6	0.019 9	0.075	0.089 7	0.037	−0.004 9	−0.004 2	0.005 8
冕宁县	0.008 6	−0.010 1	−0.031 8	−0.021 7	0.016 1	0.05	0.068 2	0.076 4	−0.040 7	−0.013 5	0.030 9	0.043 1	−0.000 6	−0.035 9	−0.035 3	−0.026 1
越西县	−0.015 1	−0.038	−0.062 5	−0.051	−0.01	0.02	0.032 2	0.036 8	0.007 9	0.040 8	0.095 1	0.111 2	0.061 4	0.025	0.027 6	0.035 9
甘洛县	−0.001 3	−0.024 8	−0.050 9	−0.041 8	−0.007 7	0.015 3	0.022 7	0.023 6	0.021 4	0.053 2	0.106 7	0.125	0.080 3	0.047	0.050 6	0.058 9
美姑县	−0.022 5	−0.046 3	−0.070 8	−0.057 8	−0.016 1	0.01	0.019 7	0.023 3	0.043	0.080 2	0.140 9	0.157 7	0.101 4	0.061 3	0.062	0.068 4
雷波县	−0.016 8	−0.042 7	−0.067 7	−0.053 2	−0.009 9	0.013 2	0.020 4	0.024 1	0.075	0.117 2	0.183 3	0.201 1	0.138 1	0.092 7	0.090 7	0.095 1

附录 8

四川省城乡收入相对差距估计系数

区县	新型城镇化								工业化							
年份	2008	2009	2010	2011	2012	2013	2014	2015	2008	2009	2010	2011	2012	2013	2014	2015
龙泉驿区	-0.165 2	-0.161 7	-0.155 7	-0.148 7	-0.141 9	-0.136 5	-0.134 7	-0.137 1	0.163 2	0.164 6	0.163 5	0.160 9	0.155 7	0.146 5	0.133 5	0.118 8
青白江区	-0.180 4	-0.177 1	-0.171 6	-0.165 3	-0.159 2	-0.154 1	-0.151 1	-0.153 5	0.148 6	0.150 8	0.149 9	0.146 9	0.141 1	0.131 7	0.119 4	0.106 1
新都区	-0.183 5	-0.179 6	-0.173 3	-0.166 6	-0.160 3	-0.155 0	-0.152 3	-0.153 5	0.159 8	0.161 8	0.159 6	0.154 3	0.146 0	0.135 2	0.122 4	0.108 7
温江区	-0.181 5	-0.176 9	-0.170 0	-0.163 0	-0.156 5	-0.150 9	-0.147 7	-0.148 7	0.170 0	0.172 2	0.169 5	0.163 1	0.154 4	0.143 4	0.130 8	0.116 7
金堂县	-0.173 1	-0.170 7	-0.166 3	-0.160 7	-0.154 8	-0.150 0	-0.148 1	-0.150 0	0.130 7	0.133 2	0.134 0	0.134 8	0.132 7	0.126 1	0.115 5	0.103 3
双流县	-0.154 1	-0.150 1	-0.143 8	-0.136 6	-0.129 6	-0.124 3	-0.122 8	-0.125 8	0.185 9	0.186 2	0.183 3	0.179 3	0.173 2	0.163 0	0.148 9	0.132 6
郫都区	-0.188 9	-0.184 2	-0.177 5	-0.170 5	-0.164 2	-0.158 4	-0.154 9	-0.155 6	0.164 6	0.166 9	0.163 9	0.156 8	0.147 2	0.136 0	0.123 8	0.110 3
大邑县	-0.192 3	-0.188 9	-0.183 2	-0.176 6	-0.169 5	-0.163 0	-0.159 4	-0.159 7	0.118 8	0.124 5	0.128 3	0.131 7	0.134 3	0.132 9	0.125 1	0.113 6
蒲江县	-0.166 6	-0.164 4	-0.160 0	-0.154 0	-0.148 2	-0.143 3	-0.141 5	-0.144 0	0.155 0	0.155 6	0.155 5	0.157 6	0.158 7	0.154 3	0.143 7	0.128 5
新津县	-0.153 6	-0.149 8	-0.143 7	-0.136 7	-0.130 2	-0.125 0	-0.123 6	-0.126 6	0.191 2	0.191 0	0.187 8	0.183 5	0.177 1	0.167 2	0.152 9	0.136 4
都江堰市	-0.239 9	-0.234 5	-0.226 7	-0.219 0	-0.211 7	-0.204 1	-0.197 5	-0.194 1	0.117 6	0.123 1	0.122 0	0.116 5	0.108 6	0.101 0	0.094 3	0.086 5
彭州市	-0.240 4	-0.235 6	-0.228 2	-0.221 0	-0.214 5	-0.207 7	-0.201 6	-0.198 6	0.124 8	0.128 7	0.126 0	0.118 0	0.107 2	0.097 3	0.089 5	0.081 3
邛崃市	-0.177 8	-0.175 4	-0.170 6	-0.164 6	-0.158 1	-0.152 5	-0.150 1	-0.151 9	0.129 9	0.133 2	0.136 4	0.141 1	0.145 0	0.143 7	0.135 1	0.121 5
崇州市	-0.190 4	-0.185 9	-0.179 4	-0.172 4	-0.165 6	-0.159 4	-0.155 7	-0.155 9	0.146 4	0.150 7	0.150 6	0.148 4	0.144 4	0.137 6	0.127 4	0.115 1
自流井区	-0.080 9	-0.082 6	-0.084 2	-0.086 6	-0.087 2	-0.086 4	-0.084 4	-0.083 5	0.074 1	0.067 9	0.061 7	0.064 6	0.074 0	0.083 2	0.087 3	0.087 2
贡井区	-0.089 4	-0.091 3	-0.092 7	-0.094 7	-0.095 1	-0.093 5	-0.091 5	-0.090 6	0.082 5	0.076 2	0.070 2	0.073 0	0.081 9	0.090 0	0.093 1	0.092 4
大安区	-0.081 9	-0.082 7	-0.083 4	-0.084 0	-0.082 6	-0.080 0	-0.077 4	-0.077 2	0.091 0	0.086 4	0.082 3	0.086 6	0.096 0	0.104 1	0.107 3	0.105 7
沿滩区	-0.068 6	-0.070 1	-0.071 9	-0.074 6	-0.076 2	-0.075 4	-0.073 5	-0.072 7	0.063 9	0.057 3	0.051 1	0.054 2	0.064 4	0.074 4	0.080 2	0.080 9
荣县	-0.125 0	-0.126 5	-0.127 6	-0.128 3	-0.127 4	-0.124 9	-0.122 3	-0.121 4	0.101 4	0.095 5	0.089 8	0.091 2	0.097 3	0.101 6	0.101 0	0.096 9
富顺县	-0.050 4	-0.051 7	-0.053 6	-0.057 0	-0.059 9	-0.059 4	-0.057 0	-0.056 6	0.045 1	0.037 0	0.030 7	0.033 7	0.044 6	0.056 2	0.063 7	0.066 5
东区	-0.165 6	-0.157 9	-0.150 7	-0.147 8	-0.147 3	-0.149 1	-0.150 7	-0.147 1	-0.204 8	-0.222 9	-0.244 4	-0.257 5	-0.254 2	-0.235 0	-0.207 1	-0.186 3
西区	-0.145 7	-0.139 4	-0.133 7	-0.131 5	-0.131 5	-0.132 5	-0.133 0	-0.129 7	-0.230 4	-0.246 6	-0.266 6	-0.278 0	-0.273 5	-0.252 6	-0.223 3	-0.199 8

附录8（续）

区县\年份	新型城镇化								工业化							
	2008	2009	2010	2011	2012	2013	2014	2015	2008	2009	2010	2011	2012	2013	2014	2015
仁和区	-0.120 6	-0.115 8	-0.109 9	-0.107 9	-0.108 7	-0.111 0	-0.113 5	-0.111 1	-0.199 4	-0.215 7	-0.236 1	-0.247 0	-0.240 7	-0.217 0	-0.185 4	-0.160 9
米易县	-0.244 0	-0.230 9	-0.220 8	-0.216 9	-0.216 2	-0.216 5	-0.216 3	-0.211 4	-0.186 5	-0.208 9	-0.232 9	-0.247 7	-0.247 2	-0.234 2	-0.213 8	-0.198 3
盐边县	-0.195 6	-0.186 8	-0.180 2	-0.177 8	-0.176 9	-0.176 0	-0.174 5	-0.169 0	-0.252 2	-0.269 9	-0.288 0	-0.299 8	-0.296 8	-0.279 4	-0.254 8	-0.233 7
江阳区	-0.022 4	-0.022 3	-0.023 5	-0.028 2	-0.032 4	-0.032 9	-0.030 5	-0.028 7	-0.007 3	-0.018 0	-0.029 0	-0.027 4	-0.015 5	-0.001 0	0.010 9	0.020 0
纳溪区	-0.027 2	-0.026 8	-0.027 8	-0.032 3	-0.037 2	-0.038 7	-0.036 8	-0.034 0	-0.016 5	-0.028 1	-0.040 7	-0.041 0	-0.028 9	-0.012 4	0.001 7	0.012 1
龙马潭区	-0.018 7	-0.018 5	-0.019 8	-0.024 2	-0.027 8	-0.027 7	-0.025 0	-0.023 2	-0.004 3	-0.014 4	-0.024 1	-0.021 7	-0.010 1	0.003 7	0.014 8	0.023 0
泸县	-0.016 6	-0.016 8	-0.018 9	-0.022 6	-0.025 2	-0.024 6	-0.021 2	-0.019 8	0.006 1	-0.002 3	-0.008 6	-0.005 6	0.005 3	0.017 6	0.026 3	0.032 6
合江县	-0.020 3	-0.020 2	-0.020 0	-0.023 1	-0.025 0	-0.023 6	-0.018 0	-0.012 8	-0.024 6	-0.033 5	-0.044 4	-0.043 5	-0.031 9	-0.016 9	-0.004 7	0.003 9
叙永县	-0.041 0	-0.041 5	-0.043 3	-0.048 2	-0.053 8	-0.055 7	-0.053 1	-0.049 8	-0.041 6	-0.051 6	-0.063 5	-0.063 2	-0.048 3	-0.026 8	-0.007 1	0.005 0
古蔺县	-0.053 5	-0.053 9	-0.055 1	-0.059 1	-0.062 8	-0.061 4	-0.054 3	-0.048 0	-0.043 7	-0.051 0	-0.060 0	-0.056 5	-0.036 6	-0.009 4	0.011 5	0.025 0
旌阳区	-0.214 1	-0.212 1	-0.208 1	-0.203 7	-0.199 3	-0.194 8	-0.191 7	-0.191 1	0.105 9	0.110 1	0.110 5	0.108 4	0.103 3	0.096 4	0.088 6	0.079 7
中江县	-0.176 4	-0.175 5	-0.173 0	-0.169 3	-0.165 0	-0.161 1	-0.159 4	-0.160 6	0.100 0	0.103 7	0.106 7	0.110 3	0.111 2	0.107 4	0.099 3	0.089 6
罗江县	-0.213 3	-0.212 9	-0.210 7	-0.207 6	-0.204 8	-0.201 3	-0.198 5	-0.197 0	0.079 2	0.084 1	0.086 4	0.087 5	0.086 1	0.082 7	0.077 9	0.071 4
广汉市	-0.199 4	-0.196 7	-0.191 4	-0.185 6	-0.180 2	-0.175 2	-0.172 3	-0.172 5	0.134 2	0.137 1	0.136 3	0.132 4	0.125 4	0.116 1	0.105 2	0.093 8
什邡市	-0.254 0	-0.249 8	-0.242 8	-0.236 2	-0.230 0	-0.223 3	-0.217 0	-0.213 3	0.108 6	0.112 6	0.109 0	0.101 9	0.091 7	0.082 9	0.076 8	0.070 6
绵竹市	-0.271 2	-0.267 8	-0.261 3	-0.254 9	-0.249 0	-0.242 2	-0.235 6	-0.230 6	0.083 6	0.087 5	0.085 0	0.077 0	0.069 0	0.062 7	0.059 9	0.057 2
涪城区	-0.206 2	-0.207 8	-0.207 3	-0.206 6	-0.205 1	-0.202 7	-0.200 5	-0.199 2	0.050 3	0.056 2	0.060 5	0.065 2	0.068 4	0.069 4	0.068 2	0.064 2
游仙区	-0.183 3	-0.187 5	-0.191 2	-0.194 6	-0.196 5	-0.196 5	-0.195 8	-0.195 2	-0.001 6	0.005 8	0.013 1	0.024 1	0.036 0	0.045 8	0.051 8	0.052 5
三台县	-0.167 6	-0.169 7	-0.171 4	-0.171 4	-0.170 2	-0.168 3	-0.167 0	-0.167 1	0.043 8	0.049 6	0.056 4	0.065 8	0.073 9	0.077 0	0.075 1	0.070 2
盐亭县	-0.106 8	-0.114 9	-0.123 6	-0.132 0	-0.137 7	-0.140 1	-0.140 8	-0.141 0	-0.063 1	-0.054 3	-0.043 2	-0.025 3	-0.004 2	0.014 1	0.026 0	0.031 1
安县	-0.254 9	-0.254 2	-0.250 7	-0.247 2	-0.243 5	-0.238 8	-0.234 0	-0.230 4	0.052 2	0.057 2	0.056 6	0.053 8	0.050 4	0.049 1	0.050 3	0.049 9
梓潼县	-0.141 4	-0.149 9	-0.158 9	-0.168 2	-0.175 4	-0.179 5	-0.181 0	-0.181 0	-0.073 4	-0.063 7	-0.053 3	-0.036 3	-0.013 9	0.009 0	0.026 0	0.034 5

附录8（续）

年份 区县	新型城镇化								工业化							
	2008	2009	2010	2011	2012	2013	2014	2015	2008	2009	2010	2011	2012	2013	2014	2015
北川县	-0.302 8	-0.301 6	-0.295 6	-0.289 7	-0.284 5	-0.278 8	-0.272 9	-0.267 5	-0.019 5	-0.016 9	-0.022 2	-0.027 6	-0.028 0	-0.020 9	-0.005 5	0.007 8
平武县	-0.262 4	-0.263 4	-0.258 0	-0.253 8	-0.252 6	-0.253 6	-0.256 0	-0.255 1	-0.135 4	-0.135 3	-0.146 3	-0.154 5	-0.148 5	-0.125 0	-0.087 8	-0.057 0
江油市	-0.173 1	-0.181 4	-0.188 7	-0.196 7	-0.203 7	-0.208 4	-0.210 2	-0.209 9	-0.085 0	-0.076 7	-0.071 7	-0.061 2	-0.042 7	-0.018 6	0.004 4	0.018 0
利州区	-0.057 8	-0.081 6	-0.105 1	-0.126 8	-0.143 3	-0.154 4	-0.160 1	-0.160 2	-0.220 6	-0.191 6	-0.191 5	-0.180 6	-0.158 3	-0.116 4	-0.062 6	-0.023 1
昭化区	-0.029 6	-0.055 3	-0.082 5	-0.106 1	-0.124 2	-0.136 1	-0.141 7	-0.141 5	-0.237 1	-0.216 7	-0.201 5	-0.185 6	-0.158 3	-0.113 5	-0.063 0	-0.027 4
朝天区	-0.056 5	-0.084 0	-0.109 5	-0.130 4	-0.145 4	-0.154 2	-0.156 1	-0.152 2	-0.213 6	-0.193 6	-0.185 0	-0.179 7	-0.164 3	-0.127 5	-0.072 5	-0.028 1
旺苍县	0.008 6	-0.032 4	-0.070 4	-0.099 6	-0.118 0	-0.128 0	-0.127 3	-0.120 2	-0.267 2	-0.238 5	-0.220 2	-0.208 0	-0.188 0	-0.147 8	-0.092 3	-0.049 8
青川县	-0.113 1	-0.127 1	-0.142 0	-0.156 8	-0.170 5	-0.182 1	-0.189 4	-0.191 8	-0.195 4	-0.186 0	-0.184 7	-0.181 6	-0.165 1	-0.128 3	-0.081 1	-0.044 6
剑阁县	-0.079 2	-0.095 4	-0.112 9	-0.130 0	-0.144 4	-0.155 1	-0.160 3	-0.161 4	-0.174 2	-0.160 0	-0.147 5	-0.129 2	-0.099 2	-0.059 6	-0.023 0	-0.000 5
苍溪县	0.022 6	-0.006 0	-0.038 2	-0.065 2	-0.085 6	-0.098 2	-0.103 0	-0.101 7	-0.267 1	-0.245 7	-0.227 8	-0.209 6	-0.180 7	-0.135 9	-0.087 3	-0.054 3
船山区	-0.085 9	-0.089 7	-0.092 7	-0.094 7	-0.094 3	-0.092 3	-0.090 6	-0.090 0	0.010 4	0.013 8	0.018 0	0.027 0	0.036 6	0.042 1	0.043 2	0.043 0
安居区	-0.109 2	-0.110 2	-0.111 0	-0.110 0	-0.107 1	-0.103 0	-0.100 1	-0.101 4	0.056 7	0.058 4	0.061 0	0.067 0	0.074 4	0.076 7	0.074 9	0.071 5
蓬溪县	-0.066 8	-0.072 4	-0.077 7	-0.082 0	-0.083 9	-0.083 5	-0.082 3	-0.082 2	-0.026 7	-0.022 1	-0.016 5	-0.005 6	0.006 8	0.015 6	0.019 8	0.022 0
射洪县	-0.125 5	-0.129 5	-0.133 1	-0.135 8	-0.136 3	-0.135 1	-0.134 1	-0.134 6	0.007 9	0.013 7	0.021 1	0.033 4	0.045 7	0.053 3	0.055 4	0.054 2
大英县	-0.136 9	-0.137 3	-0.137 6	-0.135 3	-0.132 8	-0.128 4	-0.126 4	-0.127 5	0.068 4	0.071 2	0.074 9	0.081 8	0.087 8	0.089 0	0.085 4	0.079 9
内江市中区	-0.076 6	-0.077 2	-0.077 2	-0.076 9	-0.074 7	-0.070 9	-0.067 9	-0.067 0	0.089 5	0.086 5	0.084 0	0.089 0	0.098 2	0.105 7	0.108 5	0.106 7
东兴区	-0.075 8	-0.076 4	-0.076 2	-0.075 3	-0.072 4	-0.068 1	-0.064 8	-0.064 9	0.082 3	0.080 4	0.078 9	0.083 9	0.092 0	0.098 0	0.099 9	0.098 1
威远县	-0.115 1	-0.115 0	-0.113 7	-0.111 4	-0.107 5	-0.103 0	-0.100 1	-0.100 8	0.128 6	0.125 1	0.122 3	0.125 5	0.131 9	0.135 4	0.133 6	0.127 6
资中县	-0.116 1	-0.115 5	-0.112 5	-0.108 5	-0.102 9	-0.097 2	-0.094 2	-0.095 5	0.130 9	0.129 5	0.128 2	0.132 1	0.137 2	0.140 2	0.137 2	0.130 0
隆昌县	-0.043 8	-0.045 4	-0.046 6	-0.048 6	-0.048 0	-0.046 8	-0.044 1	-0.043 3	0.051 4	0.047 7	0.043 6	0.048 4	0.058 9	0.068 9	0.074 8	0.076 5
乐山市中区	-0.174 3	-0.175 6	-0.175 0	-0.174 4	-0.171 5	-0.167 7	-0.164 9	-0.163 8	0.111 0	0.107 3	0.103 2	0.103 9	0.106 8	0.106 5	0.100 2	0.091 3
沙湾区	-0.219 7	-0.223 4	-0.226 9	-0.230 2	-0.231 0	-0.228 4	-0.223 5	-0.218 7	0.030 4	0.024 1	0.016 7	0.015 1	0.018 6	0.020 9	0.017 8	0.010 9

附录8（续）

区县 \ 年份	新型城镇化								工业化							
	2008	2009	2010	2011	2012	2013	2014	2015	2008	2009	2010	2011	2012	2013	2014	2015
五通桥区	-0.187 4	-0.190 2	-0.192 4	-0.194 0	-0.193 4	-0.190 6	-0.187 0	-0.184 0	0.072 7	0.067 1	0.060 7	0.059 8	0.063 1	0.064 6	0.060 6	0.053 8
金口河区	-0.295 3	-0.299 1	-0.304	-0.309 9	-0.312 6	-0.309 1	-0.300 8	-0.290 6	-0.070 6	-0.077 2	-0.084 8	-0.085 1	-0.078 2	-0.070 1	-0.069 4	-0.076 3
犍为县	-0.178 3	-0.181 9	-0.185 6	-0.189 7	-0.191 8	-0.190 5	-0.187 0	-0.182 8	0.044 8	0.037 2	0.027 8	0.024 9	0.027 9	0.030 9	0.029 5	0.024 8
井研县	-0.152 1	-0.152 5	-0.151 4	-0.149 1	-0.145 3	-0.141 1	-0.138 6	-0.138 6	0.133 4	0.130 3	0.126 4	0.127 1	0.130 3	0.129 9	0.123 6	0.114 5
夹江县	-0.187 6	-0.188 6	-0.188 0	-0.186 0	-0.182 6	-0.178 5	-0.175 7	-0.175 2	0.103 4	0.101 3	0.099 2	0.101 9	0.106 1	0.106 0	0.099 2	0.088 3
沐川县	-0.217 0	-0.220 7	-0.225 9	-0.232 7	-0.237 3	-0.237 0	-0.231 8	-0.224 8	-0.014 7	-0.024 4	-0.037	-0.043 1	-0.041 7	-0.037 9	-0.038 5	-0.044 0
峨边县	-0.315 3	-0.317	-0.321 7	-0.328 2	-0.331 6	-0.328 1	-0.318 0	-0.304 6	-0.068 8	-0.077 9	-0.088 9	-0.093 1	-0.089 3	-0.084 3	-0.086 1	-0.095 5
马边县	-0.297 4	-0.298 5	-0.303 3	-0.311 1	-0.316 3	-0.314 8	-0.305 8	-0.292 0	-0.066 5	-0.077	-0.090 1	-0.095 8	-0.093 1	-0.087 7	-0.088 9	-0.098 0
峨眉山市	-0.226 9	-0.230 2	-0.232 9	-0.234 9	-0.234 5	-0.231 2	-0.226 6	-0.222 6	0.028 6	0.024 3	0.020 1	0.021 4	0.027 2	0.031 1	0.028 1	0.020 4
顺庆区	0.037 5	0.023 9	0.009 4	-0.004 2	-0.015 3	-0.022 0	-0.023 4	-0.022 7	0.169 5	-0.161 4	-0.153 6	-0.139 9	-0.119 0	-0.095 8	-0.076 7	-0.064 1
高坪区	0.074 2	0.061 8	0.048 0	0.035 3	0.024 6	0.018 1	0.017 1	0.018 0	-0.175 6	-0.169 9	-0.164 1	-0.153 5	-0.136 0	-0.116 0	-0.099 5	-0.087 2
嘉陵区	-0.013 2	-0.022 6	-0.031 0	-0.038 0	-0.044 1	-0.046 2	-0.046 0	-0.045 1	-0.087	-0.080 6	-0.075 1	-0.063 6	-0.048 7	-0.035 6	-0.026 4	-0.020 5
南部县	-0.002 5	-0.019 3	-0.037 5	-0.054 8	-0.068 9	-0.077 9	-0.081 2	-0.080 8	-0.189 4	-0.177	-0.164 7	-0.146 1	-0.118 2	-0.085 0	-0.056 6	-0.039 5
营山县	0.168 3	0.143 1	0.116 8	0.090 9	0.068 9	0.054 9	0.051 6	0.054 8	-0.314 0	-0.301 8	-0.293 3	-0.280 5	-0.254 2	-0.217 2	-0.180 2	-0.155 0
蓬安县	0.117 9	0.099 0	0.079 0	0.059 9	0.043 6	0.033 0	0.031 2	0.032 3	-0.247	-0.238 7	-0.230 3	-0.217 1	-0.195 3	-0.165 7	-0.139 5	-0.120 7
仪陇县	0.128 8	0.097 6	0.065 5	0.035 7	0.012 4	-0.001 7	-0.005 1	-0.001 1	-0.313 6	-0.295 6	-0.282	-0.265 6	-0.238 6	-0.197 3	-0.154 6	-0.126 0
西充县	-0.029 0	-0.041 2	-0.053 1	-0.064 7	-0.073 4	-0.078 1	-0.079 3	-0.078 8	-0.123 7	-0.114	-0.104 4	-0.088 0	-0.066 2	-0.044 0	-0.027 3	-0.017 8
阆中市	0.031 3	0.008 8	-0.018 1	-0.041 6	-0.060 4	-0.072 9	-0.076 9	-0.076 8	-0.248 4	-0.232 9	-0.216 8	-0.198 3	-0.168 5	-0.127 3	-0.087 7	-0.061 7
东坡区	-0.155 7	-0.153 8	-0.149 7	-0.144 2	-0.138 3	-0.133 6	-0.132 2	-0.134 8	0.171 6	0.170 3	0.167 9	0.167 6	0.167 0	0.161 2	0.149 0	0.134 6
仁寿县	-0.140 9	-0.138 6	-0.134 0	-0.127 9	-0.121 2	-0.115 6	-0.113 7	-0.116 3	0.172 7	0.171 5	0.169 5	0.169 8	0.169 8	0.165 2	0.155 2	0.141 9
彭山县	-0.148 7	-0.145 4	-0.139 9	-0.133 2	-0.126 3	-0.121 5	-0.120 3	-0.123 5	0.190 6	0.189 8	0.186 6	0.183 8	0.179 6	0.170 8	0.156 8	0.140 6
洪雅县	-0.237 0	-0.240 1	-0.242 6	-0.244 1	-0.242 9	-0.239 1	-0.234 4	-0.230 7	-0.004 0	-0.005 9	-0.005 5	0.002 0	0.014 2	0.022 9	0.023 5	0.017 1

附录8（续）

区县	新型城镇化								工业化							
年份	2008	2009	2010	2011	2012	2013	2014	2015	2008	2009	2010	2011	2012	2013	2014	2015
丹棱县	-0.179 4	-0.178 8	-0.176 3	-0.172 2	-0.167 2	-0.162 6	-0.160 4	-0.161 6	0.122 0	0.122 2	0.122 7	0.127 4	0.132 6	0.131 8	0.123 3	0.110 5
青神县	-0.160 9	-0.160 5	-0.158 2	-0.154 4	-0.149 7	-0.145 3	-0.143 1	-0.144 1	0.147 0	0.144 7	0.142 0	0.142 8	0.144 2	0.141 2	0.132 1	0.120 2
翠屏区	-0.083 8	-0.084 9	-0.088 4	-0.094 4	-0.100 2	-0.103 1	-0.102 4	-0.100 4	0.012 2	-0.000 6	-0.012 2	-0.015 2	-0.008 0	0.002 2	0.008 7	0.011 6
南溪县	-0.121 3	-0.123 6	-0.127 7	-0.134 3	-0.140 1	-0.142 4	-0.141 1	-0.137 0	0.009 7	-0.002 2	-0.015 0	-0.019 1	-0.014 2	-0.006 7	-0.002 7	-0.002 7
宜宾县	-0.053 9	-0.054 3	-0.057 1	-0.062 5	-0.067 9	-0.070 0	-0.069 4	-0.068 4	0.010 3	-0.002 4	-0.013 4	-0.014 2	-0.004 7	0.007 8	0.016 3	0.022 6
江安县	-0.038 3	-0.038 0	-0.039 7	-0.045 3	-0.051 0	-0.053 3	-0.052 5	-0.051 1	-0.010 4	-0.023 4	-0.036 6	-0.037 1	-0.026 3	-0.011 9	0.000 1	0.008 9
长宁县	-0.055 9	-0.056 3	-0.058 5	-0.064 7	-0.071 2	-0.076 1	-0.076 3	-0.074 5	-0.027 2	-0.040 4	-0.055 4	-0.059 0	-0.049 5	-0.034 7	-0.022 3	-0.015 5
高县	-0.095 4	-0.096 4	-0.100 1	-0.108 5	-0.117 0	-0.122 9	-0.122 0	-0.120 0	-0.048 6	-0.063 0	-0.078 9	-0.084 0	-0.077 6	-0.065 6	-0.055 5	-0.051 4
珙县	-0.078 3	-0.080 0	-0.084 2	-0.092 1	-0.101 0	-0.107 0	-0.107 8	-0.105 5	-0.068 5	-0.080 3	-0.094 2	-0.098 5	-0.089 0	-0.072 3	-0.058 4	-0.050 0
筠连县	-0.112 2	-0.114 9	-0.121 1	-0.131 3	-0.141 9	-0.149 1	-0.150 6	-0.147 5	-0.100 8	-0.112 2	-0.124 5	-0.127 8	-0.117 8	-0.099 8	-0.085 4	-0.078 6
兴文县	-0.048 6	-0.049 3	-0.051 6	-0.057 5	-0.064 4	-0.068 4	-0.067 9	-0.065 4	-0.043 3	-0.055 3	-0.068 8	-0.071 1	-0.059 5	-0.041 0	-0.025 5	-0.014 9
屏山县	-0.203 9	-0.205 7	-0.211 6	-0.220 4	-0.227 2	-0.230 5	-0.226 4	-0.218 3	-0.054 8	-0.068 2	-0.082 5	-0.089 6	-0.086 9	-0.079 7	-0.076 9	-0.080 5
广安区	0.174 8	0.161 7	0.149 9	0.135 2	0.120 6	0.110 9	0.107 7	0.109 4	-0.248 8	-0.245 3	-0.246 3	-0.239 1	-0.220 7	-0.197 0	-0.175 1	-0.159 6
岳池县	0.111 1	0.100 7	0.088 7	0.078 0	0.068 3	0.062 1	0.061 8	0.062 6	-0.176 1	-0.173 4	-0.170 6	-0.163 4	-0.149 6	-0.133 7	-0.121 0	-0.109 6
武胜县	0.063 1	0.055 1	0.047 2	0.040 1	0.034 6	0.031 8	0.032 5	0.033 3	-0.111 1	-0.108 8	-0.107 1	-0.101 1	-0.091 2	-0.081 9	-0.075 2	-0.068 1
邻水县	0.179 3	0.171 8	0.168 1	0.161 6	0.150 9	0.141 2	0.138 1	0.141 2	-0.226 7	-0.228 1	-0.234 3	-0.232 9	-0.218 4	-0.197 8	-0.181 3	-0.168 4
华蓥市	0.161 0	0.153 0	0.146 2	0.136 7	0.126 3	0.119 2	0.117 1	0.118 7	-0.204 4	-0.204 1	-0.207 9	-0.204 2	-0.190 4	-0.174 3	-0.160 2	-0.148 2
通川区	0.191 8	0.158 4	0.127 7	0.100 2	0.076 5	0.064 6	0.070 3	0.081 4	-0.375 0	-0.357 8	-0.347 0	-0.336 6	-0.307 0	-0.258 1	-0.209 3	-0.179 8
达川区	0.202 0	0.171 3	0.143 7	0.118 1	0.094 9	0.082 3	0.086 2	0.096 4	-0.369 6	-0.354 7	-0.346 9	-0.336 4	-0.307 7	-0.260 7	-0.214 6	-0.186 6
宣汉县	0.149 5	0.111 5	0.080 6	0.055 2	0.035 5	0.030 8	0.046 3	0.064 9	-0.368 8	-0.346 3	-0.333 8	-0.321 6	-0.290 5	-0.234 8	-0.178 7	-0.147 4
开江县	0.190 0	0.165 2	0.145 7	0.127 4	0.109 1	0.102 2	0.113 6	0.128 6	-0.371 0	-0.358 5	-0.354 5	-0.345 1	-0.311 6	-0.256 8	-0.208 3	-0.182 7
大竹县	0.211 9	0.194 8	0.180 8	0.165 3	0.147 2	0.134 7	0.134 5	0.140 9	-0.321 2	-0.316 5	-0.317 3	-0.311 1	-0.286 4	-0.248 5	-0.217 0	-0.196 4

附录8（续）

区县	新型城镇化								工业化							
年份	2008	2009	2010	2011	2012	2013	2014	2015	2008	2009	2010	2011	2012	2013	2014	2015
渠县	0.203 9	0.180 4	0.158 7	0.137 4	0.116 2	0.101 4	0.099 4	0.104 6	-0.326 2	-0.316 2	-0.311 8	-0.303 0	-0.278 4	-0.240 4	-0.205 5	-0.182 7
万源市	0.078 9	0.034 8	-0.002 1	-0.029 7	-0.047 2	-0.047 0	-0.028 4	-0.007 1	-0.322 5	-0.295 5	-0.278 7	-0.266 6	-0.241 4	-0.192 0	-0.134 7	-0.101 6
雨城区	-0.231 8	-0.234 0	-0.235 3	-0.234 8	-0.231 8	-0.226 7	-0.222 0	-0.219 5	-0.028 0	-0.024 9	-0.017 7	-0.001 3	0.019 3	0.035 5	0.040 8	0.036 5
名山区	-0.196 3	-0.196 3	-0.194 0	-0.190 0	-0.184 6	-0.179 0	-0.176 2	-0.176 2	0.070 5	0.073 8	0.079 6	0.090 5	0.102 8	0.109 7	0.106 3	0.096 2
荥经县	-0.279 5	-0.285 2	-0.291 1	-0.297 0	-0.299 0	-0.296 3	-0.290 1	-0.283 9	-0.193 5	-0.190 9	-0.183 2	-0.162 9	-0.133 0	-0.103 2	-0.085 1	-0.079 4
汉源县	-0.308 7	-0.311 8	-0.318 1	-0.326 8	-0.332 3	-0.330 8	-0.323 3	-0.312 9	-0.193 3	-0.198 6	-0.200 8	-0.191 4	-0.170 8	-0.148 0	-0.134 8	-0.133 0
石棉县	-0.301 4	-0.298 1	-0.303 1	-0.315 2	-0.325 1	-0.327 3	-0.320 8	-0.307 6	-0.239 8	-0.250 4	-0.257 1	-0.250 8	-0.231 8	-0.207 6	-0.191 3	-0.187 9
天全县	-0.278 5	-0.284 0	-0.288 9	-0.292 7	-0.292 7	-0.288 3	-0.281 5	-0.276 1	-0.283 5	-0.269 5	-0.245 5	-0.208 0	-0.162 1	-0.118 1	-0.087 0	-0.074 1
芦山县	-0.227 6	-0.227 4	-0.225 4	-0.220 3	-0.213 2	-0.205 3	-0.199 5	-0.197 7	-0.031 2	-0.018 6	-0.001 8	0.021 6	0.047 1	0.066 9	0.074 8	0.071 7
宝兴县	-0.287 5	-0.290 1	-0.290 9	-0.289 3	-0.284 3	-0.276 1	-0.267 6	-0.262 1	-0.241 5	-0.218 4	-0.186 9	-0.145 3	-0.098 4	-0.056 2	-0.028 6	-0.018 5
巴州区	0.118 3	0.075 1	0.032 7	-0.002 4	-0.028 0	-0.042 5	-0.043 4	-0.036 4	-0.336 4	-0.309 5	-0.290 5	-0.274 5	-0.248 7	-0.204 1	-0.152 2	-0.116 7
通江县	0.076 2	0.025 1	-0.022 2	-0.058 1	-0.080 7	-0.087 1	-0.077 2	-0.061 7	-0.322 3	-0.290 9	-0.269 7	-0.256 7	-0.236 4	-0.195 0	-0.140 2	-0.100 8
南江县	0.036 5	-0.012 0	-0.057 1	-0.090 7	-0.111 5	-0.119 1	-0.113 6	-0.102 0	-0.289 6	-0.257 7	-0.237 0	-0.224 9	-0.206 6	-0.168 3	-0.113 5	-0.070 9
平昌县	0.162 2	0.119 3	0.077 0	0.041 9	0.015 5	0.002 0	0.005 4	0.015 5	-0.365 9	-0.341 5	-0.324 3	-0.310 1	-0.283 9	-0.237 7	-0.186 3	-0.152 2
雁江区	-0.136 1	-0.134 0	-0.130 0	-0.124 0	-0.117 6	-0.111 5	-0.108 8	-0.110 8	0.139 8	0.139 9	0.139 6	0.142 4	0.145 4	0.143 9	0.137 2	0.127 3
安岳县	-0.085 1	-0.085 9	-0.085 9	-0.084 6	-0.081 3	-0.076 8	-0.073 5	-0.073 8	0.070 5	0.070 0	0.070 1	0.075 1	0.081 6	0.084 9	0.084 5	0.082 1
乐至县	-0.139 9	-0.138 6	-0.135 9	-0.131 4	-0.125 9	-0.120 4	-0.117 8	-0.119 3	0.110 5	0.111 4	0.112 7	0.116 7	0.120 2	0.119 1	0.113 3	0.105 3
简阳市	-0.154 8	-0.151 8	-0.146 6	-0.139 8	-0.132 7	-0.127 0	-0.125 0	-0.127 6	0.153 4	0.154 6	0.154 2	0.154 6	0.153 1	0.147 1	0.136 2	0.123 2
汶川县	-0.318 7	-0.313 1	-0.303 8	-0.293 7	-0.283 5	-0.272 3	-0.261 1	-0.253 1	0.001 8	0.013 3	0.021 2	0.027 4	0.033 3	0.039 2	0.044 3	0.044 9
理县	-0.484 9	-0.470 6	-0.448 8	-0.427 8	-0.409 3	-0.391 7	-0.375 5	-0.361 8	-0.078 6	-0.076 6	-0.075 6	-0.068 5	-0.056 3	-0.041 0	-0.025 1	-0.012 7
茂县	-0.441 0	-0.428 4	-0.408 3	-0.388 0	-0.369 0	-0.353 1	-0.338 4	-0.326 6	-0.011 0	-0.011 9	-0.018 4	-0.024 0	-0.027 2	-0.023 7	-0.011 4	0.002 2
松潘县	-0.481 4	-0.446 2	-0.400 0	-0.360 8	-0.335 3	-0.322 9	-0.321 2	-0.321 1	-0.051 0	-0.063 1	-0.080 3	-0.092 3	-0.094 7	-0.082 7	-0.053 9	-0.024 3

附录8（续）

区县\年份	新型城镇化 2008	2009	2010	2011	2012	2013	2014	2015	工业化 2008	2009	2010	2011	2012	2013	2014	2015
九寨沟县	-0.140 2	-0.113 5	-0.075 6	-0.051 9	-0.049 2	-0.067 0	-0.096 8	-0.115 2	-0.148 5	-0.157 0	-0.174 6	-0.188 0	-0.187 0	-0.164 0	-0.121 5	-0.084 1
金川县	-0.409 9	-0.373 5	-0.335 0	-0.308 7	-0.300 4	-0.309 0	-0.317 7	-0.313 3	-0.150 5	-0.159 5	-0.166 5	-0.160 0	-0.141 5	-0.116 6	-0.095 9	-0.086 4
小金县	-0.398 4	-0.396 2	-0.391 7	-0.388 5	-0.385 6	-0.380 0	-0.371 1	-0.362 0	-0.268 9	-0.252 0	-0.229 4	-0.197 0	-0.157 8	-0.119 5	-0.090 8	-0.075 9
黑水县	-0.575 9	-0.540 4	-0.494 8	-0.456 7	-0.429 4	-0.410 4	-0.397 8	-0.388 6	-0.020 3	-0.033 7	-0.048 9	-0.055 1	-0.052 6	-0.042 0	-0.023 0	-0.004 2
马尔康县	-0.430 8	-0.384 4	-0.334 6	-0.295 6	-0.271 8	-0.272 6	-0.287 4	-0.290 2	-0.067 4	-0.088 5	-0.111 2	-0.121 6	-0.116 8	-0.098 9	-0.077 9	-0.065 1
壤塘县	-0.323 3	-0.254 0	-0.170 0	-0.090 4	-0.028 8	-0.003 6	-0.004 0	0.019 2	-0.170 8	-0.196 9	-0.217 3	-0.222 4	-0.217 2	-0.205 6	-0.191 1	-0.181 2
阿坝县	-0.182 7	-0.137 2	-0.090 0	-0.028 8	0.039 0	0.071 4	0.044 4	0.023 2	-0.063 8	-0.100 3	-0.140 5	-0.170 2	-0.186 0	-0.184 3	-0.159 9	-0.134 4
若尔盖县	0.061 2	0.103 0	0.150 3	0.182 7	0.195 5	0.168 4	0.091 7	0.028 2	-0.058 3	-0.079 2	-0.107 2	-0.134 7	-0.157 4	-0.154 0	-0.106 7	-0.057 5
红原县	-0.371 1	-0.310 0	-0.246 0	-0.200 0	-0.176 3	-0.184 7	-0.217 1	-0.236 4	0.009 8	-0.011 0	-0.037 4	-0.059 2	-0.071 0	-0.063 2	-0.034 7	-0.008 1
康定县	-0.143 0	-0.139 6	-0.146 1	-0.169 5	-0.198 4	-0.223 3	-0.238 3	-0.238 3	-0.422 3	-0.410 4	-0.386 9	-0.350 3	-0.308 0	-0.267 2	-0.233 2	-0.212 1
泸定县	-0.238 5	-0.241 2	-0.252 7	-0.268 2	-0.282 9	-0.291 9	-0.293 1	-0.286 1	-0.401 5	-0.395 0	-0.376 5	-0.345 4	-0.303 8	-0.259 0	-0.225 0	-0.206 1
丹巴县	-0.338 9	-0.319 9	-0.304 9	-0.300 4	-0.309 1	-0.322 1	-0.328 1	-0.321 7	-0.259 1	-0.253 0	-0.238 9	-0.214 0	-0.182 1	-0.149 7	-0.124 5	-0.111 2
九龙县	-0.242 3	-0.230 1	-0.230 0	-0.242 2	-0.255 4	-0.263 2	-0.263 1	-0.251 5	-0.301 8	-0.315 6	-0.325 9	-0.324 3	-0.310 1	-0.288 1	-0.267 8	-0.258 6
雅江县	-0.113 2	-0.058 1	-0.017 5	-0.025 2	-0.072 4	-0.128 9	-0.168 7	-0.179 0	-0.235 1	-0.241 1	-0.243 2	-0.235 9	-0.221 0	-0.201 5	-0.180 2	-0.164 2
道孚县	-0.212 3	-0.155 8	-0.102 7	-0.095 8	-0.128 9	-0.172 9	-0.201 3	-0.199 2	-0.134 4	-0.140 3	-0.145 4	-0.144 1	-0.135 3	-0.120 7	-0.104 7	-0.093 5
炉霍县	-0.231 5	-0.155 2	-0.083 1	-0.059 7	-0.074 2	-0.098 0	-0.095 3	-0.048 5	-0.115 7	-0.124 3	-0.136 1	-0.147 4	-0.152 8	-0.151 5	-0.145 4	-0.137 9
甘孜县	-0.054 0	0.046 2	0.079 9	0.018 9	-0.086 6	-0.162 7	-0.125 8	0.054 7	-0.132 6	-0.129 4	-0.143 5	-0.170 7	-0.195 7	-0.209 7	-0.205 8	-0.181 4
新龙县	-0.051 8	0.017 8	0.061 7	0.013 4	-0.094 9	-0.184 2	-0.196 1	-0.143 0	-0.041 8	-0.043 8	-0.053 4	-0.073 3	-0.093 3	-0.104 6	-0.100 8	-0.088 3
德格县	0.295 5	0.337 6	0.271 6	0.082 1	-0.124 1	-0.244 8	-0.192 5	0.074 2	-0.072 8	-0.073 9	-0.100 1	-0.143 8	-0.180 2	-0.198 6	-0.191 5	-0.155 0
白玉县	0.121 4	0.176 7	0.163 5	0.021 4	-0.174 1	-0.306 1	-0.282 2	-0.091 6	-0.031 1	-0.029 0	-0.042 1	-0.073 4	-0.104 9	-0.122 8	-0.120 1	-0.096 2
石渠县	0.698 1	0.543 4	0.342 1	0.044 7	-0.252 2	-0.447 9	-0.463 1	-0.167 6	-0.140 4	-0.186 1	-0.249 6	-0.315 2	-0.353 3	-0.361 6	-0.339 9	-0.279 0
色达县	-0.229 4	-0.134 4	-0.058 2	-0.030 2	-0.036 0	-0.048 0	-0.018 3	0.085 5	-0.194 9	-0.207 6	-0.225 0	-0.239 5	-0.245 7	-0.244 9	-0.237 6	-0.224 0

附录8（续）

区县＼年份	新型城镇化								工业化							
	2008	2009	2010	2011	2012	2013	2014	2015	2008	2009	2010	2011	2012	2013	2014	2015
理塘县	-0.100 4	-0.006 2	0.062 1	0.036 0	-0.061 6	-0.161 2	-0.209 8	-0.199 6	-0.127 4	-0.132 1	-0.142 3	-0.154 9	-0.165 4	-0.167 2	-0.157 0	-0.140 4
巴塘县	0.016 7	0.128 8	0.201 4	0.133 5	-0.053 4	-0.241 8	-0.326 5	-0.271 8	-0.110 6	-0.108 8	-0.117 9	-0.144 6	-0.176 8	-0.197 5	-0.199 5	-0.180 4
乡城县	-0.223 5	-0.086 3	-0.003 4	-0.050 8	-0.189 5	-0.333 6	-0.410 8	-0.387 8	-0.252 7	-0.263 0	-0.281 0	-0.301 4	-0.314 3	-0.312 7	-0.295 2	-0.269 7
稻城县	-0.377 8	-0.311 3	-0.262 6	-0.266 3	-0.303 4	-0.342 5	-0.360 0	-0.345 2	-0.374 0	-0.385 1	-0.392 1	-0.386 6	-0.370 6	-0.346 1	-0.316 1	-0.291 6
得荣县	-0.300 0	-0.151 3	-0.064 5	-0.119 1	-0.259 8	-0.412 0	-0.492 0	-0.465 3	-0.304 3	-0.321 7	-0.346 0	-0.371 4	-0.381 7	-0.368 7	-0.332 8	-0.289 2
西昌市	-0.349 5	-0.330 3	-0.318 7	-0.315 3	-0.313 6	-0.309 8	-0.302 7	-0.290 1	-0.158 5	-0.184 3	-0.208 7	-0.222 5	-0.224 4	-0.217 7	-0.210 8	-0.211 2
木里县	-0.320 5	-0.302 2	-0.293 5	-0.294 0	-0.295 4	-0.292 7	-0.283 8	-0.266 3	-0.409 5	-0.417 8	-0.417 8	-0.407 1	-0.387 9	-0.362 5	-0.335 5	-0.316 7
盐源县	-0.264 3	-0.251 8	-0.244 8	-0.242 9	-0.241 3	-0.237 3	-0.230 6	-0.219 7	-0.293 2	-0.310 6	-0.326 1	-0.332 3	-0.326 5	-0.309 0	-0.289 0	-0.274 2
德昌县	-0.316 5	-0.299 0	-0.287 0	-0.282 8	-0.281 5	-0.280 1	-0.277 0	-0.268 8	-0.170 0	-0.195 4	-0.220 2	-0.234 7	-0.236 3	-0.226 8	-0.213 3	-0.205 9
会理县	-0.217 2	-0.205 6	-0.195 8	-0.192 4	-0.193 6	-0.197 1	-0.200 5	-0.198 3	-0.157 1	-0.179 3	-0.203 4	-0.217 3	-0.214 1	-0.195 4	-0.170 7	-0.152 2
会东县	-0.298 7	-0.282 0	-0.269 5	-0.266 8	-0.270 6	-0.277 3	-0.283 0	-0.281 8	-0.104 7	-0.131 0	-0.157 2	-0.169 5	-0.163 4	-0.142 9	-0.119 0	-0.103 5
宁南县	-0.367 6	-0.347 4	-0.334 4	-0.331 7	-0.333 9	-0.337 1	-0.338 7	-0.333 6	-0.114 6	-0.143 2	-0.169 3	-0.182 0	-0.179 6	-0.165 8	-0.149 7	-0.141 9
普格县	-0.375 8	-0.355 8	-0.344 0	-0.341 5	-0.342 1	-0.342 0	-0.338 6	-0.329 8	-0.129 7	-0.156 7	-0.180 9	-0.193 2	-0.192 6	-0.183 3	-0.173 8	-0.171 6
布拖县	-0.401 1	-0.382 1	-0.372 6	-0.373 3	-0.377 2	-0.379 6	-0.378 1	-0.369 9	-0.109 5	-0.135 3	-0.156 8	-0.165 1	-0.160 1	-0.147 1	-0.137 8	-0.137 2
金阳县	-0.397 1	-0.382 4	-0.377 7	-0.382 9	-0.390 6	-0.395 4	-0.394 8	-0.387 0	-0.107 4	-0.129 8	-0.146 9	-0.150 3	-0.140 5	-0.124 1	-0.112 3	-0.112 7
昭觉县	-0.392 1	-0.376 1	-0.369 3	-0.371 8	-0.376 0	-0.376 3	-0.371 4	-0.359 4	-0.098 5	-0.120 3	-0.139 3	-0.146 3	-0.141 7	-0.131 7	-0.127 2	-0.133 1
喜德县	-0.380 0	-0.362 1	-0.353 3	-0.353 5	-0.354 9	-0.352 3	-0.344 2	-0.330 2	-0.105 1	-0.128 7	-0.151 0	-0.162 2	-0.162 1	-0.156 7	-0.155 0	-0.162 0
冕宁县	-0.341 2	-0.324 9	-0.318 6	-0.321 7	-0.324 9	-0.322 6	-0.313 7	-0.298 4	-0.150 5	-0.173 3	-0.195 1	-0.205 7	-0.203 9	-0.195 8	-0.191 5	-0.194 8
越西县	-0.380 8	-0.368 1	-0.365 1	-0.369 3	-0.373 2	-0.370 6	-0.359 3	-0.341 9	-0.093 8	-0.111 0	-0.128 9	-0.136 0	-0.132 6	-0.126 0	-0.126 5	-0.137 5
甘洛县	-0.359 9	-0.356 4	-0.358 4	-0.365 5	-0.369 8	-0.366 8	-0.354 0	-0.336 3	-0.111 8	-0.124 1	-0.136 1	-0.138 8	-0.132 0	-0.122 9	-0.122 1	-0.132 3
美姑县	-0.369 5	-0.362 0	-0.361 4	-0.367 8	-0.373 9	-0.373 7	-0.364 6	-0.348 6	-0.087 6	-0.102 1	-0.115 9	-0.120 2	-0.113 7	-0.104 2	-0.103 2	-0.113 9
雷波县	-0.317 2	-0.313 6	-0.317 0	-0.326 5	-0.335 8	-0.339 0	-0.335 0	-0.322 8	-0.106 8	-0.121 3	-0.133 8	-0.136 4	-0.127 5	-0.113 3	-0.106 7	-0.112 2